포토보이스 연구방법

Amanda O. Latz 저 | 김동렬 역

Photovoice
참여적 행동 연구

학지사

참여적 행동 연구는 교육학 분야를 넘어서 다양한 연구 분야에서 각광을 받고 있다. 참여적 행동 연구를 수행하기 위해서는 참여자에 대한 이해와 다양한 데이터 수집 방법, 세부적 연구방법을 적용할 수 있어야 한다. 특히 최근에 인문·사회·과학 영역에서 가광을 받고 있는 참여적 행동 언구는 포토보이스 연구방법이다.

포토보이스 연구방법은 페미니즘, 프레이리Freire의 비판적 의식화 교육론, 참여적 다큐멘터리 사진 등의 이론적 배경을 바탕으로 탄생하였으며, 단순 연구로서 끝나는 것이 아니라 연구 결과가 정책적으로 반영될 수 있다는 점이 큰 장점이라 볼 수 있다. 포토보이스 연구는 사진을 매개로 연구 참여자의 가치관이나 생각을 표현하도록 하여 이를 심층적으로 탐구하는 것이다. 즉, 언어만으로는 표현할 수 없는 감정과 생각을 시각적인 이미지를 통해 표출할 수 있는 기회를 제공하여 얻은 데이터를 질적연구로 활용하는 방법이다. 이러한 독창적인 연구방법은 언어를 통해 얻지 못했던 참여자들의 내면의 이미지를 끌어낼 수 있으며, 연구 참여자의 실제적인 목소리를 드러내는 데 유용하게 활용할 수 있다. 특히 포토보이스는 학교에서의 교육활동으로 진행할 수 있는데, 오리엔테이션을 통해 포토보이스의 의미와 사진 촬영 과정을 참여자들에게 설명한 후, 참여자들은 탐구 주제의 의미를 해석하고 이와 관련된 다양한 사진을 촬영한다. 이어서 연구자는 참여자들이 촬영한 사진들을 분류하여 분류 목록에 따라 의미 있는 결과를 도출하게 된다. 따라서 이러한 포토보이스 활동을 통해 데이터를 수집하는 것은 새로운 유형의 데이터를 수집하는 것이 되며 독창적인 참여적 행동 연구를 위한 지름길이 될 수 있다.

이 책은 포토보이스 연구의 의미와 어떻게 체계적으로 진행할 수 있는지, 그리고 어떻게 연구 결과를 의미 있게 발표, 전시할 수 있는지에 관해 자세히 설명하고 있다. 모든 내용은 저자의 포토보이스 연구 경험을 바탕으로 구성하였으며, 어떠한 포토보이스 책보다 독자들이 쉽게 이해할 수 있도록 체계적으로 설명하고 있다.

최근 국내에서도 포토보이스 관련 연구가 활발히 진행되고 있으나 포토보이스 연구방법에 대한 체계적인 이론과 필수적으로 알아야 할 사항들을 일목요연하게 정리된 책은 국내에서는 출간된 적이 없다. 포토보이스 연구방법이 참여적 행동 연구로서 각광을 받고 있는 시점에서, 이 책은 연구자들에게 포토보이스 연구방법의 이론적 이해 및 실제적 접근을 위한 가장 적합한 지침서가 될 것이 확실하다.

무엇보다도 저자의 독특한 이야기식 문체와 일부 통용되지 않은 교육학적 용어를 우리말로 바꾸는 데 많은 어려움이 있었으나, 이 책이 무사히 출판될 수 있도록 물심양면으로 도와주신 학지사 관계자분들에게 깊은 감사 인사를 드린다.

대구교육대학교 연구실에서
역자 씀

이 책을 번역하며

이 책은 질적연구방법론인 포토보이스 방법론에 관한 것인데, 특히 포토보이스 연구를 수행하는 과정을 다루고 있다. 참여적 행동 연구의 한 종류인 포토보이스 방법론은 예술 기반의 연구라고 생각할 수도 있다. 사진연구방법론은 캐럴라인 왕Caroline C. Wang 및 메리 앤 부리스Mary Ann Burris 의 연구와 가장 밀집한 관련이 있는데, 그들은 1990년대 중반에 이 용어를 만든 장본인들이다. 이 책은 이제 막 포토보이스 방법론을 사용하기 시작한 사람들과 그것을 얼마간 사용해 온 사람들에게 '방법'을 알려 주는 실용적 지침서이다.

이 책의 주요 주제와 목표는 다음과 같다.

- 포토보이스 방법론을 사진이 탐구 과정에 사용되어 온 오랜 역사 속에 포함시키는 것
- 포토보이스 방법론이 그 성격상 종종 참여적 행동 연구방법론이라는 점을 강조하는 것
- 사진−유도(photo-elicitation)와 같이 사진촬영이 포함되는 연구방법과 포토보이스 방법론을 구별하는 것
- 포토보이스 연구의 수행 방법을 개략적으로 제시하는 것
- 포토보이스 프로젝트의 실제 사례를 제시하는 것
- 연구자가 포토보이스 방법론의 상대적으로 빈약한 측면(예를 들어, 소속

기관 내에서 연구윤리에 관한 심의를 거치는 것, 고지된 동의서 및 미디어 공개 동의서를 생성하는 것, 참여자에게 사진촬영의 윤리와 '기본 원칙'을 안내하는 것)을 다루도록 안내하는 것

- 포토보이스 방법론을 열심히 사용하는 연구자의 실용적 욕구를 충족시키는 것
- 질적연구방법론과 관련된 기존의 도서를 보완하는 것

포토보이스 연구프로젝트를 소개하거나(예를 들어, Kaplan, 2013) 포토보이스 방법론이 특정 인구집단에 어떻게 적용되는지 자세히 설명한 책(Delgado, 2015)은 몇 권 있지만, 포토보이스 방법론만을 전적으로 다룬 책은 존재하지 않는다. 포토보이스 연구프로젝트였던 내 박사 논문이 끝난 이후로 나는 그 방법론의 자세한 내용과 관련해서 많은 요청을 받았다. 이것은 포토보이스 방법론을 사용한 경험이 있는 사람이 실용적 '방법'이 적힌 책의 필요성을 시사한다. 이 책은 학술기관 내부와 외부에서 포토보이스 방법론을 사용하는 연구자에게 필요한 지침서이다.

최근 포토보이스 방법론이 사용된 학술 논문이 증가한 데에서 볼 수 있듯이, 점점 더 많은 연구자가 포토보이스 연구에 참여하고 있다. 영국에 있는 비영리단체인 포토보이스(PhotoVoice, 2017)는 안내책자와 함께 관련 자료를 온라인상에서 무료로 배포하고 있다(PhotoVoice, 2014). 그러나 영국과 미국에서는 포토보이스 방법론의 정의가 다르다. 앞서 말한 안내책자에서는 포토보이스에 대해 이렇게 진술했다. "영국의 포토보이스는 사진 업계와 미디어 업계에서 수입 창출의 기회를 얻기 위해 다른 국제단체 및 지역사회 단체와 협력관계를 형성하려는 방향으로 활동하지만, 미국의 포토보이스 단체는 학술연구와 정책연구에 좀 더 큰 기반을 두고 있다"(p. 10). 다른 포토보이스 안내책자도 존재하지만[예를 들어, 존 험프리 평화인권센터(John Humphrey Centre for Peace and Human Rights), 발행연도 불명; Palibroda, Krieg, Murdock, &

이 책을 시작하며

Havelock, 2009; Photovoice Hamilton Youth Project, 발행연도 불명], 기존의 지침서를 보완하기 위해서 자세하고 포괄적인 책이 필요하다. 이 책은 학술 연구 영역에서 활동하는 미국 대학의 연구자인 나의 관점에서 저술됐다. 이 책의 일차 독자도 대학의 연구자이다. 그러나 앞서 언급된 것처럼, 이 책은 접근하기 쉬운 점 때문에 폭넓은 독자에게 호소력을 발휘할 수 있는 책이다.

>>> 참고문헌

Delgado, M. (2015). *Urban youth and photovoice: Visual ethnography in action*. New York: Oxford University Press.

John Humphrey Centre for Peace and Human Rights (n.d.). *Photovoice: Social change through photography*. Retrieved from https://scribd.com/document/133435755/Photovoice-Manual-May-2010

Kaplan, E. B. (2013). *"We live in the shadow." Inner-city kids tell their stories through photographs*. Philadelphia, PA: Temple University Press.

Palibroda, B., Krieg, B., Murdock, L., & Havelock, J. (2009). *A practical guide to photovoice: Sharing pictures, telling stories and changing communities*. Retrieved from http://pwhce.ca/photovoice/pdf/Photovoice_Manual.pdf

PhotoVoice. (2014). *The PhotoVoice manual: A guide to designing and running participatory photography projects*. Retrieved from https://photovoice.org/wp-content/uploads/ 2014/09/PV_Manual.pdf

PhotoVoice. (2017). *Reframing the world*. Retrieved from https://photovoice.org/

Photovoice Hamilton Youth Project (n.d.). *A guide to developing a photovoice project in your community*. Hamilton, Ontario, Canada: Community Centre for Media Arts.

차례

01

사진과 탐구

Photovoice Research In Education and Beyond

1. 비네트

우리는 어둡고 연기가 자욱한 바에 앉아 있었다. 자기 전에 샤워를 해야 될 것 같았다. 그때는 2010년이라 카운티가 바와 레스토랑에서의 금연정책을 아직 실시하지 않았다. 나와 동료 한 명, 그리고 박사과정의 학생은 함께 앉아 벨기에 맥주를 마시고 있었다. 동료와 나는 정기적으로 우리 수업, 우리가 읽었던 책들, 그리고 수행하려는 연구에 대해 열띤 토론을 하곤 했다. 그 날 밤 토론의 주제는 내 논문 제목이었다. 우리는 서로 의견이 달랐다. 나는 커뮤니티 칼리지의 교수들, 그리고 모든 측면(특히, 학생들의 준비성과 인지능력 및 관심사)에서의 다양성을 수용하는 그들의 수업 진행 방식에 대해 연구해야 한다고 생각했다. 이 주제는 커뮤니티 칼리지에서 부교수로 재직했던 내 경험, 특히 힘들었던 경험들에서 유래된 것이었다. 그러나 내가 말했듯이 동료는 내 의견에 동조하지 않았다.

그만의 타당한 근거는 있었다. 내가 커뮤니티 칼리지에서의 교수(teaching)에 관한 이야기를 할 때마다 나는 내 학생들, 즉 그들은 아주 똑똑하고, 열심히 공부했으며, 많은 고통을 겪으면서 성취를 이루어 낸 것에 대해 이야기했다. 나는 그들에게 감탄했다. 그들과 친해져서 더 잘 이해하고 싶었다. 그들은 항상 내 맘에 있었다. 그들을 돕고, 그들에게 적합한 도전과제를 줄 방법을 늘 생각했다. 학생들은 직접 그리고 편지로 자신의 이야기를 나에게 해 주었다. 하지만 내 호기심은 전혀 줄어들지 않았다. 학생들이 나에게 자신의 이야기를 해 줄 때마다 나는 그들의 이야기가 더 많은 사람에게 알려지길 원했다. 나 혼자 그들의 이야기를 아는 것만으로는 충분하지 않았다. 나는 모든 사람에게 그들의 이야기를 알리고 싶었다. 더 많은 사람이 이 학생들을 이해한다면, 커뮤니티 칼리지에 대한 오명이 적어도 약간은 없어질 것 같았다. 나는 그런 일이 일어나기를 원했다.

그럼에도 나는 여전히 답보 상태였다. 이 논문을 쓰려면 도대체 무엇을 해야 할까? 종합 시험을 끝내자마자 논문 제안서를 작성하기란 몹시 고통스러웠다. 내가 논문 제안서를 쓰기 싫었던 이유는 무엇을 연구해야 할지 아무 생각이 떠오르지 않아서였다. 사실은 생각하는 것이 있긴 했다. 커뮤니티 칼리지의 교수들과 그들의 가르침에 관심이 있었지만, 내가 학생들 특히 내가 가르쳤던 학생들에게 가장 관심이 있음을 차츰 깨닫게 되었다. 나는 하던 일을 잠시 멈추고, 다른 수업들을 들으면서 창의적인 글을 썼다. 그러면서 어떤 연구를 해야 할지 천천히 인식하게 되었다. 시간이 흐르면서 나는 내 논문, 즉 연구 참여자들에 따르면 나의 '대표작'은 학생들의 이야기를 담을 좋은 그릇이 됨을 깨달았다.

논문을 쓰든, 어떤 연구를 시작하든, 연구 질문이나 문제 혹은 목표 같은 다른 요건들과 더불어 분명하고 초점이 있으며 식별 가능한 주제를 선정하는 것이 중요하다. 또 다른 중요한 작업은 적절한 방법론을 선택하는 것이다. 또한 방법론은 연구의 중요한 개념적 틀의 여러 요소(인식론, 이론적 관점 및 연구자의 위치성과 관련된 다른 중요 요소들이 여기에 포함되지만 이것들이 전부는 아니다.) 중 하나임을 알아야 한다. 또한 연구방법들도 고려해야 한다. 데이터를 실질적으로 어떻게 수집할 것인가? 여기에 관여되는 논리적 단계들은 무엇인가? 생각해 볼 만한 분석적 접근법들이 있다. 따라서 연구 수행은 필연적으로 복합적이 될 수밖에 없다.

그래서 내 주제는 '커뮤니티 칼리지 학생들의 학업생활'이었다. 그러나 무슨 방법론을 사용해야 할까? 내 머릿 속에서는 아이디어들이 마치 무중력 우주 공간에서 서로를 향해 움직이는 3차원적 퍼즐 조각처럼 떠돌고 있었다. 그러다 조각들이 내 마음의 눈의 시선을 가로질러 한 초점으로 모아졌다. 나는 박사과정 수업을 듣는 동안 여러 학회에도 참석했다. 그 곳에서 수많은 연구방법론과 방법을 접하게 되었다. 학회에서 처음으로 포토보이스라는 용어를 듣게 되었다. 한 연구자는 자신이 '가정 내에서의 아동의 문해력'을 알아보는데 어떻게 관심을 가졌는지를 간단하게 설명했다. 예를 들면, '집안의 책들이 일상적 행동으로서의 아동의 읽기에 어떤 영향을 줄까?' 같은 생각을 했다고 한다. 그는 초등학생 참여자들을 모집해서 그들에게 일회용 카메라를 주고 집안 내부 사진을 찍어 보게 했다고 한다. 그 후, 연구자와 함께 아동들은 자신이 찍은 사진에 대해 스토리텔링을 했다. 본질상, 그 연구자는 아동들끼리 사진에 대해 토론하는 포커스그룹 토론을 촉진하였다. 사진 자체는 데이터가 아니었지만, 스토리텔링을 촉진하는 데이터의 선행자료 역할을 했다. 원래 사진은 연구자에 의해 해석되는 데이터였다. 그러나 여기서 사진은 아동들에 의해 해석되었다. 아동들만이 왜 자신이 해당 사진을 찍었는지 진정으로 알고 있다. 이는 매우 흥미로웠다. 내가 처음으로 포토보이스라는 용어를 들었던 곳이 바로 이 학회였다. 포토보이스는 무엇인가? 어디서 유래한 것일까?

2. 포토보이스의 개요

1990년대 초, 캐럴라인 왕과 메리 앤 부리스Caroline C. Wang & Mary Ann Burris(1994)는 '포토 노벨라(photo novellar)'라는 용어를 만들었다. 이는 훗날 '포토보이스'라는 연구방법론이 되었다. 왕과 부리스Wang & Burris의 논문의 중요성이 과소평가되면 안 되는 이유는 이후 포토보이스에 대한 모든 논문에서 이 두 학자를 늘 언급하고 있기 때문이다. 왕과 부리스는 중국 시골 여성의 건강과 관련한 4가지 요구들을 평가하려고 포토 노벨라를 시행했다. 이는 '역량강화 교육'프로젝트로 발전했다. 여성 참여자들에게 카메라로 자신의 걱정과 좋아하는 것 같은 무형의 것들을 기록해 보라고 했다. 그러나 사진만 봐서는 여성들의 감정을 이해하기에 불충분했다. 설명, 즉 사진에 대한 서술(narration)이 중요했다. 사진(포토)과 사진 배후의 이야기(노벨라)의 중요성 때문에 새로운 용어가 탄생한 것이다. 그러나 시간이 지나면서 이 특별한 연구방법에 대한 용어로서, '포토보이스'가 포토 노벨라를 대신했다. 왕과 부리스는 이 과정을 통해 참여자들은 자신의 일상적 삶에 대한 이야기를 늘어놓을 수 있다고 했다(p. 179). 그리고 포토보이스 참여자들이 한 이야기들은 분명 가치 있고 심지어 중요하지만, 포토보이스가 참여자들이 목소리를 낼 수 있는 공간을 조성해 준다는 개념, 즉 이야기를 전달해 줄 수단을 제공해 준다는 개념이 용어를 변화시킨 원동력이었다.

포토보이스는 '참여적 행동 연구(participatory action research)'의 한 종류로서, 공동체(지역사회)-기반으로 행해지며, 참여자들이 수동적 대상 피험자로서만 취급되는 기존의 순수한 연구모델과는 정반대일 때가 많다(Whyte, Greenwood, & Lazes, 1991, p. 20). 대부분의 경우, 포토보이스 참여자들은 연구 과정에 능동적으로 개입하며, 그 개입은 '사진 메시지(prompts; 역주—다음 단계로의 진행을 돕기 위해 사용자에게 보내지는 메시지로 지시어, 명령어, 단서, 촉발제 등)를 만들도록 돕는 것'에서 '데이터 해석'에 이르기까지 여러 형태를 띤다. 포토보이스에서 참여자들은 참여자로서 행동하거나 공동-연구자로서의 위상을 가질 수밖에 없다. 그러나 참여자는 늘 선택도 내려야 하는 입장이다. 아르기리스와 숀Argyris & Schön(1991)에 따르면, 참여적 행동 연구의 목표는 참여자들이 타당한 정보를 주고받으면서 자유롭고 논리적인 결정을 내리며(참여 여부에 대한 결정 포함), 탐구 결과에 몰두하게끔 하는 환경을 조성해 주는 것이라고 했다(p. 86). 참여적 행동 연구는 응용 연구라고 봐야 한다(Whyte, Greenwood, & Lazes, 1991). 그렇게 함으로써 참여자들은 자신의 노력의 산물이 변화를 이끌어 내는 것을 보고 싶어 한다. 특히, 새로운 지식의 창출은 포토보이스 방법론의 결과물이기도 하지만, 이것이 주요 목표는 아니다.

서턴-브라운Sutton-Brown(2014)에 따르면, "포토보이스는 사진, 서술, 비판적 대화 및 사회적 행동을 통해 개인적 고통을 알리고, 정치적으로 이슈화하려는 시도로서 사적 및 공적 세계를 왔다 갔다 한다."라고 했다(p. 70). 역사적으로 포토보이스는 소외된 이들, 즉 권력자들에게까지 목소리(voice)가 전달되지 않는 주변인들의 경험과 관점을 부각시키는 데 사용되어 왔다. 예를 들면, 왕과 부리스Wang & Burris(1994)의 욕구조사(need assessment; 역주—일정한 지역 내에 거주하는 주민들의 요구를 계량적으로 측정하기 위한 방법)에 참여한 중국 시골 여성들은 공동체 내에서 소외되었던 이들이다. 포토보이스는 소외된 주변인들을 전면에 부각시키고, 사진을 통해 언어만으로는 전달이 안 되는 참여자들의 목소리를 권력자들에게 들려준다(Wang & Burris, 1994, p. 182). 이 과정을 통해 긍정적 변화가 발생해서 해당 주변인들에게 영향을 줄 수 있다.

그러나 포토보이스를 폄하하는 이들도 있다. "현대는 시각적 경험이 주를 이루며"(Brunsden & Goatcher, 2007, p. 44), 이미지-기반의 소셜 미디어 사이트들이 확산 중이기에 삶에 대한 서술도 시각적 수단에 기반하지만, 프로서Prosser(1996)는 "여러 논평가는 연구방법론에 대해 '이미지 메이킹(image making)'은 주관적 특징을 지니고 연구자는 사진가의 역할만 한다고 언급하면서, 이미지는 연구 용도로서는 부적합하다고 여긴다."라고 했다(p. 26). 프로서Prosser는 "이미지는 연구자들이 조명하고자 하는 것을 왜곡시키기 때문에 객관적인 앎의 방식으로써 받아들일 수 없다는 일반적 통념이 있다."라고 했다(p. 26). 그의 의견도 일리는 있지만, 프롬프트(prompt)에 대한 참여자의 반응을 사진이 상징적으로 보여 주기 때문에 포토보이스는 이런 통념을 무너뜨린다. 그러나 히긴스Higgins(2014)는 포토보이스는 시각적 수단을 사용한 참여 연구법을 쓰는 사회학자들에 의해 가장 널리 사용된다고 주장했다. 그리고 현재 포토보이스 사용 빈도가 줄어들 기미가 보이지 않는다. 최근에 나는 구글 스콜라를 통해 '포토보이스'가 들어간 논문을 찾아봤는데, 1060개나 검색되었다.

1) 포토보이스의 8단계

포토보이스는 순서상 8단계로 나눠진다. '파악, 모집, 교육, 기록, 서술, 관념화, 발표, 그리고 확증'이다. 우선 포토보이스 연구자들은 연구할 장소, 연구 대상, 연구 목적을 파악해야 한다. 연구 장소는 어디인가? 누가 참여할 것인가? 이 프로젝트의 목표는 무엇인가? 다른 질문들과 비교해 이 세 질문은 '파악'단계에서 고려하여야 한다. 다음으로, 프로젝트에 참여할 사람들이 모집된다. 참여 여부가 결정된 후, 참여자들에게는 프로젝트의 진행 방법 및 참여에 수반되는 것들에 대해 알려 주어야 한다. '교육'이라고도 불리는 이 단계에서는 참여자들과 참여에의 동의 여부 및 찍은 사진의 사용 방법에 대한 논의도 포함된다. 일단 참여자들이 모두 준비되고 프로젝트 진행 방향도 인지했으면, 그들에게 사진을 사용해서 프로젝트의 목표와 관련된 질문이나 프롬프트에 답변하도록 지시해야 한다. 모든 경우는 아니어도 어떤 경우에는 참여자들에게 카메라가 제공된다. 이는 '기록'단계이다. 사진을 찍은 후에는 '서술'단계로 들어간다. 개인별 혹은 포커스그룹 인터뷰에서는 참여자들에게 사진의 내용에 대해 서술해 보라고 해야 한다. 이 서술을 통해 참여자가 찍은 이미지에 의미나 맥락이 부여된다. 이 단계는 때로 글쓰기 작업으로도 진행된다. 다음으로, '관념화'가 이루어진다. 이 단계는 참여자가 직접 참여할 수도 있고 아닐 수도 있다. 요컨대, 연구자들은 때로 참여자들과 함께 질적 연구 문헌에서 쓰이는 여러 분석적 접근법을 사용해 참여자들의 서술 속에 공통적으로 들어 있는 큰 주제들을 뽑아낸다. 이런 주제들은 다시 실용적 함의를 지닌 연구 결과로 전환된다. 더욱이, 결과들은 프로젝트 주제에 대한 기존의 지식과 대척점에 놓일 때가 많다(기존의 지식과는 다른 새로운 지식들이 밝혀질 수 있다). 한 예로 다음의 연구 질문을 생각해 보자. 초등학생들은 자신의 일상 속에서의 STEAM(과학, 기술, 공학, 예술, 수학)을 어떻게 묘사하는가? 관념화 단계 중에 연구자들은 이 주제의 맥락이 되어 줄 기존의 연구를 고려한 후, 그 결과로 새로운 지식을 밝혀낸다. 그러나 포토보이스는 "외부인들의 묘사와는 다른 문화적 배경이 깊이 스머든 자기-정의된 공간을 만들어 낸나"는 데 주의해야 한다(Wang & Burris, 1994, p. 180). 아동들에게 일상에서 STEAM이 어떻게 '작용하는지'에 대해 얼마나 자주 물었는가? 그렇게 자주는 아닐 것이다. 따라서 그런 프로젝트의 결과는 기존의 지식과는 차이가 클 가능성이 크다. 그렇기에 포토보이스는 기존의 통념에서 벗어난 새로운 지식을 생산해 낼 잠재력을 가진 방법론이다. 다음 단계는 전시의 형태를 띠는 '발표'이다. 여기서 전시라는 용어는 매우 광범위하게 사용된다. 전시는 포스터, 안내책자, 웹사이트, 디지털 스토리, 박물관 전시 등의 형태를 띤다. 그리고 이외에도 무수히 많다. 이 단계에서 참여자들은 공동체 내의 권력자나 변화를 줄 수 있는 구성원들(정책 결정자와 결정권을 가진 이들)과 교류할 기회를 가진다. 마지막 단계는 '확증'이다. 이 단계는 여러 요소로 구성된다. 포토보이스 연구자들은 확증을 통해 전시를 접한 사람들이 '발표'단계를 어떻게 받아들였는지를 알아내야 한다. 메시지가 분명히 전달되었는가? 어떤 인식들을 했는가? 정책이 변화되었는가? 이외에 연구자들은 프로젝트 에너지를 지속시키고 참여자들의 의견이 널리 퍼지게 할 방법을 찾아야 한다. 지금까지 포토보이스를 간략하게 설명했다.

3. 포토보이스의 역사

포토보이스 방법론을 자세히 살펴보기 전, '사진'과 '탐구' 관계의 역사를 간단히 살펴보려 한다. 이 장에서는 사진이 탐구 시 어떻게 사용되어 왔는지를 시기별로 다룬다. 카메라의 출현과 스틸 이미지의 도입 이후로 사진과 탐구는 서로 얽혀 왔다. 그러나 사진과 탐구 간의 관계는 분야에 따라 미묘하게 달라진다. 예를 들면, 저널리즘 분야에서 사진의 사용과 탐구의 역사적 궤도는 심리학 분야 내에서의 사진의 사용과 탐구의 역사적 궤도와 다소 다르다.

이 책에서는 포토보이스는 수많은 분야에서 유용성을 가지며, 따라서 포토보이스 방법론이 특정한 한 분야의 전유물이 아님을 분명히 밝히고 있다. 즉, 다른 식으로 보면 포토보이스는 여러 분야에서 쓰인다고 주장할 수 있다. 포토보이스가 지닌 융통성과 광범위한 잠재성은 여러 장점 중 하나이다. 그리고 여러 면으로 포토보이스는 초학제적 연구팀들이 연구 질문을 묻고 답하기에 적합한 방법론적 공간을 제공한다. 예를 들면, 다음 연구 질문에 따라 포토보이스를 할 예정이면 초학제적인 접근법이 적절할 수 있다. 중학생들은 자신의 학교 환경을 어떤 식으로 묘사할 것인가? 교육 분야는 이런 질문이 만들어질 수 있는 가장 적절한 분야이긴 하지만, 교육은 여러 다른 모체 분야(심리학, 사회학, 철학, 역사학, 인류학)에 속해 있음에 주의해야 한다. 다양한 이들로 (심리학자, 사회학자) 구성된 연구 팀이 앞의 연구 질문에 대한 답을 얼마나 다양한 방식으로 이해할 것인지를 상상해 보자.

사진의 역사, 사진이 일상 및 학문 분야들(예를 들어, 사회학, 인류학, 저널리즘, 심리학, 역사학, 생물학)에 활용되는 방식을 이해하는 것은 포토보이스 방법론의 역사적 및 철학적 토대를 이해하는 데 필수이다. 다음은 인류학자인 콜리어Collier (1967)의 견해이다.

1837년, 루이스 다게르Louis Daguerre는 최초의 감광판, 즉 메모리가 있는 거울을 만들어 냈다. 다게르 타입(Daguerre type) 사진술이 세상에 등장한 것이었다. … 그 후 시간이 흘러 이제는 원근감과 빛의 효과뿐 아니라 사람의 외양을 정확히 찍어 낼 수 있게 되었다. 이로써 많은 관찰자는 지금이나 수년 후에 사진을 반복적으로 검토하는 것이 가능해졌다. 카메라 이미지의 이런 기능 때문에 인간에 대해 새롭게 이해하게 되면서 우리의 사회적 사고는 계속 확장되고 있다.

p. 3

콜리어Collier의 말은 거의 50년이 지난 지금도 여전히 유효하다. 카메라의 도입은 우리의 사고방식, 행동방식 및 세계에 대한 관점을 바꾸어 놓았다.

카메라 암상자(obscura)를 포함해 사진의 개념 및 기원을 종합적으로 알고 싶디면 건스하임Gernsheim(1982)과 배쳰Batchen(1997)을 참고하라. 동시에, 사진은 단일의 정체성이나 통일된 역사를 가진 것이 아님에 주의해야 한다(Batchen, 1997, p. 176).

1) 사진과 사진술에 대한 인간의 성향

잠시 다음의 질문들을 생각해 보자. 당신은 사진(Photographs)과 사진술(Photography; 사진촬영)에 대해 어떤 성향을 가지고 있는가? 사진이 벽에 걸려 있는가? 책상에 놓여 있는가? 아니면 지갑 속에 안전하게 끼워 넣어져 있는가? 구두상자 안은 옛날 사진들로 가득 차 있는가? 사진첩은 어떠한가? 디지털 공간에 사진들이 가득한가? 당신은 사진을 찍는가? 얼마나 자주 찍는가? 무엇에 대해 찍는가? 왜, 그리고 어떻게 찍는가? 인터넷에 사진을 올려놓는가? 소셜 미디어에는 어떤가? 사진과 사진술에 대한 당신의 삶의 측면들을 이야기 나누어 보자. 이것은 시간이 흐르면서 바뀌었는가?

어떻게 생각하는가? 많은 경우, 사진과 사진술은 사회, 문화 및 개인적 삶의 중요 측면이다. 우리는 사진을 소중히 여긴다. 우리는 그것들에 의미를 부여한다. 사진이 발명되었던 초기에, 사람들은 이미지를 포착하는 능력을 보고 놀랐다(Heisley & Levy, 1991). 그 당시에 어땠을지를 상상해 보자. 내 삶의 이 시점에서 이제는 어디를 가든지 휴대 전화는 꼭 가지고 다닌다. 내 휴대 전화에는 매우 강력한 카메라와 저장 공간이 있다. 따라서 나는 거의 언제라도 사진 및 동영상을 찍을 수 있다. 현대사의 다른 시기와 비교했을 때, 이 부분에서 큰 차이가 난다. 시간이 흐르면서 사진은 보고, 기록, 설명의 수단으로 사용되었다. 사진은 증거이자 기록물이다. 사진은 사회사, 문화사, 가족사 및 개인사를 상세히 설명하고 기록해 주는 수단이다. 최근 들어, 보편적으로는 아니더라도 사진은 일종의 예술로도 여겨진다(Heisley & Levy, 1991). 앤설 애덤스Ansel Adams, 애니 리버비츠Annie Leibovitz, 샐리 만Sally Mann, 그레고리 크루드슨Gregory Crewdson과 같은 유명한 사진작가들의 사진들을 생각해 보자. 나는 그들의 사진들이 예술이라고 생각하지만, 이런 분류는 비판이 가능하다. 그러나 제임스 몰리슨James Mollison 같은 사진작가의 사진들을 생각해 보자. 그들의 사진은 사회적 요소가 강하게 들어간 현대 미술처럼 여겨진다. 『아동들의 잠자리(Where Children Sleep)』라는 책 서문에서 몰리슨Mollison(2010)은 다음의 내용을 썼다.

> 나는 이 책 속의 사진과 이야기가 아동들에게 잘 전달되기를 바란다. 그러면 [나처럼] 운 좋은 아동들은 자신이 가진 것을 더 잘 인식할 수 있을 것이다. 그러나 그보다도 아동들이 이 책을 통해서 세상 속 사회의 불평등에 대해 생각해 보고, 어떻게 대응해야 할지를 알아내는 데 도움을 주기를 바란다.
>
> *p. 5*

우리는 예술 사진이 어떤 지점에서 사회성 짙은 사진이 되고, 무슨 목표를 가지는지를 궁금해해야 한다. 몰리슨의 사진집은 이의 대표적 예이다. 아마도 이는 독자에 달려 있을 것이다. 아동들은 몰리슨의 사진 솜씨에는 별로 관심이 없을 테지만, 분명 세계 아동들의 잠자리에 대한 사진을 보면서 느꼈던 경외감, 아마도 공감만큼은 분명 오래 기억할 것이다.

같은 맥락에서, 그리고 사고 실험으로서 아동기에 대해 생각해 보자. 자신의 아동기와 아동기의 기억들을 떠올려 보자. 당신은 삶의 여정에서의 자신 및 타인에 대한 이야기를 할 때 사진이 중요 역할을 하는가? 사진의 중요성은 유아기 때부터 시작된다. 학교와 가족사진 및 매년 휴일마다 찍는 사진들이 아주 많다. 블러스티엔과 베이커Bloustien & Baker(2003)는 "사진은… 정체성 표현을 위한 강력한 도구이며, … 사진촬영(photography)은 아동의 삶에서 만연한 존재감을 가진다."라고 했다(p. 69). 이 존재감은 이제 디지털 사진술과 소셜 미디어가 등장하면서 더욱 두드러졌다. 사진은 우리가 정체성을 이해하고 조사하며 구축하도록 돕는다. 이제 소셜 미디어는 한때 아날로그 시대의 대표 물건인 육아일기장을 대체해 주는 새로운 집이 되었다. 또한 소셜 미디어는 새로운 구두상자, 즉 기억들을 구체화시키고, 귀중한 대상을 보존해 주며, 애정이 담긴 골동품들을 보관해 주는 저장소가 되었다. 이런 물건들 중 상당수는 개인에게 중요하지만, 온라인상에서 삶에 대한 이런저런 이야기를 늘어놓는 일들이 증가하면서 예전에 흔히 사용해 왔던 육아일기장이나 구두상자의 필요성은 적어지고 있다. 사실, "아날로그에서 디지털 기술로의 점차적 대체로 인해 문화적 기억의 새 매개체가 생겨났다"(Van Dijck, 2005, p. 312). 그리고 이런 새로운 장에서 인터넷이 주를 이룬다.

(1) 메멕스(*The Memex*: 기억확장장치의 약자)

1945년, 버니바 부시Vannevar Bush는 『디 애틀랜틱(The Atlantic)』지에 에세이를 기고했다. 부시는 에세이에 과학자들이 전쟁(예를 들어, 제2차 세계 대전)을 빌미로 대대적으로 협력하고 공유했다고 주장하면서도, 그는 전쟁 후에도 이런 분위기를 어떻게 지속시킬지를 궁금해했다. 그는 전문화(specialization)로 인

해 과거 그리고 여전히 지금도 모두 파악하기 힘들 정도로 엄청난 양의 정보
가 생겨나고 있다고 주장했다. 다음은 그의 의견이다.

> 인간 경험의 총체는 급속하게 확장되고 있으며, 경험으로 발생된 복잡한 미로를
> 빠져나가면서 잠시나마 중요한 물건을 얻으려고 우리가 사용하는 수단은 횡범선
> (가로돛 장치의 배)의 시대 때 사용했던 것과 동일하다.
>
> 부시, 1945, *Para 8*

　다시 말하면, 계속 증가 중인 지식들(대부분은 매우 구체적임) 중에서 중요
한 것을 찾아내고 파악하기가 힘들어진다. 부시는 '메멕스'라는 기계를 제안
했다. 이는 정보, 즉 책, 의사소통, 사진을 보관하는 기계로, 마치 우리 마음의
확장판 같은 역할을 한다. 그는 메멕스를 사람들이 일하고 과제 완수를 하는
장소인 책상에 비유했다. 이 책상에서는 관련 정보를 쉽게 모을 수 있으며, 문
서, 사진 등이 작은 정보비트로 저장되고, 사람의 눈에 맞게 확장도 가능해진
다. 메멕스는 또한 개인으로부터 새 정보를 받고 저장할 수도 있다. 우리는 메
멕스를 구두상자로, 혹은 구두상자가 지닌 '문제들'의 해결책으로 생각해 볼
수 있지만(Van Dijck, 2005), 이는 스마트폰과 워크스테이션의 혼합체에 더 가
까울 것이다. 나는 사물인터넷(사물에 감지기를 부착해 실시간으로 데이터를 인
터넷으로 주고받는 기술이나 환경)이 떠올랐다. 사물인터넷(예를 들어, 핏비트)이
메멕스의 비전을 뛰어넘는가? 여러 면에서 부시는 인터넷, 구체적으로는 웹
2.0 어포던스를 가진 인터넷을 예견했다. 그가 쓴 대부분의 내용은 스마트폰
(사진, 동영상, 텍스트 메시지의 보관소), 소셜 미디어(사교용 및 순간의 공유), 위
키피디아(정보 보관소), 그리고 사물인터넷(대상-인터넷 연결)의 혼합체를 떠
올리게 했다. 지금 생각해 보면, 1945년에 출판된 부시의 연구의 정확성은 매
우 놀라울 지경이다.

　우리는 니콜라스 카^Nicholas Carr(2008)가 『디 애틀랜틱(The Atlantic)』지에 기

고한 에세이 『구글이 우리를 바보로 만들고 있는가?(Is Google Making Us Stupid?)』에 부시[Bush](1945)의 연구를 연계시킬 수 있고 연계시켜야 하는데, 이유는 인터넷 때문에 사람들이 지루한 정보들을 기억하려는 동기를 상실하기 때문이다. 어떤 의미에서 인터넷은 우리가 기억해야만 하는 것을 대신 해 준다. 대체로 이는 메멕스의 비전이었다. 개구리들은 겨울에 어디로 가는가? 구글로 검색하면 된다. 배터리는 어떻게 작동하는가? 구글로 검색하면 된다. 알래스카가 언제 국가가 되었는가? 구글로 검색하면 된다. 누가 음료수(kool-aid)를 발명했는가? 구글로 검색하면 된다. 단지 이런 종류의 정보나 사실만 인터넷에게 대신 기억하게 하는 것은 아니다. 우리 중 상당수는 가족이나 친구, 우리가 본 장소, 여러 개인적 경험에 대한 기억도 이렇게 기계에 맡긴다. 반 디직[Van Dijck](2005)은 "1960년대 이후로 여러 사적인 문서(사진, 편지, 일기, 가정에서 찍은 동영상, 목소리 녹음본 등)를 보관해 둔 구두상자는 큰 여행용 가방이나 다락방까지 확장되었다."라고 했다(p. 312). 개인적 데이터 혹은 정보의 폭발로 새로운 저장 공간의 필요성이 생겨났다. 그리고 메멕스의 비전이 오늘날 이런 구두상자 확장판의 요구들을 충족해 주고 있다고 주장할 수 있다. 인터넷은 새로운 구두상자인 셈이다.

(2) 메모리

인터넷은 디지털 메모리 기계인가?—즉, 개인적·문화적·사회적 기억이 저장, 분류, 관리되는 장소인가? 아마도 그럴 것이다. 인터넷이 생겨난 이후, 기억은 디지털화, 멀티미디어화 및 구글화를 경험하고 있다(Van Dijck, 2005). 쿤[Kuhn](2007)에 따르면, "사진은 기억 수행을 위한 기회들을 제공한다."라고 했다(p. 284). 더욱이, 쿤은 사진을 보여 주는 매체, 즉 사진의 형태(디지털 사진 vs. 인화사진)는 기억 작업 및 수행에 큰 영향을 준다고 주장했다. 우리는 인화된 사진과 디지털 사진을 어떤 식으로 다르게 상호작용하고 기억하는가? 모든 사진에는 시간적 요소가 있지만, 물리적이고 인화된 사진은 대상성에 따라

시간성의 여러 층을 가진다. 사진, 콘서트표, 연하장, 잡다한 작은 물건들로 가득찬 내 구두상자는 이의 대표적 예이다. 사진들을 대충 훑어보면서 나는 사진이 찍혔을 시점 및 인화 시점과 관련된 여러 메시지를 받아들이고 해석하는 작업을 하게 되었다. 이미지 속의 여러 요인[내 외모는 어떠한가? 타인의 외모는 어떠한가? 사진의 맥락 내 단서들(가정 예법, 배경의 차, 제공된 음식—예를 들어, 생일 케이크)]에 근거해서 해당 이미지가 찍힌 시기를 추측했다. 다른 한 편, 대상성에 따라 사진이 인화된 시점의 단서가 있다. 예를 들면, 사진 뒤편에는 달과 연도가 찍혀져 있다. 인쇄된 사진의 크기, 질, 질감, 냄새도 시간성과 관련된 단서임을 알려 준다. 이 요인들 모두가 상호작용해서 우리가 기억 작업을 하게 되며, 우리의 집단적 및 문화적 기억에 대해 질문을 제기한다. 이 사진들이 디지털 형식으로 찍히고, 보관되며, 검색되고, 상호작용될 때, 시간적 특성의 상당수는 사라진다. 그리고 상호작용은 덜 구체적이 된다. 특히, 이 경우 냄새와 촉감은 전혀 느낄 수 없다. 그렇다면 이는 무엇을 의미하는가?

(3) 디지털화

사람들은 디지털 사진과 어떻게 상호작용하는가? 그리고 디지털 사진이 어떻게 우리를 변화시켰는가? 카스텔라^{de Castella}(2012)에 따르면, 디지털 사진은 '우리'를 다음처럼 바꿔 놓았다고 한다('우리'라는 대명사에 논쟁이 많겠지만, 이 경우 매체를 고려할 때 영국인을 지칭할 가능성이 크다). 공적 행동이 바뀌게 되었다(예를 들어, 레스토랑에서 음식을 먹기 전에 사진을 찍는 행위). 더 많은 사진이 찍히고 있다. 더 많은 사람이 사진촬영에 점점 능해진다. 시민이 저널리스트가 된다(예를 들어, 전문 저널리스트보다 먼저 소셜 미디어를 통해 뉴스거리가 될 만한 이미지들을 서로 공유한다.). 거의 모든 사람이 기록관이 된다.

공적 행동의 변화로 인해, 폰(phone)과 스너빙(snubbing)의 혼합어인 퓨빙(phubbing; 주변 사람을 신경 쓰지 않은 채 스마트폰에 빠져 있는 현상)이라는 용어가 생겨났다. 이러한 현상은 최근 여러 연구에서 다루는 주제이기도 하다(예를 들어, Roberts & David, 2016). 퓨빙은 어떤 사람이 자신의 휴대 전화에 신경 쓰느라 다른 사람을 무시할 때 발생하는 현상이다. 휴대 전화와 카메라의 결합은 사진의 디지털화를 더 급속화시켰다. 그 당시 사진의 디지털화는 퓨빙의 증가를 촉진시켰고, 특히 앞의 예를 고려할 때 이는 당연해 보인다. 더욱이, 통화 시 우리가 상호작용하는 내용의 상당수는 디지털 사진을 포함해 시각적 수단으로 전달된다. 디지털 사진의 대상성을 생각해 본다면, 우리가 사진들과 상호작용하기 위해 사용하는 장치는 중요 역할을 한다. 나에게 있어 그 장치는 내 스마트폰이다. 스마트폰만 있으면 쉽게 사진을 찍고, 수정하고, 공유하고, 관리하고, 저장할 수 있다. 스마트폰이 내 사진들의 틀을 만들어 주고 사진의 대상성에 기여하듯이, 사진을 찍고 수정하고 공유하고 관리하고 저장하는 데 사용되는 다양한 앱도 이와 마찬가지이다. 예를 들면, 인스타그램에 사진을 올릴 때, 플랫폼 디자인 때문에 이미지는 사각형이 된다. 트위터나 페이스북 같이 사진이 다른 방식으로 공유되는 플랫폼에서는 이렇게 되지 않는다. 이외에 나는 인스타그램 포스트에 필터를 추가시킬 가능성이 높은데, 이유는 앱 환경 때문에 그렇게 할 수밖에 없다. 그렇기에 내 디지털 사진의 대상성은 내가 사용 중인 플랫폼에 따라 바뀌게 된다. 다음은 이와 유사한 의견이다.

> 이미지를 통한 이해의 측면에서 컴퓨터 상에서 역사적 이미지를 보는 경험은 앨범이나 파일의 복사본에 붙여진 알부민 인화지와 동일한 이미지를 보는 경험과는 완전히 차원이 다르다.
>
> 에드워즈Edwards, 2002, p. 68

다시 말하면, '사진은 무엇인가'는 '해당 사진이 무엇에 관한 것인가'만큼 중요하다.

특히, 스마트폰이 널리 사용되면서 디지털 사진이 다소 간단하고 접근성이 높기에 그 어느 때보다도 많은 사진이 찍히는 것은 당연하다. 따라서 거의 모든 사람이 자연스럽게 기록관이 될 수밖에 없다. 생각해 보면, 나도 폰으로 거의 매일 사진을 찍는 것 같다. 이는 의식하지 않았지만 일종의 기록인 셈이다. 그러나 자동적으로 날짜에 따라 분류된 내 폰의 사진을 스크롤하면 이는 개인적 과거 사건의 기록보관소가 되는 것이다. 이는 연습하다 보면 실력이 향상된다. 많은 사진을 찍게 되면서 스스로 사진가라고 여기지 않은 사람들이라도 실제로 사진촬영에 능숙해질 수밖에 없다. 마지막으로 디지털 사진을 사용하면 뉴스거리가 될 만한 사건들이 보도되자마자 사람들이 실시간으로 몰려들기 때문에 일반인들도 시민 저널리스트가 쉽게 될 수 있다. '뉴스거리'가 발생하면, 소셜 미디어 네트워크는 주요 뉴스 매체의 내용뿐 아니라 현재 진행 중인 사건의 내용과 각주(사진 및 동영상)로 가득 찬다. 디지털 사진이 우리를 바꿔 놓은 면들을 과소평가해서는 안 된다.

(4) 크라우드소싱(Crowdsourcing)

이 장을 쓰면서 잠시 사진과 사진촬영에 대한 개인의 성향에 대한 추가적인 식견들을 어떻게 얻을 수 있는지를 생각해 보았다. 그래서 인터넷을 활용해서 간단하게 크라우드소싱을 해 보았다. 서베이몽키를 사용해 개방형 답변 내용박스가 링크된 간단한 설문 조사지를 만들었다. 설문지에 이 절의 첫번째 단락의 동일한 질문들을 제시했다. 그 후 이 링크를 내 소셜 네트워크(페이스북과 트위터)에 보냈고, 후에 다른 사람들에게 공유하자고 했다. 며칠 후, 나는 아름답고 고무적이며, 본질적으로 인간적인 많은 답변을 얻을 수 있었다. 이 장을 쓸 준비를 하며 읽을거리들의 반향을 불러일으키는데 질문의 답변이 영향을 주었다. 나에게 보낸 답변들을 보면서 사진들, 즉 사진을 보관하고, 찍고, 보고, 이야기하는 것은 인생의 중요 부분임을 다시금 느낄 수 있었다. 특히 다음의 의견들은 눈길이 가면서도 애절하다.

사진은 내 전부이다. 어디를 가든지 사진과 동영상으로 내 삶을 기록한다. 사무실에도 거의 모든 곳에 사진을 놓아둔다. 내 파일 캐비닛 앞면은 삶의 다양한 시점에서 찍은 사진들로 장식되어 있다. 소셜 미디어 사이트에도 사진을 올려놓았는데, 이는 내가 자신을 표현하고 내 이야기를 세상에 알리는 방법이기 때문이다. 옛날 사진들은 집에 하나의 상자에 보관하고 있다(물론 나는 사진첩을 사야 한다). 나는 그 옛날 사진들을 보는 것을 좋아한다. 몇 개월 전 혹은 심지어 몇 년 전 사진을 보고 웃기도 하는데, 이유는 그 사진들이 나를 그 순간으로 데려다주고 추억을 생각하고 빠져들 기회를 주기 때문이다.

이 답변을 줄별로 상세히 분석하면, '사진'과 '사진촬영'이 인간의 삶에 끼치는 커다란 영향과 내재성을 알 수 있다. '사진은 내 전부이다'라는 구절은 개인의 삶 속에서 사진이 절대적으로 중요함을 뜻한다. 또한 '전부'라는 단어에는 심오한 전체성이 내포되어 있다. 이 감정을 통해 하이퍼만Heiferman(2012)이 편집한 『사진이 모든 것을 바꾼다(Photography Changes Everything)』라는 책이 떠올랐다. 그 책의 각 장의 제목은 '사진이 ____을 바꾼다'라는 구절로 시작된다. 두 번째 줄은 동영상 능력을 가진 카메라의 편재성 및 삶의 사건을 실시간으로 기록하는 성향의 전형을 보여 준다. 그 다음 줄은 물리적 대상인 사진들이 인간의 업무 공간에 어떻게 존재하는지를 보여 준다. 대체로 사진과의 상호작용은 사건의 재체험이나 특정 경험을 다시 불러일으키는 것과는 무관하다. 오히려 사람들은 장식적 물건들(사진)을 자기 공간에 놓고, 특별한 기분이나 감정이 생겨나길 기대하면서 이 이미지들을 응시한다(Van Dijck, 2005). 나는 업무 및 삶의 공간을 둘러보면서 쉽게 감정이입할 수 있다. 내 공간에는 그곳에서 느끼고 싶은 느낌과 감정(사랑, 창의성, 차분함, 따뜻함, 소속감)을 불러일으키는 개인 사진들로 가득 차 있다. 앞의 답변을 다시 보면, 그 다음 줄을 통해 이 사람의 개인적 정체성이 어떻게 표현되는지 추론이 가능하다(Bloustien & Baker, 2003). 이 사람은 디지털화된 온라인 상의 구두상자 같은 소셜 미디어를 통해 개인 사진들로 자신을 공개적으로 표현한다. 그러나 '옛날' 사진들은 상자에 보관된다는 점에 주목해야 하는데, 이유는 아마도 그것들은 디지털 사진이 아닌 인화사진일 것이기 때문이다. 마지막 문장에서 우리는 인간-사진 관계의 잠재적 면을 엿볼 수 있다. 이 사람은 사진이 추억에 몰두하게 해 준다고 말했지만, 웃었다고 한 말로 보아서 이미지는 추억을 되살려 준다기보다는 추억과 관련된 느낌이나 감정을 되살려 준다는 개념이 더 일리가 있다.

내가 지금까지 분석한 답변은 분명 이례적인 것이 아니다. 다음은 크라우드소싱을 통해 얻은 답변들이다.

내 방에는 친구, 가족, 여행, 특별한 삶의 순간을 찍은 사진들이 액자 속에 걸려 있다. 나는 예전의 순간들을 세세히 기억하려는 것은 아니지만, 특정 시점의 사진들을 볼 때 그 순간이 재현되는 것을 느낀다. 친구들은 나를 보고 꽤나 향수적이라고 한다. 대부분은 여행 사진이거나 장소나 사물을 찍은 것이다. 물론 내가 가장 좋아하는 사진은 웃는 얼굴을 찍은 것이다.

2004년, 나는 코닥 카메라로 시작해 대학 때 많은 사진을 찍었다. 그것들을 인화시켜 벽에 붙여 놓았다. 오늘날에는 주로 폰을 사용한다. 간간히 인화시키거나 소셜 미디어에 올려 공유한다. 나는 훗날 되돌아볼 수 있는 순간을 포착하는 것을 좋아한다. 나는 다른 사람들과 달리 순간에 의미를 부여한다는 것을 깨달았다. 그래서 나를 위해 이렇게 하는 것은 매우 특별한 일이다.

나는 일어나는 모든 것을 기록하고 싶어 하는 것 같다. 많은 사람이 셀카를 찍으려는 욕구가 증가하는 것을 늘 보면서도 그렇게 많은 것을 왜 기록하려 하는지 여전히 궁금하다. 나는 그 사진들이 사회 구성원인 우리에 관해 무엇을 알려 주는지도 궁금하다. 나는 사람들의 감정을 포착하기를 좋아한다.

기원전 3000년에 등장한 카메라 옵스큐라(camera obscura)를 통해서도 알 수 있듯이, 인간인 우리는 늘 보존에 매료되어 왔다. 순간, 아이디어, 생각, 경험, 감정을 기록하는 것은 언제나 인간 문화의 일부였다. 우리는 모든 것을 페이스북, 인스타그램, 텀블러, 플리커에 거의 즉시 올릴 수 있는 디지털 시대에 살고 있기에 나에게는 여가 시간과 돈을 인화된 사진에 쓰는 것이 중요하다. 인화된 사진은 손으로 만질 수 있고, 물리적 실체이며, 더 많은 의미를 가진다. 내가 성장기에 좋아했던 일 중 하나는 많은 구두상자를 뒤지면서 부모님이 나와 형제를 찍은 사진들을 보는 것이었다. 생일, 휴일, 가족 휴가, 육아일기장, 스크랩 북, 사진첩, 이 모든 것이 추억을 불러일으킨다. 나는 영원히 마음에 소중히 간직할 것이다. 오늘날 보유한 대부분의 사진은 내 딸 사진이다. 나는 취향을 타는 얼굴이지만, 내 딸은 정말 귀엽다. 매일 우리는 소파에 앉아서 사진을 본다. 딸은 나와 남편이 있는 사진을 손가락으로 가리킨다. 딸은 내가 그녀를 위해 찍어 둔 지두(할아버지의 레바논어 이름), 고모, 강아지 사진들을 찾아보곤 한다. 우리는 밤마다 이 일을 한다. 사진이 없었다면 딸과 이런 일을 하지 못했을 것이다.

사진촬영의 용이성으로 인해 사진에 대한 나의 생각이 바뀌었다. 이는 더 이상 특별한 기술이 아니다. 즉, 내 삶의 중요 사건들을 기록해 주는 필수 수단인 것이다. 나는 이를 마치 도구처럼 사용한다. 마치 메모를 쓰거나 이메일을 보내는 것과 같다. 정보를 수집, 저장, 전달하는 또 다른 방식인 것이다. 나는 페이스북이나 인스타그램에서 친구들의 사진을 볼 수 있음에 매우 높은 가치를 두지만, 때로 과거처럼 엄마의 사진첩을 보고 싶은 생각도 든다. 내 주위에는 여전히 사진들이 있다. 부모들이 했던 것과 비교하면 그다지 바뀐 것은 없다. 우리는 집이나 직장에 결혼사진, 가족사진, 애완동물 사진들을 놓아둔다.

사진은 내 삶에서 매우 중요한 부분이다. 나는 사진을 시각적 역사로 여긴다. 사진들을 보면 고등학교 이후의 내 인생에 대해 알 수 있다. 나는 앨범, 스크랩북, 사진함에 사진을 보관하는데, 상당수는 집의 벽이나 선반에 있다. 또 사무실도 내 사진들로 장식되어 있다.

이런 답변들 가운데, 공통으로 드러난 주제는 무엇인가? 여러분도 이런 의견들을 낼 것 같은가? 무엇에 가장 공감을 느끼는가? 사진촬영과 사진 자체는 인간의 문화 속에 깊이 통합되어 있기에 사진이 학문 분야들에 통합되어 있음은 당연하다고 볼 수 있다. '사진'과 '탐구' 간의 관계를 더 잘 이해하기 위해 여러 사회과학을 구체적으로 살펴보기에 앞서 우선 포토저널리즘을 살펴볼 것인데, 이유는 이는 미국사와 영국사에서의 여러 중요했던 순간을 보여 주며, 사진촬영과 사진이 현대 사건들과 사회운동에 어떤 영향을 받고 주었는지를 알려 주기 때문이다.

2) 사진 + 저널리즘 = 포토저널리즘

(역주—대상이 되는 사실이나 시사 문제를 사진으로 표현하여 보도하는 저널리즘. 언론의 한 분야로서 말과 글 대신 사진으로 사건 자체를 보도하거나 보도기사를 보충하기도 한다.)

"사진의 역사는 통일체가 아니다. 이는 여러 분야를 넘나들며 깜빡거린다. 우리는 사진 자체보다는 사진의 역사를 연구해야 한다"(Tagg, 1988, p. 63). 이를 염두에 두고 오랜 시간에 걸쳐 사진이 저널리즘과 어떻게 상호작용해 왔는가를 살펴보자. 1989년, 『타임(Time)』지는 '포토저널리즘 150년'이라는 특별판을 발행했다. 이 특별판의 크리에이터는 연대기적 접근법을 사용해서 최근 인류 역사의 중요 사건들의 기록에 있어 사진이 어떤 식으로 사용되어 왔는지를 다루었다. 이 특별판에는 포토저널리즘 분야에서 가장 두드러지고 선정적인 이미지들 중 상당수가 실렸다. 1984년 이후로 『타임』지의 주요 기자였던 리처드 라카요^{Richard Lacayo}의 짧은 글들도 함께 있었다. 이 특별판은 후에 『목격: 포토저널리즘 150년(Eyewintness: 150 Years of Photojournalism)』이라는 제목으로 출판되었다(Lacayo & Russell, 1990).

라카요^{Lacayo}(1989b, Fall)는 '사진의 초기 시절: 1839년부터 1880년까지'라는 개관으로 시작했다. 라카요는 이 시기의 서구의 모더니즘과 산업화 발전을 언급하면서 카메라를 '사실들의 덫(trap for facts)'이라고 멋지게 표현했다(p. 12). 그리고 그는 유명한 최초의 사진가인 윌리엄 헨리 폭스 탈봇^{William Henry Fox Talbot}이 사진을 '자연의 연필'이라고 불렀음도 언급했다(p.12). 이 시대의 사진술로는 발생 중인 사건들을 찍기에는 무리였다. 그러나 그 시대의 사진술은 사건의 여파를 기록할 수준은 되었다. 전쟁을 생각해 보자. 사진과 전쟁은 늘 긴밀한 관계였다. 사진가들은 전쟁의 여파, 식민국의 움직임, 그리고 산업 발전의 상황을 취재한다. 손테그^{Sontag}(2003)는 1839년 카메라가 발명된 이후로 사진은 죽음을 길동무로 삼아 왔다고 했다(p. 24).

그 다음 라카요^{Lacayo}(1989a, fall)는 1880년부터 1920년까지의 기간을 하나로 묶어 '양심의 시대'라고 했다. 이때는 산업화가 붐을 이루는 시대였다. 또한 사회적 및 직업적 책임감을 촉구하는 시대이기도 했다. 이 시기의 사진들은 점차 강력해졌다. 부정부패를 들추어내기 시작했다. 라카요^{Lacayo}는 '사실들의 덫'이라는 표현을 계속 사용하면서 카메라는 "불행한 면을 겨냥한다. '사실들의 덫'은 정의의 트럼펫이 될 수도 있다."라고 했다(p. 22). 그 시대의 주요 이미지들은 독자들에게 영향을 주었다. 또한 이미지들은 독자들을 현실에 참여시키기도 했다. 라카요는 자신의 짧은 글 속에서 그 당시 유명한 운동가이자 포토저널리스트인 제이콥 리스^{Jacob Riis}와 루이스 하인^{Lewis Hine}을 언급했다.

라카요^{Lacayo}(1989a, Fall)는 제이콥 리스와 루이스 하인 간의 접근법에서의 차이들을 논했다. 하인^{Hine}의 사진은 온화한 분위기인데, 당시의 사회적 및 일터에서의 문제들을 밝히는 그의 사진들이 주 특징이었다. 그의 사진은 노동자들의 존엄성과 인간성을 보여 주었다. 그가 찍은 이미지는 날카로우면서 부드러운 면이 있었다. 그는 일반인보다는 다양한 공간 속에서 일하는 노동자들을 기록했다. 그리고 주목할 필요가 있는 사진들을 찍는 능력도 있었다. 이는 그의 여러 편집본에서 분명히 드러난다(예를 들어, Hine, 1977a, 1977b). 그리고 하인의 사진들은 최근에도 공감을 준다. 55개의 사진들이 자세한 설명과 함께 들어 있는 작은 사진집인『루이스 하인 55(Lewis Hine 55)』(Panzer, 2002)도 마찬가지이다. 리스는 더 직설적이고 대담했다. 그는 뉴욕 신문 기자로서 '사진'과 '대중의 집단적 양심'(역주―한 사회 내에서 통일된 힘으로 기능하는 공유된 신념과 연합된 도덕적 태도) 간의 관계를 알고 있었다. 1870년에 미국으로 온 덴마크 이민자인 가난한 노숙자였던 리스[Riis]는 한때『나머지 절반의 사람들(other half)』에 속했다. 결국 그의 폭로들이 담긴『나머지 절반의 생활상(How the other half lives)』이라는 사진집이 발간되었다(Riis, 2010). 이 장 후반부에서 이를 자세히 논의할 예정이다.

제1차 세계 대전 후, 사진술은 더 크게 발전하였다. 라카요[Lacayo](1989c, Fall)는 1920년대부터 1950년대까지의 시기를 '황금시대'로 불렀다. 유리건판을 35mm 필름으로 대체한 라이카 사진기(독일제 사진기)로 인해 사진술은―그리고 더 나아가, 사진가들은―보다 빨라지고, 기동력이 높아졌다. 이 시기의 사진들은 어떤 빛의 조건 하에서도 잘 찍혔다. 이 시기는 미들타운(Middletown)을 연구했던 로버트[Robert]와 헬렌 린드[Helen Lynd]의 영감을 받은 로이 스트라이커[Roy Stryker] 산하의 농업안정국(The Farm Security Administration) 사진단이 찍은 1930년대의 미국인들의 삶을 대상으로 한 다큐멘터리 사진들이 주를 이루었다(Harper, 2012). 마가렛 버크-화이트[Margaret Bourke-White], 도로시아 랭[Dorothea Lange], 워커 에반스[Walker Evans], 칼 마이던스[Carl Mydans], 아서 로드스타인[Aurthur Roshstein] 같은 사진가들이 찍은 이런 이미지들의 상당수는『포춘(Fortune)』지에 실렸다. 그러나『포춘』지만으로는 충분하지 않았다. 그 후『포춘』지의 오너인 헨리 R. 루스[Henry R. Luce]는 사진 이야기를 다룬 잡지를 만들고 싶어 했다. 그는 1936년에『라이프(Life)』지를 사서 이를 포토저널리즘 잡지로 만들었다. 이 시기에 포토저널리즘이 성숙기에 접어들면서 포토저널리스트들은 대담한 시도를 해 보기도 했다. 라카요Lacayo(1989c, Fall)는 "포토저널리스트들이 평화로운 시기에 꽃피운 감성들은 잔혹행위 기록에 강력한 차원을 더해 주었다. 그것은 바로 개인들이 역사를 창조하는 지점과 역사 때문에 고통을 겪는 지점의 교차로들과의 친밀감이다(역주—사람들이 감정이 담긴 현실고발 사진들을 너무 많이 봐서 익숙해졌다)"라고 말했다(p. 32). 손태그Sontag(2003)는 포토저널리즘이 전시인 1940년대 초반에 진가를 발휘했다고 했다(p. 34). 그리고 손태그Sontag는 우리가 육욕적 및 폭력적 장면의 사진들을 보면서 타인의 고통을 즐길 때도 있다고 주장했다. 그리고 사진이 세계에 대한 객관적 이미지를 보여 준다는 생각은 여전히 있지만, 이 시기에 렌즈 뒤의 시선은 중요해졌다. 개인적 시선과 사진 대상과의 교감이 중요해졌다.

1950년대에 이르러, 라카요Lacayo(1989d, Fall)는 "앙리 카르티에 브레송Henri Cartier-Bresson이 사진가를 '현실의 즉각적(순간적) 조직자'라고 했듯이, 포토저널리즘도 이제는 나름의 이론적 토대를 가질 수 있다."라고 했다(p. 56). 사진가는 세계가 보여지는 방식의 중재자가 될 수 있다는 새로운 인식이 생겨났다. 1950년대와 1980년대 사이의 30년은 '새로운 도전'의 시기라고 명명되었다. 그러나 아이러니하게도 포토저널리즘은 분야 내의 갈등, 즉 내분을 겪고 있었다(p. 56). 전쟁 관련 보도는 교외의 삶을 다룬 보도들로 바뀌었다. 물론 전쟁 관련 보도는 계속되었지만, 시민권 투쟁이 미국 내 사진가들의 주요 관심사가 되었다. 이때 고속 칼라필름이 주로 사용되었다. 그러나 포토저널리스트는 텔레비전 뉴스 보도와 서로 우위를 점하려고 다투었으며, 텔레비전 보도는 시간이 흐르면서 더욱 접근성이 높아졌다.

라카요Lacayo(1989e, Fall)는 1980년대부터 현재까지를 다룬 마지막 에세이에서 "카메라가 모든 것을 지배한다—사실들의 덫이 세계를 사로잡았다."라고 했다(p. 66). 이런 강력한 말은 그 당시 상황을 정확히 반영한 것이었으며, 날이 갈수록 진실이 되어 갔다. 여러 전통적인 인쇄에 기반을 둔 뉴스 매체들이 온라인 플랫폼으로 전환되면서 저널리즘은 그 어느 때보다도 시각적이 되었다.

3) 사진 + 사회학 = 시각 사회학

그렇다면 사회학 연구에서 누가 처음으로 사진을 사용했을까? 사회학자가 먼저 사용하고, 그 다음이 인류학자인 것 같다. 그러나 내가 이 장의 이 부분에서 분야별로 소제목을 달아 사진과 연구의 혼합체를 구분 중이지만, 분야들은 우리가 가정하는 것만큼 개별적이거나 정돈되지는 않았다. 부정부패를 폭로하는 포토저널리스트인 리스를 떠올려 보자. 그의 포토저널리즘 사진들은 사회학 연구물과 구분하기가 너무 어렵다. 하이슬리와 레비[Heisleyh & Levy](1991)는 1896년부터 1916년까지 미국의 사회학 저널은 사회 개혁의 필요성을 극화한 사진들을 정기적으로 실었다고 했다(p. 257). 리스와 하인의 사진들과 매우 비슷해 보인다. 두 사진집, 즉 『런던 거리의 표정(Street Life in London)』(Thomson & Smith, 2014)과 『나머지 절반의 생활상(How the other half lives)』(Riis, 2010)을 보자. 이 두 사진집 모두 어떤 특정 분야로 나누기 어려운 이유는 둘 다 포토저널리즘 내에 뿌리를 가지기 때문이다. 아마도 포토보이스처럼, 이 사진집들은 분야를 초월하거나 사회적 삶을 초분야적으로 바라볼 공간을 조성해 준다. 하퍼[Harper](2012)는 시각 사회학과 시각 인류학은 서로 더 가까워져야 한다고 주장했다. 그러나 명백성을 위해 다음에서는 그것들을 별개로 제시했다.

스타즈[Stasz](1979)에 따르면, 시각 사회학은 미국에서 초창기 다큐멘터리 사진가들(리스, 하인) 및 농업안정국(Farm Security Administration)과 관련된 사진가([랭lange])에게까지 거슬러 올라갈 수 있다고 했다. 이외에도 시각 사회학의 뿌리는 인류학에도 있다. 이는 그레고리 베이트슨[Gregory Bateson]과 마거릿 미드[Margaret Mead]의 선구적인 사진들과 그들의 저서인 『발리인의 성격(Balinese

Character)』(1942)으로부터 시작된다. 스타즈(1979)는 또한 1896년부터 1916년까지 미국의 사회학 저널에서는 244개의 이미지가 들어 있는 31개의 논문들을 출판했다고 했다. 그러나 이런 시각 사회학의 역사의 측면은 주로 간과되었다. 1970년대 초, 시각 사회학이 재등장했다. 그리고 스타즈Stasz(1979)는 "그 사이 기간 동안 중요한 연구 도구의 상실을 겪었다."라고 했다(p.131). 그리고 그녀는 사회학 연구물 내의 시각도구의 사용과 보급을 억제하는 여러 요인을 언급했다. 그 억제 요인들은 다음과 같다. 제1차 세계 대전 후 물적 자재들의 부족, 연구에 적용되는 과학적 기준이 너무 엄격함, 시각적 연구물의 저자들이 여성이며 대학과 제휴를 맺지 않았을 가능성이 크다는 사실, 그리고 아직은 번거롭고 투박한 수준의 사진술이다.

사회학과 사진 둘 다 1835년~1850년 사이에 태어났다(Cheatwood & Stasz, 1979, p. 261). 이 시기 후의 20년 동안, 사회학과 사진은 엄청난 성장과 정교화의 과정을 거쳤다. 시각 사회학의 역사에서 미약한 지점 중 하나는 '사진과 사회학이 자기-정의로 인해 곤란에 처해 있다는 것'이었다(Cheatwood & Stasz, 1979, p. 261).

'사진은 예술의 대상인가 아니면 과학의 대상인가?' 이 질문을 보면, '무엇을 데이터나 기록본으로 여길 수 있는가?'라는 생각이 떠오른다. 이는 사진을 사회학의 예술적·과학적 측면과 통합시키기 어려워하는 이들이 스스로에게 묻는 질문이다. 그리고 이는 교육 연구 분야에서 오늘날에도 여전히 직면하고 있는 질문이기도 하다. 또 다른 질문은 '주관성이 옳은가'이다. 예를 들면, 어떤 면에서 '조작되는 사진'들이[예를 들어, 크로핑(cropping; 사진·삽화의 불필요한 부분 다듬기), 여과(filtration)] '용인 가능한 기록'으로 간주될 수 있는가이다. 나는 분명 그렇다고 답할 것이지만, 이미지가 가치중립적 및 객관적으로 현실을 표상해 주지는 못함을 알고 있다. 치트우드와 스타즈Cheatwood & Stasz(1979)는 사회학자와 사진가가 현실이라고 보는 것도 실제로는 자신의 문화권 및 관련된 분야의 문화에서 유래된 사회적 삶의 본성에 대한 무언의 가정에서 온 것이라고 했다(p. 265). 우리는 연구 과정에서 시각적 시도를 할 때 이를 염두에 두어야 한다.

포토보이스 맥락 내에서 이를 생각해 보려면, 포토보이스 연구자들은 사진과 포토보이스 방법론 및 데이터에 적용된 분석법의 기반 이론을 대하는 자신들의 성향을 조사해야 한다. 예를 들면, '기록'단계에서 참여자들에게 일회용 카메라를 사용하라고 하는 것이 가장 적합한가? 일회용 카메라 사용 시 이미지들을 찍는 동시에 확인 작업은 불가능하다. 더욱이, 인화 전까지는 이런 이미지를 조작할 방법이 없다. '서술'단계에 접어들면 자신이 찍은 이미지를 처음 보고는 당황하게 되고, 이런 이미지를 어떻게 받아들이는가에 따라 서술의 어조와 취지에 영향이 간다. 반면, 참여자가 자신의 장치로 사진을 찍고, 그 이미지를 연구자와 다른 참여자들에게 선보이기 전에 미리 이미지를 주의 깊게 검토하고 손질한 후 '서술'단계에서 선보인다면 어떻게 될까? 사진촬영 및 편집 능력에 차이가 있다는 인식 때문에 불안감이 있을까? 치트우드와 스타즈Cheatwood & Stasz(1979)는 "기술적 기준에 신경 쓰느라 정작 우리가 밝혀낸 중요한 것들의 의미와 함의를 숙고하지 못할 수 있다."라고 했다(p. 266).

하퍼Harper(1998)는 시각 사회학을 '머리가 둘 달린 짐승'이라고 묘사했다(p. 24). 탐구에서 사진의 효용과 위상의 측면에서 한 머리는 경험주의자들의 버전을 뜻하고, 다른 한 머리는 상징주의자들의 버전을 뜻한다. 경험주의자들은 시각 이미지를 있는 그대로, 즉 현실의 기록물로 본다. 상징주의자들은 시각 이미지를 1차 및 2차적 (그리고 아마도 3차적) 의미를 가졌으며 해석해야 될 것으로 본다. 하퍼Harper(2012)는 자신의 저서인 『시각 사회학(Visual Sociology)』에서 다음과 같이 언급했다.

이 책은 보여 지고, 사진 찍히고, 그려지고, 혹은 다른 시각적 방식으로 표현되는 세계는 단어나 숫자로 표상되는 세계와는 다르다는 가정에 근거한다. 그 결과 시각 사회학은 새로운 이해와 식견을 가져다주는데, 이유는 시각 사회학은 기존의 경험적 연구방법으로는 알 수 없는 다른 현실들로 연결시켜 주기 때문이다.

p. 4

또한 그는 세계를 사회적 구성체로 보는 것은 시각 사회학의 핵심이라고 주장했다. 즉, 보는 것은 보는 사람에게 달려 있다는 것이다.

베커Becker(1995)는 "사회학 목표들을 위해 사진 자료를 사용하려는 사람들, 즉 시각 사회학이라는 것을 하고 싶은 사람들은 혼란에 빠질 때가 많다."라고 했다(p. 5). 이 말은 재미있기도 하지만, 맞는 말이기도 하다. 대체로, 사진-유도 연구들(photo-elicitation studies)은 포토보이스 연구들에 이름이 잘못 붙여진 것이다. 그리고 학문적 장르들은 사진이 사용되는 방식에 따라 경계가 흐려질 때가 많다. 베커는 특정 장르들, 즉 포토저널리즘, 다큐멘터리 사진, 시각 사회학 장르 내의 특정 사진이 맥락이 변하면 다른 장르 내에서는 어떻게 배치될 수 있는가를 예를 통해 설명했다. 본질상, 사진 그 자체가 중요한 것은 아니다. 오히려 중요한 것은 사진이 배치되어 있는 맥락이다. 포토저널리스트가 찍은 사진을 보는 독자/관객은 자신이 이미지의 내용을 판독해야만 한다고 예상하지 않는다. 반면, 다큐멘터리 사진은 사회적 변화를 일으키려 하거나 이런 목적을 위해 만들어진 이미지를 보는 사람들에게 영향을 주려는 데 목표가 있다. 마지막으로 시각 사회학자들이 작업한 이미지들의 목표는 이 분야 내에 제기된 질문을 다루는 데 있다. 동일 이미지가 이 세 범주 내에 존재할 수 있다. 이는 맥락에 따라 달라질 뿐이다.

또한 텔레비전, 동영상, 인터넷도 경계를 흐리게 만든 주범들이다. 최초의 리얼리티 TV 시리즈였던 'An American Family'를 생각해 보자(Raymond & Raymond, 2011). 매카시Mccarthy(1973)는 "An American Family는 카메라를 매우 획기적으로 사용해서 새로운 지식을 생성한 것으로 유명하다."라고 말했다(para 2). 그리고 그 시리즈를 통해 생성된 지식은 분명 여러 사회학적 질문을 해결해 주었다. 매카시는 텔레비전 다큐멘터리가 다큐멘터리 사진의 확장판이었다고 주장했으며, An American Family와 The Family of Man(Steichen, 2006)은 동일한 내용을 다른 형식으로 묘사했다고 했다. 매카시Mccarthy는 텔레비전이 이 내용을 다루기에 최선의 수단인지를 물었다. An American Family에서 크리에이터들과 Loud family(역주—다큐프로에 참여한 가족)간에 갈등이 발생했기 때문에 매카시Mccarthy(1973)는 "내용 때문에 방식에 의심이 갔다."라고 썼다(Para 16). 우리는 포토보이스 프로젝트 과정 중 이미지 사용에 있어 사진의 대상성을 고려할 때에는 이와 유사한 질문들을 스스로에게 물어야 한다.

4) 사진 + 인류학 = 시각 인류학

인류학과 사진은 서로 얽혀 있는 꽤 긴 역사를 가지고 있다(Edward, 1992; Strong & Wilder, 2009). 콜리어Collier(1979)는 사진의 유익은 사진이 연구에 필요한 귀중한 유형물이 되어 줄 뿐 아니라, 상세한 시각적 증거물은 추후 분석에 필요한 '현재' 맥락을 계속 보존해 줄 수 있다는 데 있다고 주장했다(p. 272). 이는 포토보이스 내에서 중요하다. 포토보이스 과정 중에 생산된 이미지들은 잠재적으로 여러 지점에서 데이터를 생성해 낸다. 예를 들면, '서술'단계에서 이미지들에 반응하고 해당 내용을 서술하는 것은 맥락을 알려 주는 것이 중요함을 보여 준다. '발표' 단계에서 이런 보존된 맥락들은 사진을 보고 열중하는 사람들에게 영향을 주어 감정 표현, 대화, 반응을 이끌어 내고, 어떤 경우에는 추가적 데이터도 생성시킬 수 있다.

콜리어Collier(1979)의 연구물에서는 그 분야 내에 옛날부터 있었던—그리고 대개는 아직도 있는—시각 인류학에 대한 실증주의적 경향을 볼 수 있다. 그는 시각 인류학자들은 "사진 증거를 정확하게 해독하는 것"을 지향해야 한다고 주장했다(p. 273). 무엇이 정확한지 우리는 어떻게 확신할 수 있는가? 누구에게 정확해야 할까? 포토보이스 연구자들은 무엇이 참여자들에게 정확한 것인지를 확인해야 한다. 그 다음 연구자들은 연구자들이 프로젝트에 어떤 분석법을 적용했는지의 측면, 그리고 연구자-인간-도구로서의 연구자의 구체적 위치성의 측면에서 참여자들에게 정확한 내용을 해석해야 한다.

콜리어Collier(1979)는 베이트슨과 미드Bateson & Mead(1942)의 『발리인의 성격 (Balinese Character)』에서 시각 인류학이 최초로 사용되었다고 보았다. 그들은 "우리는 '다양한 유형의 문화적으로 표준화된 행동들' 간의 무형의 관계를 상호 관련된 사진들을 나란히 배치하여 새로운 방식으로 진술하려고 한다."라고 했다(p. xii). 그들의 책에는 글이나 사진 둘 다 매우 많다. 『발리인의 성격』은 인류학적 탐구에서의 사진의 사용과 관련해 중요한 의미를 가진다. 그 시점부터 방법으로서의 사진의 사용은 인류학 분야에서 널리 사용되고 있다(Collier, 1957, 1967; Collier & Collier, 1986). 민족지학자들은 현장에서 수집 중이던 데이터에 사진을 포함시켜 왔다. 그러나 베키Becker(1995)는 그 책은 혁명적이 아니었다고 주장했다. 그는 "『발리인의 성격』은 시각 민족지학의 강한 근거가 된다. 이는 예술적인 과학이다. 즉, 민족지학 분야가 지향했던 비전이다."라고 설명했다. 그러면 왜 그 책은 인류학을 그리고 일반적으로 사회학을 변혁시키지 못했을까? (p. 14). 하퍼는 다음의 네 가지 이유를 들고 있다.

- 이후에 나온 어떤 책도 그만한 영향력을 가진 것이 없었다.
- 베이트슨과 미드가 한 연구는 광대하고 깊이가 있었다. 기준점이 다른 사람들이 따르기에는 너무 높았다.
- 출판 시점에서의 비평가들은 그 연구물이 과학적인 면이 부족하다고 했다.
- 반면, 오늘날의 비평가들은 그 연구물이 너무 과학적이라고 한다.

때로, 사진민족지학(photoethnograhpy)이라고 부르는 이런 '사진을 사용한 현장연구법'은 사진을 분석 대상 및 완료된 연구물을 보는 고객들에게서 잠재된 반응을 끌어내는 수단으로서 사용했다. 부수적으로, 포스트모던 시대로 인해 인류학 분야에서는 목소리, 권위, 정통성에 관한 의문들이 자연스레 발생했다(Ruby, 1991). 따라서 사진민족지학적 접근법에도 이의가 제기되었다. 포토보이스는 참여자들을 카메라 렌즈 뒤에 있게 하며, 그들에게 찍은 이미지에 의미를 부여해 보라고 요구하고, 이로써 연구방법으로서의 사진에 대한 기존의 연구자-중심의 접근법을 해체시켜 버렸다.

칼다로라^{Caldarola}(1988)는 "[민족지학 내의] 내용은 인류학의 타당한 참고문헌으로서의 역할을 계속하겠지만, 사진들은 언어로 된 결론의 실례를 보여 주고, 민족지학적 권위와 사실주의(realism) 간의 소통을 돕는 데 사용된다."라고 주장했다(p. 434). 칼다로라는 "사진은 민족지학 연구 내에서 객관적 기록물로 여겨질 때가 많으며, 이로써 글을 통해 문화 요소들을 표상하는 작업에 내재된 갈등에 영향을 받지 않게 되었다."라고 주장했다. 그러나 사진을 통한 표상에도 글을 통한 표상으로 인한 갈등 중 상당수가 이미 내재되었을 수 있다. 사진가들은 촬영하면서 의식하든 아니든 여러 결정을 내려야만 한다. 포토보이스 프로젝트를 진행하면서 나는 참여자들이 사진 작업 중에 상징화 작업, 스테이징(staging; 단계화), 그리고 은유를 종종 섞어서 사용함을 알게 되었다. 참여자들은 사진가들이 취한 관점들을 그대로 선택했다. 그러나 어휘로 보완하지 않는 경우, 즉 사진-유도 면담 데이터를 하지 않는다면 이런 문제가 바로 드러나지 않을 수 있다. 포토보이스 과정 내에 이미지와 단어의 공생은 의미를 종합적으로 전달하는 데 있어 중요하다.

5) 사진 + 심리학 = 오토-포토그래피

많은 사회학자와 인류학자는 담화와 더불어 시각적 수단들이 문화가 어떻게 흘러가는지를 이해하는 데 있어 중요하다고 했지만, 어떤 심리학자들은 시각적 수단들이 개인이 정체성과 주관성을 어떻게 구성하고, 자신이 속한 문화를 어떻게 경험하는지를 이해하는 데 있어서도 중요하다고 했다(Reavey,

2011). 로르샤흐 검사(Rorschach, 1945) 및 주제통각검사(Murray, 1943) 같은 검사법들은 '인간–시각적 자극' 간의 상호작용은 성격과 인지를 이해하는 데 있어 중요함을 보여 준다. 이런 투영 검사법들은 개인들에게 애매한 시각적 자극물을 제시하고 이를 해석하라고 요구한다. 그 후 답변들이 해석되고, 이로써 개인에 대한 식견들(의식 외부에 존재하는 성격, 동기, 태도)이 나온다. 로르샤흐 검사 혹은 잉크반점(inkblot) 검사에는 투영적 자극으로서 일련의 대칭적이지만 애매한 잉크반점들이 포함된다. 주제통각검사(Thematic Apperception Test: TAT)에서는 여러 사람이 등장하는 사진이 제시된다. 이는 다양한 해석 혹은 스토리라인을 이끌어 낼 만큼 충분히 애매다. 두 예에서 검사 중인 사람들은 자신이 본 것을 설명하거나 제시된 자극에 대한 이야기를 만들어 내야 한다. 투영적 자극은 표준화되고, 이미 만들어진 것이며, 탈맥락화 되어 있다. 만일 검사 중인 사람들이 그런 투영적 지극을 직접 만들어 냈다면(역주—포토보이스처럼, 참여자가 직접 사진을 찍고 이를 설명하는 경우), 개인 및 이에 수반된 사회적 및 문화적 맥락에 대해 무엇을 알아낼 수 있는가? 이 질문은 심리학자들이 투영검사법이라고 여겼던 것을 통해 기존의 틀에 이의를 제기한다.

"심리학은 다른 사회과학 분야보다 시각적 데이터의 유익들을 늦게 인정했지만"(Brunsden & Goatcher, 2007, p. 46) 이제는 인정하는 추세로 접어들었다(Han & Oliffe, 2016). 포토보이스와 유사하지만 심리학 분야 내에서 주로 사용되는 방법론을 오토—포토그래피 혹은 포토—커뮤니케이션이라고 한다(Combs & Ziller, 1977; Dinklage & Ziller, 1989; Johnson, May & Cloke, 2008; Noland, 2006; Ziller & Rorer, 1985). 자아 개념을 측정하는 데 주로 사용되는 오토—포토그래피는 참여자들에게 제시된 프롬프트에 어울리는 사진을 찍을 것을 요구한다. 그 다음 해당 사진들을 가지고 인터뷰 중에 토론을 하거나 상담 시간을 가진다. 콤스Combs와 질러Ziller(1977)의 연구에서 내담자는 자신이 누구인지 묘사하는 12개의 사진을 찍어야 했다. 저자들은 사진을 통해 내담자는 자기 공개 과정에서 더 능동적인 참여자가 될 수 있다고 주장했다. 이 작업은 개방형이며, 자아-개념을 비언어적, 창의적으로 정의하도록 유도한다(p. 452). 사진 자체와 관련해서는 사진은 "…자기 표현(self-presentation)에 대해 많은 것을 드러나게 해 주며"(p. 455), 언어로만 하는 교류들의 단점은 사라지게 된다. 또한 스틴슨Stinson(2010)의 연구는 포토보이스는 많은 것을 드러내어 준다고 설명했다. 그러나 포토보이스는 참여자들이 속한 장소를 넘어서 더 넓은 사회적 영역으로 들어가려는 꽤 야망적인 목표들을 가진다. 이로써 포토보이스는 사진을 포함하는 다른 방법들과 비교해 독특성을 갖게 되는데, 이는 이 책 후반부에서 더 자세히 다룰 것이다.

4. 요약

역사적으로 연구 프로젝트에서 사용된 사진은 연구자, 탐구자, 혹은 관찰자의 관점에서 찍힌 것들이다. 그러나 참여자의 생활 세계를 중심에 둔 포토보이스 연구자들은 카메라를 참여자의 손에 쥐어 줌으로써 연구의 본성을 변화시켰고, 참여자의 경험과 관점은 더 진정성 있게 담길 수 있었다. 이 장에서 우리는 포토보이스 방법론을 구성하는 8단계를 제시했다. 이외에도 탐구와 사진 간의 관계의 역사를 기술했다. 또한 사진과 사진촬영에 대해 인간이 어떤 성향들을 가지는지도 살펴보았다. 기술 발달 덕택에 어디서든 사진을 쉽게 찍게 되었다. 다음 장에서는 포토보이스의 이론적 토대 및 목표를 다룬다.

>>> 참고문헌

Argyris, C., & Schon, D. A. (1991). Participatory action research and action science compared: A commentary. In W. F. Whyte (Ed.), *Participatory action research* (pp. 85-96). Newbury Park, CA: Sage.

Batchen, G. (1997). *Burning with desire: The conception of photography*. Cambridge, MA: The MIT Press.

Bateson, G., & Mead, M. (1942). *Balinese character: A photographic analysis*. New York: New York Academy of Sciences.

Becker, H. (1995). Visual sociology, documentary photography, and photojournalism: It's (almost) all a matter of context. *Visual Sociology*, 10(1-2), 5-14.

Bloustien, G., & Baker, S. (2003). On not talking to strangers: Researching the micro worlds of girls through visual auto-ethnographic practices. *Social Analysis*, 47(3), 64-79.

Brunsden, V., & Goatcher, J. (2007). Reconfiguring photovoice for psychological research. *The Irish Journal of Psychology*, 28, 43-52. doi: 10.1080/03033910.2007.10446247

Bush, V. (1945, July). As we may think. The Atlantic. Retrieved from http:// theatlantic.com/magazine/archive/1945/07/ as-we-may-think/303881/

Caldarola, V. J. (1988). Imaging process as ethnographic inquiry. *Visual Anthropology*, 1, 433-451. doi: 10.1080/08949468.1988.9966499

Carr, N. (2008, July/August). Is Google making us stupid? *The Atlantic*. Retrieved from http:// theatlantic.com/magazine/archive/2008/07/is-google-making-us-stupid/ 306868/

Cheatwood, D., & Stasz, C. (1979). Visual sociology. In J. Wagner (Ed.), *Images of information: Still photography in the social sciences* (pp. 261-269). Beverly Hills, CA: Sage.

Collier, J., Jr. (1957). Photography in anthropology: A report on two experiments. *American Anthropologist*, 59, 843-859.

Collier, J., Jr. (1967). *Visual anthropology: Photography as research method*.

New York: Holt, Rinehart and Winston.

Collier, J., Jr. (1979). Visual anthropology. In J. Wagner (Ed.), *Images of information: Still photography in the social sciences* (pp. 271-281). Beverly Hills, CA: Sage.

Collier, J., Jr. & Collier, M. (1986). *Visual anthropology: Photography as a research method*. Albuquerque, NM: University of New Mexico Press.

Combs, J. M., & Ziller, R. C. (1977). Photographic self-concept of counselees. *Journal of Counseling Psychology, 24*, 452-455.

de Castella, T. (2012, February 28). Five ways the digital camera changed us. BBC News Magazine. Retrieved from http://bbc.com/news/magazine-16483509

Dinklage, R. I., & Ziller, R. C. (1989). Explicating cognitive conflict through photo communication: The meaning of war and peace in Germany and the United States. *The Journal of Conflict Resolution, 33*, 309-317.

Edwards, E. (Ed.). (1992). *Anthropology & photography*: 1860-1920. New Haven, CT: Yale University Press.

Edwards, E. (2002). Material beings: Objecthood and ethnographic photographs. *Visual Studies, 17*, 67-75.

Gernsheim, H. (1982). *The origins of photography*. New York: Thames and Hudson.

Han, C. S., & Oliffe, J. L. (2016). Photovoice in mental illness research: A review and recommendations. *Health, 20*, 110-126. doi: 10.1177/1363459314567790

Harper, D. (1998). An argument for visual sociology. In J. Prosser (Ed.), *Image-based research: A sourcebook for qualitative researchers* (pp. 24-41). London: Falmer.

Harper, D. (2012). *Visual sociology*. New York: Routledge.

Heiferman, M. (Ed.). (2012). *Photography changes everything*. New York: Aperature Foundation.

Heisley, D. D., & Levy, S. J. (1991). Autodriving: A photoelicitation technique. *Journal of Consumer Research, 18*, 257-272.

Higgins, M. (2014). Rebraiding photovoice: Methodological métissage at the cultural interface. *The Australian Journal of Indigenous Education, 43*, 208-217. doi: 10.1017.jie.2014.18

Hine, L. W. (1977a). *America & Lewis Hine: Photographs 1904-1940*. Millerton, NY: Aperature.

Hine, L. W. (1977b). *Men at work: Photographic studies of modern men and machines*. New York: Dover Publications. (Original work published in 1932)

Johnsen, S., May, J., & Cloke, P. (2008). Imag(in)ing 'homeless places': Using autophotography to (re)examine the geographies of homelessness. *Area, 40*, 194-207.

Kuhn, A. (2007). Photography and cultural memory: A methodological exploration. *Visual Studies, 22*, 283-292. doi: 10.1080/14725860701657175

Lacayo, R. (1989a, Fall). Conscience: 1880-1920. *Time: 150 Years of Photojournalism*, 22-30.

Lacayo, R. (1989b, Fall). Early days: 1839-1880. *Time: 150 Years of Photojournalism*, 12-18.

Lacayo, R. (1989c, Fall). Golden years: 1920-1950. *Time: 150 Years of Photojournalism*, 52-55.

Lacayo, R. (1989d, Fall). New challenges: 1950-1980. *Time: 150 Years of Photojournalism*, 56-64.

Lacayo, R. (1989e, Fall). Today and tomorrow: 1980-. *Time: 150 Years of Photojournalism*, 66-75.

Lacayo, R., & Russell, G. (1990). *Eyewitness: 150 years of photojournalism*. Des Moines, IA: Oxmoor House.

McCarthy, A. (1973, July). 'An American Family' and 'The Family of Man.' *The

Atlantic. Retrieved from http://theatlantic.com/magazine/archive/1973/07/ an-american-family-the-family-of-man/394577/

Mollison, J. (2010). *Where children sleep.* London: Chris Boot.

Murray, H. A. (1943). *Thematic apperception test.* Cambridge, MA: Harvard University Press.

Noland, C. M. (2006). Auto-photography as research practice: Identity and self-esteem research. *Journal of Research Practice, 2*(1), 1-19. Retrieved from http://jrp.icaap.org/ index.php/jrp/article/view/19/65

Panzer, M. (2002). *Lewis Hine 55.* New York: Phaidon Press.

Prosser, J. (1996). What constitutes an image-based qualitative methodology?. *Visual Sociology, 11*(2), 25-34.

Raymond, A., & Raymond, S. (Producers). (2011). *An American Family: Anniversary edition* (motion picture). USA: PBS.

Reavey, P. (Ed.). (2011). *Visual methods in psychology: Using and interpreting images in qualitative research.* New York: Psychology Press.

Riis, J. (2010). *How the other half lives.* USA: Readaclassic.com. (Original work published in 1890)

Roberts, J. A., & David, M. E. (2016). My life has become a major distraction from my cell phone: Partner phubbing and relationship satisfaction among romantic partners. *Computers in Human Bahavior, 54*, 134-141.

Rorschach, H. (1945). *Rorschach test.* Bern, Switzerland: Hans Huber Publishers.

Ruby, J. (1991). Speaking for, speaking against, speaking with, or speaking alongside-An anthropological and documentary dilemma. *Visual Anthropology Review, 7*, 50-67.

Sontag, S. (2003). *Regarding the pain of others.* New York: Farrar, Straus and Giroux.

Stasz, C. (1979). *The early history of visual sociology.* In J. Wagner (Ed.),

Images of information: Still photography in the social sciences (pp. 119–136). Beverly Hills, CA: Sage.

Steichen, E. (2006). *The family of man*. New York: The Museum of Modern Art. (Original work published in 1955)

Stinson, D. L. (2010). This ain't something you can pray away: Grandparents raising grandchildren, a photovoice project. *Journal of Health Care for the Poor and Underserved, 21*, 1–25.

Strong, M., & Wilder, L. (Eds.). (2009). *Viewpoints: Visual anthropologists at work*. Austin, TX: University of Texas Press.

Sutton-Brown, C. A. (2014). *Photovoice: A methodological guide*. Photography & Culture, 7, 169–186. doi: 10.2752/175145214X13999922103165

Tagg, J. (1988). *The burden of representation: Essays on photographies and historics*. Amherst, MA: University of Massachusetts Press.

Thomson, J., & Smith, A. (2014). *Street life in London*. Lexington, KY: Omo Press. (Original work published in 1878)

Van Dijck, J. (2005). From shoebox to performative agent: The computer as personal memory machine. *New Media Society, 7*, 311–332. doi: 10.1177/1461444805050765

Wang, C., & Burris, M. A. (1994). Empowerment through photo novella: Portraits of participation. *Health Education Quarterly, 21*, 171–186.

Whyte, W. F., Greenwood, D. J., & Lazes, P. (1991). Participatory action research: Through practice to science in social research. In W. F. Whyte (Ed.), *Participatory action research* (pp. 19–55). Newbury Park, CA: Sage.

Ziller, R. C., & Rorer, B. A. (1985). Shyness-environment interaction: A view from the shy side through auto-photography. *Journal of Personality, 53*, 626–639.

02

포토보이스의 목표와 이론적 토대
Photovoice Research in Education and Beyond

1. 비네트

나는 대학생 때 처음으로 벨 훅스^{Bell Hooks}를 알게 되었다. 내 기억으로 '대중
문화 속에서의 의사소통'에 중점을 둔 강좌인 의사소통 관련 강좌로, 필수 교
재는 『불법 문화: 재현에 저항하기(Outlaw Culture: Resisting representation)』였
다. 책을 읽으면서 '누가 저자일까?'라는 생각을 했다. 이 책의 모든 내용에 공
감이 갔다. 저자는 정말 나를 놀라게 했다. 이 책을 읽을 때, 내가 생각한 것
과 똑같은 생각을 하는 누군가의 뇌를 들여다보는 듯했다. 그러나 훅스는 내
가 상상도 할 수 없는 식으로 자신의 생각들을 차근차근 써내려 갔다. 후에 박
사학위를 위해 수업을 들을 때, 훅스가 쓴 다른 책을 보게 되었다.『나는 여자
가 아닙니까: 흑인 여성과 페미니즘(Ain't I a man: Black women and feminism)』

이었다(Hooks, 1981). 나는 금세 그 책에 매료되었고, 훅스가 어린 나이에 이런 글을 썼음을 믿을 수 없었다. 2007년 가을, 나는 그 책 내용에 대한 서평을 썼다. 책이 아닌 서평쓰기는 내가 수강했던 '평생교육의 역사' 수업에서 내준 숙제였다. 그 책은 나를 크게 변화시켰다. 그 책을 읽으면서 나는 철학과 이론 및 세상을 보는 우리의 관점은 우리의 세상에 대한 생각과 관련된 철학과 이론에 영향을 받는다는 것을 더 잘 이해하게 되었다(역주—우리가 세상을 어떻게 보는가에 따라 기존 철학과 이론, 그리고 세상에 대한 우리의 관점이 달라진다). 우리가 이런 이론에 대한 명칭을 알든 모르든, 우리가 하는 거의 모든 것은 세상에 대한 우리의 믿음뿐 아니라 세계 속에서의 우리의 위상으로부터 영향을 받을 수 있다. 다음은 내가 쓴 서평의 일부이다.

벨 훅스는 『나는 여자가 아닙니까: 흑인 여성과 페미니즘』(1981)에서 흑인 여성의 사회적 지위 및 존재에 대한 비평적 및 역사적 분석을 제공했다. 그녀는 미국 내 한 집단으로서의 흑인 여성들의 삶을 노예제 때부터 1970년대 여성 해방운동에 이르기까지 연대순으로 기록하고 있다. 흑인 해방 운동의 성차별적 특성과 여성 운동의 인종주의적 특성에 대한 비판적 분석을 제시했던 훅스는 흑인 해방은 흑인 남성을 위한 것이었고, 여성 해방은 백인 여성을 위한 것이었다고 주장했다. 따라서 흑인 해방 및 여성 해방 내내 흑인 여성은 의도적으로 배제되었고, 이로써 주변인이 되었으며 두 운동에서 아무 유익도 얻지 못했다고 했다. 훅스 주장대로 흑인 여성은 두 운동에 전적으로 참여할 수 없는 이중 속박상태가 되었다.

훅스는 미국 내 흑인 여성과 페미니즘에 대한 비판적이고 지적인 관점을 전달했다. 나는 처음부터 끝까지 완전히 매료되었다. 훅스는 오랜 시간에 걸쳐 체계적, 지속적으로 흑인 여성을 억압해 온 사회적 및 문화적 태도, 구조, 제도에 대해 자세히 밝혀냈다. 그녀는 개인적 경험을 토대로 글, 강의, 대중매체를 통해 자신의 주장을 펴나갔다. 자신의 주장이 진실이 되도록 철저하고 설득력 있는 증거와 주장을 내세웠다.

그 책의 내용은 매우 가치 있다. 우선, 철학적(그리고/혹은 이론적) 관점의 명백한 예를 제공한다. 그녀의 입장은 비판적이면서도 페미니스트적이다. 그녀는 페미니즘에 대한 새로운 관점을 제공하고 있었다. 이는 (흑인 남성, 백인 여성 및 백인 남성의 경험과 더불어) 흑인 여성의 생생한 경험을 더 깊고 의미 있게 이해시켰다. 매우 주체적인 백인 여성인 나의 시야를 넓혀 주었다. 나는 그녀의 글을 통해서 다양한 인종적 및 민족적 정체성을 가진 여성들과 함께하는 백인 여성으로서 내 경험 속에 여전히 생생히 살아 있는 과거의 백인 여성 페미니스트들이 했던 실수나 잘못된 길을 알게 되었다.

이 책이 나에게 큰 영향을 주었던 이유는 매일 나에게 깨달음을 주었기 때문이다. 훅스는 고질적인 인종주의, 성차별주의, 계급주의의 진정한 본성을 일깨워 주었다. 물론 나는 전에 이런 식으로 생각하긴 했지만, 내 눈으로 정확한 표현들과 더불어 분명한 사례들을 보게 되니 더 확신을 갖게 되었다. 그녀의 연구물은 계속해서 교육자, 여성, 인간으로서의 내 삶 안에 계속 살아 있다. 이 책을 읽은 후, 사심 없이 페미니즘 연구에 기여할 수 있었으며, 그래서 나는 다른 출연자로 동일한 장면을 재현하는 것을 그만둘 수 있었다. 나는 한동안 훅스의 팬이었고 옹호자였다. 그러나 이런 중요한 글을 읽고 난 후, 더 많은 것을 읽고 싶어졌다.

그녀의 글은 사회운동에 대한 것이 많다 … 그녀의 글은 독자에게 틀과 개관적인 시야를 제시한다. 독자는 새로운 틀(철학)을 통해 자신의 삶과 관련된 다른 주제들도 바라볼 수 있다. 이것이 철학자가 하는 일이다. 틀 없이는 세상을 제대로 파악하기 어렵다.

그런데 내가 왜 이런 내용을 포함시켰을까? 여러 초보 연구자는 이론적 토대를 초현세적이고(비현실적) 부수적이며, 때로 혼란만 준다고 생각한다. 내가 이런 생각을 이해하는 이유는 나 역시도 초보 연구자였기 때문이다. 어떤 면에서는 아직도 그렇다. 그러나 이 서평을 여기에 포함시킨 이유는 이론과 실천의 실질적 연계, 그리고 그 연계를 직접적으로 이해하는 것보다 더 강력한 몇 가지가 있기 때문이다. 오늘날 포토보이스가 존재하는 이유는 여러 개인과 집단이 이론, 실행, 성찰,

정교화 및 반복의 계속되는 순환 속에 처해 있기 때문이다. 포토보이스는 여러 명의 엄마를 가진 아동이며, 포토보이스의 실지(praxis)는 강력한 이론적 토대에 기반을 둔다. 이 토대의 핵심을 이해하는 것은 포토보이스 방법론을 효과적으로 활용하는 데 있어 중요한 요소이다.

2. 포토보이스 방법론의 이론적 토대

포토보이스 방법은 다음 세 가지 이론에 기반을 둔다. (a) 페미니즘, (b) 프레이리Freire의 비판적 의식화 이론, (c) 참여적 다큐멘터리 사진이다. 이 장에서는 이 이론들에 대한 이해가 포토보이스 방법론에 내재된 실행 가능한 (actionable) 방법들과 기법들에 어떻게 활기와 의미를 불어넣는지에 중점을 두면서 앞의 세 이론을 간단히 설명하려고 한다. 그러나 우선 포토보이스를 개념화시키는 포토보이스 방법론의 토대부터 이해해야 한다.

1) 참여적 행동 연구

참여적 행동 연구의 기원에 대해서는 논쟁적이지만(Lykes & Hershberg, 2012), 대체로 쿠르트 레빈Kurt Lwein의 연구로 거슬러 올라간다(Bradbury, Mirvis, Neilsen & Pasmore, 2008). 그는 사회심리학자로서 행동 연구방법론을 활용했던 초기 연구는 1940년대 미국 내 지역사회 행동 프로그램에 관한 것이었다(Lewin, 1946). 행동 연구는 여러 유형의 연구—참여적 행동 연구, 비판적 행동 연구, 학급 행동 연구, 실천과학, 소프트 시스템 접근법, 노동 쟁의 행위 연구—를 포함하는 광범위한 뜻을 지닌다(Kemmis & McTaggart, 2005). 스트링어Stringer(2014)는 행동 연구는 일상의 삶에서 직면한 문제들에 효과적인 해결안을 찾게 해 주는 체계적인 조사법이라고 했다(p. 1). 여기서 강조할 부분은 이 연구방법이 원래 학계 내에서 연구라고 여겨지는 것과 매우 차이가 난다는 것이다. 스트링어Stringer는 행동 연구에 참여하려면 사회 세계를 보는 새로운 관점이 요구된다고 했다. 이 새로운 관점은 모든 환경과 맥락에서 표준화된 실제의 무분별한 적용을 거부하며, 대신 탐구심 있고 슬기로운 실무자들이 만든 맥락적으로 관련된 절차들의 사용을 옹호한다(Stringer, 2014, p. 3).

포토보이스는 일종의 참여적 행동 연구라고 할 수 있다(Bogdan & Biklen, 2007; Kemmis & McTaggart, 2005; Whyte, 1991).

> 참여적 행동 연구(Participatory Action Research: PAR)에서는 연구 대상이 되는 조직이나 공동체의 사람들 중 상당수가 '초기 설계'부터 '최종 결과 발표' 및 '행동 함의에 대한 토론'에 이르기까지 연구 과정 내내 전문 연구자와 함께 능동적으로 연구에 참여한다. 따라서 PAR은 조직 및 공동체 구성원이 수동적 대상으로만 취급되던 기존의 순수한 연구 모델과는 대조된다. 기존 모델에서는 참여자 중 상당수가 단지 프로젝트를 인가하고, 연구의 대상(피험자)이며, 결과를 수동적으로 받기만 할뿐이었다.
>
> 화이트, 그린우드와 레지스Whyte, Greenwood & Lazes, 1991, p. 20

케미스와 맥타가르트Kemmis & McTaggart(2005)에 따르면, 참여적 행동 연구는 기존의 연구와는 구별되는 세 가지 특징을 가진다고 했다. (a) 연구에 대한 소유권의 공유, (b) 사회 문제에 대한 공동체-중심적 이해, (c) 공동체 행위를 지향하는 경향성(p. 560)이다.

탄돈Tandon(1981)은 두 요인이 참여적 연구의 증가에 기여했다고 했다. (a) 연구자들은 기존의 연구 과정이 억압적이라 문제가 많으며, (b) 연구를 빌미로 세계 대다수 사람들에 대한 착취와 억압이 증가되었다고 했다. 또한 탄돈은 참여적 연구는 다음과 같은 특징을 가진다고 했다. (a) 지식의 생산자와 사용자의 경계가 무너진다는 점, (b) 참여자들의 맥락 속에서 이루어진다는 점, (c) 참여 수준이 다양함이 인정된다는 점, (d) 참여자들에 대한 통제를 어느 정도 포기한다는 점, (e) 기존 연구의 한계들이 감소된다는 점, (f) 집단성이 강조된다는 점, (g) 모든 관계자들의 학습을 촉진시킨다는 점이다. 1981년에 그랬듯이, 오늘날까지도 여전히 적용되는 주류 연구 틀에 따르면, 사회의 '없는 자'들이 아닌 '가진 자'들에 의해서만 연구가 이루어지고 지식이 생산된다고 했다. 탄돈은 "참여적 연구는 주류 연구 패러다임의 대안이 될 수 있다."라고 했다(p. 22). 참여적 연구는 지식 생산에 있어 민주화시키는 동인의 역할을 할 수 있다. 인터넷이 지식에 대한 접근 및 소비를 어느 정도 민주화시키는 수단의 역할을 했지만, 참여적 연구도 이 역할을 한다.

맥과이어^{Maguire}(1987)는 참여적 연구를 통해 연구자들이 소외된 집단들과의 연대를 공개적으로 표현할 수 있다고 했다. 여기서 핵심은 연구자들이 참여자들을 연구 대상으로 보는 것이 아니라, 참여자들과 함께 연구한다는 것이다. 연구자들이 최상의 계획을 세운다고 해도, 협력 중인 이들과 만족스럽게 계획이 진행되지 않는다면 계획은 변경되기 쉽다. 맥과이어는 참여적 연구는 다음의 요소, 즉 '조사-교육-행동'으로 구성된다고 했다(p. 35). 모든 관계자에게 이는 교육적 과정이며, 연구와 행동 간에는 분명한 연계가 있다.

참여적 행동 연구를 하고 있는 사람들은 "도구와 기회를 제공받은 일반인들이" 비판적 성찰과 분석을 할 능력이 있다고 추정한다(Maguire, 1987, p. 47). 더욱이 권력의 공유는 이 접근법의 초석이다.

맥과이어^{Maguire}(1987)는 5단계로 된 참여적 연구법을 기술했다. (a) 프로젝트/연구 분야와 관련된 정보의 수집, 정리 및 분석, (b) 문제의 검토, (c) 문제 인식을 더 큰 사회 세계와 연계, (d) 더 큰 사회 세계와 관련된 정보의 수집, 정리 및 분석, (e) 결정 및 행동 수행이다. 맥과이어의 단계들은 포토보이스 과정의 8단계 안에 배치될 수 있으며, 이는 이 책 후반부에서 자세히 기술될 것이다.

이 작업의 수행 및 완수에는 한계와 여러 어려움이 있다. 맥과이어^{Maguire}(1987)는 참여자의 수동성과 무관심, 연구자에게 가해진 요구, 외부에서 정해 주고 지시된 프로젝트, 권력 욕심, 조직적 체제의 결여, 자원의 부족, 시간의 부족을 주장했다.

그러나 연구자들이 참여적 행동 연구를 한다면 어떤 것을 알아야 할까? 앨런과 허친슨^{Allen & Hutchinson}(2009)은 말기 신부전증(ESRD)을 앓으면서 사는 것이 어떤 것인지를 다룬 다큐멘터리 영화를 만드는 데에서 활용된 포토보이스 연구와 관련지어 참여적 연구의 사용을 비판적으로 검토한 대표적 연구를 제공했다. 연구자들은 자신의 연구가 참여적 행동 연구의 원리와 어느 정도 일관성이 있는지 궁금해했다. 연구가 진행되면서 사진-유도 토론을 위해 11명의 참여자들을 모집하기가 어려웠는데, 이유는 각 환자들의 투석 일정이 다르기 때문이었다. 포토보이스 프로젝트의 로지스틱스(logistics)는 복잡할 때가 많다. 그러나 결국 전체 그룹 모임의 일정은 정해졌다. 참여자들에게 일회용 카메라를 주고는 신부전을 앓는 삶의 어려움과 관련된 사진 및 그런 어려움의 해결안과 관련된 사진을 찍어 보라고 했다. 대화 촉진을 위해 연구자는 다큐멘트 카메라로 사진들을 보여 주었다. 이는 두 가지 이유로 유용했다. (a) 이미지의 상당수는 과소노출된 것들(어두움, 묵직한 느낌)이었는데, 일회용 카메라를 사용 시 플래쉬가 작동되어야 하기 때문에 이는 흔한 일이었다. (b) 참여자들에게 개인적으로 갖고 있는 사진들이 적절하다고 생각되면 그 사진을 가져오라고 지시했다. 타당한 기본 대화 규칙이 정해졌으며, 연구자들은 참여적 행동 연구의 한 종류로서의 포토보이스의 사용은 예상했던 것보다 더 강력하다고 보고했다.

사실, 포토보이스 과정은 집단이 '사진들[환자-공동연구자들(앨런과 허친슨^{Allen & Hutchinson} 연구의 참여자들)의 경험]을 전시할 수단'으로 사용될 '다큐멘터리 영화'를 만든 것을 옹호할 충분한 계기를 만들어 주었다. 전시 수단 혹은 데이터 수집물의 확장판으로서의 영화의 사용을 고려할 때, "좋은 연구를 했다고 해서 저절로 좋은 영화가 만들어지는 것은 아니다."라는 것에 주의해야 한다 (Allen & Hutchinson, 2009, p. 124). (역주—사진들이 좋다고 해서 다큐멘터리 영화도 자연스레 질이 높아지는 건 아니다.) 저자들은 "환자-공동 연구자들의 '병에 대한 대중의 인식 개선'에 관한 관심의 측면에서 가장 해 볼 필요가 있는 사회적 행동"을 설명했다(p. 125).

내가 생각해도 앨런과 허친슨^Allen & Hutchinson(2009)은 참여적 행동 연구의 기본 원리를 잘 준수하면서 연구했지만, 이들은 자신의 연구가 참여적 행동 연구를 잘 활용했는지 혹은 남용했는지의 측면에서 자신들의 연구 과정과 절차를 비판적으로 검토했다. 앨런과 허친슨의 연구에 대한 사려 깊은 성찰에 근거해서 포토보이스 연구자들이 포토보이스 방법론을 잘 사용했는지 성찰하기 위해 자신과 동료들에게 참여적 행동 연구 원리 준수와 관련해서 물어볼 질문들의 목록을 다음에 제시하였다.

- 프로젝트에 대한 결정은 누가 내렸는가? 그 이유는?
- 누구의 의견을 경청하였는가? 그 이유는?
- 참여자들은 어느 정도 참여하였는가? 그 이유는?
- 참여자들에게 한 요청들은 실용적이었는가? 그렇다면 그 이유는? 아니라면 그 이유는?
- 합의가 가능한가 아니면 이상적인가? 그렇다면 그 이유는? 아니라면 그 이유는?
- 참여적 행동 연구를 연속체에 존재한다고 보면, 우리 프로젝트는 어디에 위치시킬 수 있는가? 그 이유는?
- 우리가 하는 지금의 연구는 지속 가능한가? 그렇다면 그 이유는? 아니라면 그 이유는?

앨런과 허친슨Allen & Hutchinson(2009)은 "PAR 연구를 하는 학자들은 '자신들이 기관의 요구를 충족시키는 것'과 '자신들과 협력한 공동체 혹은 사용자들을 위한 사회적 행동의 약속을 지키는 것' 사이에서 곤란에 처해 있음을 알게 되었다."라고 했다(p. 126). 이런 상황은 어떤 사람에게는 불편하겠지만, 공동체에 긍정적 변화를 이끌어내려 할 때, 그리고 관계자들에게 유익을 주는 추가적 지식을 만들어 내고자 할 때에는 PAR 같은 연구가 최적일 것이다. 참여적 행동 연구를 하는 연구자들은 분명히 자신이 원래 예상과 다른 방향으로 끌려가고 있다고 생각할 수 있다. 그러나 이런 방향이 반드시 원래와 대립되는 것만은 아니다. 학계의 학자들은 공동체 내에서 실증적 연구를 하면서도 자신의 전문성을 발휘할 수 있는 여러 길이 있다. 이 내용에 여러 예가 나온다.

(1) 페미니스트 참여적 행동 연구

1987년, 맥과이어는 "페미니스트 연구와 참여적 연구는 서로 비슷하면서도 아직 무관한 접근법이며, 서로의 존재를 거의 모르는 상태이다."라고 썼다(p. 95). 게이튼비와 험프리스Gatenby & Humphries(2000)는 PAR는 마치 사회 세계가 성별 중립적인 혹은 성평등적인 세계인 것처럼 여기면서 예전부터 시행되었다고 하면서 동의했다(p. 90). 맥과이어Maguire(1987)는 참여적 연구와 페미니스트 연구가 협력해서 연구에서 남성중심주의를 제거하는 동시에 여성과 남성 모두를 위한 지식 생성을 위해 진정으로 해방적 접근법을 구축할 수 있는지를 궁금해 했다(Maguire, 1987, p. 104). 이외에도 맥과이어는 페미니스트 참여적 연구를 하는 사람들이 페미니스트 참여적 연구를 계획, 수행, 평가할 때 포함시키거나 고려해야 할(p. 129) 아홉 가지 항목을 제시했다(p. 132). (a) 사회과학 연구의 실증주의적이거나 남성중심주의적 특성에 대한 비판적 자세 유지, (b) 성별에 초점을 두되 성별, 계급, 인종, 문화 간의 교류가 포함되어야 함, (c) 여러 형태의 억압과 지배에 주의를 기울이면서 포용적인 페미니즘의 적용, (d) 연구의 모든 단계에서 성별에 주의, (e) 연구를 통해 여성과 남성이 어

떤 유익을 얻는가에 주의, (f) 언어 사용에 대한 주의, (g) 다양한 연구팀의 구
성에 대한 주의, (h) 프로젝트 평가 내 성별에 대한 주의, (i) 참여적 연구 프로
젝트에 관한 메타 분석 시행 시 성별을 고려한 관점의 적용이다. 일반적으로
포토보이스는 맥과이어가 1987년에 썼던 그런 협력의 결과물인 셈이며, 이런
탐구 방법을 묘사하는 데 사용된 용어는 '페미니스트 참여적 행동 연구'이다.
다음은 래어Lather(1991)의 말이다.

> 페미니스트 연구는 성별의 사회적 구성을 연구 대상으로 삼고 있다. … 인문과
> 학에서 페미니스트 연구의 명시적인 이데올로기 목표는 여성의 불평등한 사회적
> 지위를 끝내는 것과 관련된 면들에서 여성 경험의 '감춰진 부분' 및 '왜곡된 부분'을
> 교정하는 것이다.
>
> _p. 71_

여러 면에서 페미니스트 참여적 행동 연구는 래어Lather의 설명과 일관된다.
리드와 프리스비Reid & Frisby(2008)는 페미니스트 참여적 행동 연구의 여러 차
원을 제시했는데, 행동 연구, 참여적 행동 연구 및 페미니스트 연구 간에는 중
복되는 부분들이 있다.

1. 가부장제에 도전하면서 성별 및 여성의 다양한 경험에 초점에 둔다.
2. 교차성(Intersectionality)에 대해 설명한다.
3. 목소리(주장)와 차이를 존중한다.
4. 새로운 표상 형태들을 탐구한다.
5. 성찰
6. 여러 행동의 형태를 존중한다.

_pp.97-102_

(역주—교차성: 성차별은 남성보다 여성이 차별받고 있다는 형태보다는 다양한 계층, 인종, 성적 지향 등 개인이 가지고 있는 정체성에 따라 달라질 수 있다는 관점이다.)

리드와 프리스비는 이런 차원을 확실하게 제시하지 않았다. 오히려 이들의 주장에 따르면, 페미니스트 참여적 행동 연구를 하는 사람들은 이 목록을 연구 과정 실행 전, 실행 중, 실행 후의 실천(practice)을 평가하고, 이로써 성찰적 접근법을 촉구하는 수단으로 사용한다고 했다.

2) 예술-기반 연구

예술-기반 연구는 모순어법인가? 많은 사람은 그렇게 생각할 것이지만, 여기서는 그렇지 않다. 과학과 예술을 대립하는 독립체나 서로 별개라고 생각한다면 어리석은 것이다. 연구는 과학에 기반을 둔다는 일반적 통념이 있지만, 잘 수행된 연구에는 반드시 예술성이 수반되게 마련이다. 어떤 방법론을 쓰든 간에 연구 과정 중에는 특정한 예술관련 결정들이 내려진다. 그러나 이런 결정들은 간과되고 과소평가된다. 연구 메모를 어떻게 구성해야 하는가? 결과를 가장 잘 전달할 방법은 무엇인가? 연구 보고서의 특정 부분을 선택할 때 어떤 주의를 기울여야 하는가? 많은 데이터를 표나 그림으로 표현하는 것이 최선인가? 확실히 "예술과 과학 간의 경계는 쉽게 변하고 구멍이 많다 … 현실적으로 예술성은 도처에 있다"(Barone & Eisner, 2012, p. 7). 바론과 아이스너Barone & Eisner의 책에서는 내용의 상당 부분을 예술-기반 연구의 정의에 할애하고 있지만, 포토보이스 방법론의 관점을 통해 볼 때, 다음이 가장 적절해 보인다. "예술-기반 연구는 타인의 감정을 알 수 있게끔 해 주는 암시적이고 감정이 가득 담긴 표현이다"(p. 9). 다음은 그 예이다. 포토보이스 참여자들은 이미지와 단어를 만들어 내서 자신이 처한 현실과 느낌을 표현할 기회를 부여받는다. 내가 참여한 최근 연구에서 우리 커뮤니티 칼리지의 학생 참여자들은 미래에 닥쳐올 것들을 해결하는 능력에 대한 불안 및 희망에 대해 표현했다. 뇌석(번개의 화살)이 다가오고 있는 한 가슴 아픈 사진이 있었다. 이 사진은 집안에서 스크린도어를 통해 찍힌 것이다. 참여자는 앞으로 자신에게 다가올 폭풍우를 감당할 수 있는지가 의심이 된다고 했다. 우리 연구팀은 이 디지털화된 이미지-내용 혼합물을 커뮤니티 칼리지 관리자들에게 보여 주었을 때, 여러 잠재적 반응[찡그린 이마, 유사 언어(예를 들어, "이런!") 그리고 방 곳곳을 응시함]이 튀어나왔다. 우리가 연구팀에게 "학생들은 미래에 일어날 일을 헤쳐 나가는 능력에 대해 불안하면서도 희망을 가지고 있다."라고 말했다면, 그들의 반응은 달라졌을 것 같다. 예술의 한 형태, 즉 사진을 통해 포토보이스 참여자들은 담화만 사용해서 표현해야 할 때보다 자신의 느낌을 더 잘 전달할 수 있었다.

우리의 생각을 타인과 공유할 때, 공유의 수단이 지닌 '제약과 가능성'이라는 이중성에 직면한다. 비-담론적 수단들(예를 들어, 음악, 이미지, 연극)이 연구에서 사용될 수 있다는 개념은 학계에서는 널리 받아들여지지 않는다 (Barone & Eisner, 2012). 특정 수단만이 주류 연구 공동체 내에서 받아들여질 때, 인간의 행동과 사회적 상호작용에 관한 이해에 엄청난 영향을 끼친다 (Barone & Eisner, 2012, p. 2). 실험적 연구를 통해 인간의 행동 및 사회적 상호작용에 관한 기존의 지식에 대비해 방대한 새 지식이 생겨났지만, 한 방법론적 접근법만 가지고는 특정 행동이나 상호작용의 전체를 다루는 결과를 얻을 수 없다. 이와 비슷하게, 예술-기반 연구도 전체를 다루는 방법론적 접근법은 아니다. 오히려, "세계의 측면에 대해 깊이 있고 복합적으로 이해하도록 돕는 발견적인 교수법"인 셈이다(Barone & Eisner, 2012, p. 3). 예술-기반 연구는 우리가 전체에 대해 더 많은 것을 보는 데 유용할 뿐 아니라, 방법론적 다원론(다양한 방법론)의 가치를 알려 주기 때문에도 중요하다.

바론과 아이스너(2012)는 예술-기반 연구가 기반을 둔 10가지 개념의 목록을 서술했다.

1. 인간은 최대한 여러 방법으로 세계를 묘사하고 이해하기 위해 다양한 표상 수단을 발명해 오고 있다.

2. 각 표상 수단에는 자체적 제약이 있고, 자체의 행동유도성을 가지고 있다. (역 주―행동유도성: 어떤 형태나 이미지가 행위를 유도하는 힘' 또는 '대상의 어떤 속성 이 특정한 행동을 하도록 유도하거나 특정 행동을 쉽게 하게 하는 성질)

3. 예술―기반 연구의 목표는 최종 의미를 제시한다기보다는 중요한 질문을 제 기하고 대화를 하도록 유도하는 것이다.

4. 예술―기반 연구는 측정으로 어려운 의미를 포착할 수 있다.

5. 사회과학 연구 수행을 위한 방법론이 많아질수록 연구자들은 자신의 적성에 적합한 방법론을 찾게 될 것이다.

6. 예술―기반 연구가 발전하려면 미래의 연구자를 양성하는 사람들이 학생들 의 기술 개발을 다각화해야 한다.

7. 예술―기반 연구는 예술 교육자뿐 아니라 전문 예술가를 위한 것이기도 하다.

8. 예술―기반 연구에서 여러 사람의 결과를 일반화하는 것이 공인된다.

9. 예술―기반 연구의 목표는 전통적인 연구법을 대체하려는 것이 아니다. 오히 려 연구자들이 관심 있는 문제를 다루는 데 사용 가능한 방법들의 저장실을 다각화하는 것이다.

10. 매체의 표현적 속성을 활용하는 것은 예술―기반 연구가 인간 이해에 기여 하는 주요 방법들 중 하나이다.

pp.164-171

"무엇이 예술인가, 그리고 예술이 세계에 끼치는 영향은 어떠해야 하는지 에 대한 정의나 개념이 하나만 있는 것은 아니며, 연구에 대한 예술적 방법 이 하나만 있는 것도 아니다"(Rolling, 2013, p. 10). 그렇기에 롤링 Rolling은 예술 적 작업(art making)의 여러 모델을 제시했다. 포토보이스 방법론의 기록단계 와 가장 유사한 모델을 비판적―이론적인 예술적 작업(art making) 모델이라고 부른다(Pearse, 1983, pp.161-162). 이 모델은 '예술'을 '부당한 사회 상황을 시각적으로 드러내고, 현재 상태를 와해시키는 비판적 성찰수단'이라고 정의한다. 포토보이스 참여자들은 비판적 성찰을 사진 연구 과정의 중요한 일부로 언급했으며(Latz, 2012), 부당한 사회 상황을 전시함으로써 현재 상태를 와해시킨다는 개념은 포토보이스 방법론의 토대인 프레이리Freire 원리의 전형이다(Freire, 2003, 2007).

현재 질적 연구에 속해 있는 방법론과 방법들은 계속 증가하고 확장 중이기에 온갖 종류의 경계를 초월하는 모습을 보인다. 포토보이스도 그의 한 예이다. 그리고 포토보이스 방법론 내에서 참여자와 연구자는 데이터 생성과 발표에 관여할 것이 촉구된다. 이 데이터들은 미적 특징을 가지고 있으며, 본질적으로 예술적이다.

(1) 아토그래피(A/r/tography)

교육 연구에서 사용되는 아토그래피는 탐구자의 예술가/연구자/교사로서의 모습을 부각시킨다. 그래서 앞글자만 따고 빗금을 쳐서 아토그래피라고 부른다. 이는 일종의 예술-기반 연구이다(Leavy, 2015). 스프링게이, 어윈과 카인더Springgay, Irwin & Kind(2005)의 주장에 따르면, 예술-기반 연구는 자체의 패러다임이 되어야 하기에 예술-기반 연구가 일반적으로 속해 있는 범주인 질적 연구와 동일한 가치 기준에 매어 있지 않다. 이런 제안된 재개념은 예술가/연구자/교사의 삶의 감각적, 촉각적 및 말로 드러나지 않은 측면에 주의를 기울이는 연구법인 아토그래피의 다음의 여섯 가지 모습(rendering)을 통해 보여진다(p. 899). 근접성(예술가/연구자/교사의 역할은 예술과 글쓰기가 그렇듯이 서로 근접해 있다), 실천적 탐구(탐구와 삶은 동의어이다), 은유와 환유(어떤 것의 부재와 실현이 동시적으로 있다. 의미의 맥락적 애매성을 허용한다), 틈(탐구로 인해 틈이 생겨나고 패턴이 와해된다), 반향(예술적 작업/연구/교육이 반향을 일으켜 서로에게 깊이 스며든다), 과잉성(지성보다 감각에 호소한다)이다. 아토그래피는 예술-기반 연구방법론으로서, 연구자들은 예술적 및 미적 수단을 통해 교육적 아이디어, 행위, 접근법들에 대해 탐구한다. 이는 '예술적 작업, 연구 및 교육'을 동일 장소에 배치시키도록 주의를 기울이는데, 이 모두는 '세계 속에서의 실제 행위와 존재 방식'으로서 보여진다. 스프링가이 등Springgay et al.은 아토그래피의 목표는 "서로 분리되지 않거나 예증이 되는 예술과 단어들을 상호 연계시키고 엮어서 추가적 의미를 창출해 내는 데 있다."라고 했다(p. 899). 이런 여섯 가지 모습(rendering)의 맥락 내에서 저자들은 아토그래피를 한다는 것은 곧 모든 가능한 행동유도성(사고하는 것, 느끼는 것, 보는 것, 감각하는 것, 만지는 것, 냄새 맡는 것, 감정을 드러내는 것)을 통해 깊이 있게 살고 의미를 만들어 내는 것과 같다고 주장했다.

3. 세 가지 이론적 기반

포토보이스는 다음의 세 가지 주요 이론에서 유래되었다. (a) 페미니즘, (b) 프레이리의 비판적 의식화 교육론, (c) 참여적 다큐멘터리 사진(Wang & Burris, 1997)이다.

1) 페미니즘

맥과이어Maguire(1987)는 페미니즘을 (a) 모든 여성은 어느 정도 억압과 착취를 겪는다는 통념, (b) 억압이 어떻게 작용하는지를 이해하겠다는 공약, 그리고 (c) 억압에 맞서겠다는 공약으로서 정의했다. 그렇다면 우리가 페미니즘을 실제로 어떻게 실천할지에 대한 질문이 발생한다. 이에 대한 맥과이어의 답변—그리고 그녀의 경험에서 유래된 같은 것으로 가장 타당한 답변—은 페미니스트 참여적 연구이다. 이를 염두에 두고 나는 참여적 행동 연구의 일종인 포토보이스가 페미니즘을 실천하는 한 방법이라고 주장하고자 한다.

네이플스와 구르Naples & Gurr(2014)는 1960년대와 1970년대에 급증했던 여성 운동으로 인해 기존의 사회과학에 의문이 제기되었음을 우리에게 일깨워 주었다(p. 14). 대체로 이는 오늘날 포토보이스의 존재 이유가 된다. 초기의 참여적 행동 연구자들은 사회적 불평등에 관심을 가지고 이를 해결하고 시정하려고 노력했지만, 그들은 국소적 프로젝트에 여성을 독립적 행위자로서 참여시키지 못했고, 성억압이나 이성애주의(동성애자 차별주의)에 문제를 제기하지도 못했다(Lykes & Hershberg, 2012, p. 333). 그러나 참여적 행동 연구에 대한 페미니스트 접근법은 이런 문제를 해결했다. 왕과 부리스Wang & Burris(1997)는 페미니스트 이론과 실천은 남성의 편견을 밝혀내어 참여적 연구에 영향을 끼쳤다고 했다(p. 370). 중국 시골 여성들과 함께한 왕과 부리스의 중요한 포토보이스 연구를 통해 페미니스트 접근법이 부각되었다. "프레이리의 역량 강화 교육이 학교교육에 대한 전통적 접근법에 이의를 제기했듯이, 실증주의 연구법들과 지식의 구성에 관한 페미니스트의 비평들은 새로운 목표와 탐구 방법을 갖도록 해 주었다"(1994, p. 175). 프레이리의 연구는 페미니스트의 비평의 영향을 받았지만(Hooks, 1994; Maguire, 1987), 포토보이스는 프레이리적 접근법과 페미니스트 접근법을 혼합시켜 참여자들이 자신의 실제 경험에 대한 저자가 되고 권위를 갖도록 공간을 만들어 준다. 왕과 부리스Wang & Burris(1994)의 설명에 따르면, "책무성 이데올로기에 기반한 페미니스트 학자들은 착취하거나 억압하는 지식이나 실천은 부당하다고 주장했다. 그들에게는 지식 구성의 포괄적 방식이 필요하다고 했다."라는 것이다(p. 174). 포토보이스는 이런 요구와 맞아떨어졌다.

브리솔라라Brisolara(2014)는 '페미니스트 이론'이라는 용어는 광범위하며, 분야들을 초월한다고 설명했다. 더욱이, "하나의 통일된 페미니스트 이론은 없다. 페미니스트 이론의 다양한 기여가 어떻게 분류되어야 하는지에 대한 합의도 없다."라고 했다(p. 4). 그리고 맥과이어Maguire(1987)는 페미니스트 연구는 "단일의 합의된 연구 지침이나 방법을 갖고 있지 않다."라고 했다(p. 91). 이에도 불구하고, 페미니스트 이론 속에는 반복되는 공통 주제가 있다. 이를테면, 성평등의 중요성이나 억압에의 대응 같은 것들이다. 포토보이스 연구자들은 어떤 포토보이스 프로젝트 내에서도 페미니스트 이론의 특정한 적용이나 특정 비전을 잘 설명할 수 있을 것이다.

브리솔라라^{Brisolara}(2014)는 주요 페미니스트 사회 연구 이론들을 기술했다. 페미니스트 경험주의, 입장론, 비판 이론, 후기 구조주의, 포스트모던 이론, 세계화 및 탈식민주의 이론, 흑인 페미니스트, 치카나, 토착민 및 인종-기반 페미니즘(역주—치카나 페미니즘: 멕시코 계열의 미국 시민 여성인 치카나에 의해 발전된 페미니즘으로, 치카나는 멕시코계의 미국 시민 여성을 지칭), 성, 성적 지향, 퀴어 및 레즈비언 이론이다. 브리솔라라에 따르면, 페미니스트 입장론은 우리가 사회적으로 위치해 있는 곳(우리가 현재 서 있는 곳)이 중요하며, 이 이론은 사회적 권력과 정치적 권력 및 지식 생성에 있어 중요한 함의를 가진다고 했다(p. 6). 페미니스트 이론의 이 비전을 포토보이스에 적용하는 것은 이론적 및 문자 그대로 중요성을 가진다. 이론적으로 포토보이스에서 참여자들의 관점이 연구의 가장 핵심이다. 포토보이스가 일종의 참여적 행동 연구이기 때문에 참여자들은 주로 프로젝트의 전 측면에서 높은 수준의 인풋을 가진다. 그렇기에 세계에 대한 그들의 관점이 중심이 되고 존중받으며 부각된다. 참여자들이 세계 속 어디에 서 있는가가 분명해지고 이에 높은 가치가 부여된다. 세계 속에서 개인의 사회적 위상이 밝혀지면 비판적 의식의 시작과 정렬에 필요한 이해들(지식들)이 구축될 것이다. 이것이 이 방법론으로 얻게 되는 이상적 결과물이기도 하다. 이제 이를 글자 그대로, 즉 물리적으로 생각해 보자. 참여자들에게 사진의 이미지를 만들어 보라고 요청하고 그 이미지들이 선보일 때, 그 이미지들은 참여자들의 세계 내에서의 자신의 물리적 시점에서 보았던 것들이다. 이런 이미지, 이런 물리적 시점, 그리고 세계 내에서의 이런 위치는 앞의 방법이 아닌 다른 식으로는 보이지 않는다. 그야말로 드러나지 않을 것이다. 따라서 페미니스트 입장론은 이론적 및 물리적으로 포토보이스 방법론을 뒷받침하고 내재되어 있다.

페미니스트 입장론은 '소위 가부장제와 자본주의라는 이중 체계에 대한 제3세계 및 탈식민주의 페미니즘의 도전들 내에서' 생겨났다(Naples & Gurr, 2014, p. 25). 이는 흑인 페미니스트의 관점(Collins, 2009), 차별적 저항 의식(Sandoval, 2000) 그리고 페미니스트의 역사적 유물론(Hartsock, 1983)을 포함해서 다양한 이론을 대표한다. 가장 기본적인 가정은 탐구 시 여성의 경험을 중심에 배치하는 것이 중요하다는 것이다. 페미니스트 입장론을 활용하는 학자들은 다양한 방법과 목표를 사용해 개인의 사회적 작인(인종, 민족, 성적 취향)에 영향을 주는 다양한 개인적 식별 표지의 교차를 분석한다.

페미니스트 입장론적 인식론을 바라보는 다양한 태도가 있다. 어떤 학자들에게 있어 '입장'은 사회 세계에서 특정하게 소외된 주변인들의 실제 경험을 지칭한다. 또 어떤 학자들에게 있어서 '입장'은 관계적이다. 한 입장은 타인과의 관계가 없을 때에는 존재하는 것이 불가능하다는 것이다. 그리고 또 어떤 학자들에게 있어서 '입장'은 특정 개인이나 집단에 연계된 위상이나 관계가 아닌 전체 공동체를 보는 방식이다. 이런 다양성에도 불구하고, 페미니스트 입장론자들은 사회적 맥락에서 벗어나서 개인 행위자들에 대해서만 분석하는 것에 반대한다는 것에 유념해야 한다(Naples & Gurr, 2014, p. 32).

이론적 토대들을 고려할 때에는 탐구에 사용되는 개념적 틀도 고려해야 한다. 페미니스트 이론들은 특정 인식론(지식의 본성), 존재론(존재의 본성), 방법론(탐구의 본성)에 어떤 영향을 끼치고, 정보를 주며, 혹은 어떻게 그것들로부터 유래했는가? 굳이 언급하지 않아도 연구 산물들(논문, 프레젠테이션)을 보면 연구자가 인식론을 적용했음을 알 수 있다. 사회과학 연구의 이항적 혹은 패러다임적 관점으로부터 양적 및 질적 접근법은 매우 다양한 인식론의 영향을 받는다. 예를 들어, 새로운 지식 형성을 구성하는 것이 무엇인지 생각해 보자. 3학년 교사가 직접 3학년 교사의 직업의식에 대한 체계적 탐구를 했을 때,

새 지식이 생산되는가? 그렇다면 왜 그런가? 아니라면 왜 아닌가? 교육 연구자가 3학년생들의 테스트 점수에 대한 체계적 탐구를 했을 때, 새 지식이 생산되는가? 그렇다면 왜 그런가? 아니라면 왜 아닌가? 둘 중 어떤 탐구가 더 중요한가? 각 탐구의 일반화 가능성은 어떤가? 누가 연구를 해야 하는가? 누구의 연구가 중요한가? 지식은 밝혀지는 것인가, 아니면 축적되는 것인가? 이 질문들에 대한 답변은 인식론에 따라 달라진다. 페미니스트 이론이 다양한 형태로 반복되어 사용되다 보면, 주요 인식론의 특성에 의문이 제기될 수 있다. 예를 들면, 페미니스트 렌즈를 통해서 실증주의 인식론이 객관성, 전체성, 확실성, 남성중심주의, 심지어 여성 혐오 같은 특성을 구현시킨다는 것이 파악되고, 부각되며, 의문이 제기될 수 있다.

페미니스트 이론이 인식론을 고취시킬 수 있는 것처럼, 페미니스트 이론은 존재론도 고취시킬 수 있다. 더욱이, 그리고 어담이시만, 모든 탐구에 적용되는 개념적 틀 내에서 인식론, 존재론, 방법론이 서로 따로 작용한다고 보는 것은 어리석은 것이다. 전체 틀 안에서 혹은 '연구의 상부구조(superstructure)'안에서 이 이론들의 연계와 시너지 효과는 있을 수밖에 없다(Ravitch & Riggin, 2017, p. 9). 존재론과 관련해서 모더니즘에 대해 생각해 보자. 모더니스트 존재론을 믿는 사람들은 객관적 실제가 존재한다고 주장할 것이다. 모더니스트 존재론을 믿는 사람들은 모든 것이 구성요소를 가지며, 이는 분리되거나 개별적으로 검토될 수 있다고 볼 것이다. 모더니스트 존재론에 높은 가치를 두는 사회과학자들은 사회 세계를 자연 세계를 연구하는 이들(예를 들어, 지질학자, 생물학자)과 비슷하게 본다. 이런 존재론에 대한 페미니스트 비평들에는 객관성은 불가능하다는 개념, 연구자 및 연구의 위치구속성(사회적·문화적·시간적·물리적 위치)이 중요하다는 개념, 그리고 총체성은 부분보다 더 중요하지 않다는 개념 등이 포함된다.

어떤 방법론이나 방법이 비논리적인 것은 아니지만, 그렇다고 방법론이나 방법이 본질적으로 페미니스트적인 것도 아니다(Brisolara, 2014). 포토보이스도 여기 포함된다. 포토보이스가 페미니스트 기반을 가짐을 인정하는 것과 포토보이스 프로젝트 수행 시 페미니즘과 일관된 행동을 구현하는 것은 별개의 문제이다. 브리솔라라는 "페미니스트 방법론들은 탐구로 얻은 윤리적·정책적·정치적 결과에 주의를 기울인다."라고 했다(p. 20). 그래서 포토보이스 연구자들은 물론 포토보이스 프로젝트(방법론과 방법에서 페미니스트 접근법의 적용)의 결과를 충분히 생각해야 하지만, 이것이 모든 포토보이스 프로젝트가 가부장제를 전복시키고, 주변인들의 관점을 중심에 놓으며, 평등을 촉진하거나 정책에 긍정적 영향을 주는 것을 의미하지는 않는다. 분명, 모든 방법론적 접근법은 유익보다 해가 더 많을 가능성이 크다. 불평등, 고정관념, 오명, 주변화는 포토보이스 작업을 통해 증폭되고 재구성될 수 있다. 포토보이스 연구자들은 방법론의 각 단계 내내, 그리고 그 단계 속에서 시행한 다양한 방법을 통해 얻은 연구의 잠재적 결과를 지속적으로 알아야 한다. 이를 위한 한 방법으로, 과정 내내 성찰을 하는 것이 있다. 브리솔라라는 성찰은 "자신의 관점과 잠재적으로 잘 안 보이는 부분들을 인식하도록, 그리고 자신의 발전하는 관점을 자세히 기록하도록 유도하는 것"이라고 했다. 연구 과정 내내 연구자의 일지 작성, 분석적 메모 및 개념 지도 작성, 그리고 비판능력이 우수한 사람과 지속적으로 대화하는 것은 성찰능력을 촉진시킬 수 있다(Pillow, 2003).

　　와일러Weiler(1988)는 페미니스트 인식론과 방법론의 세 가지 주요 원리를 기술했는데, 이는 포토보이스를 고려할 때 유용한 모델이 될 수 있다. 즉, (a) 남성 지배 사회 속에서 연구가 위치되어 있을 수밖에 없음을 인정해야 한다는 점, (b) 여성의 실제 경험과 일상에 중점을 두어야 한다는 점, (c) 기존 사회 질서의 변화와 관련된 정치적 공약이 있어야 한다는 점이 이런 원리들을 하나씩 취할 때, 페미니즘이 포토보이스 접근법의 근간이 된다는 것이 구체적으로 드러나게 된다. 이익에 포토보이스 방법론을 실시할 때 페미니즘이 지닌 유용성도 고려해야 한다. 왕과 부리스는 최초의 포토보이스 연구를 했다(Wang &

Burris, 1994; Wang, Burris, & Ping, 1996). 이들은 중국 사회 내의 주변인인 중국 남서부 시골 여성들을 대상으로 연구를 했다. 이 여성들에게 사진을 통해 일상의 구체적 측면들과 독특한 관점을 기록해 보게 했다. 더 대규모 프로젝트 내에서는 여성들이 연구와 관련해서 자신들이 찍은 이미지, 이미지에 대한 서술 및 생각과 경험을 나누는 공간이 조성되었는데, 여기서 포토보이스는 단지 한 부분이었을 뿐이다. 따라서 첫 번째 및 두 번째 원리는 구현되고 존중되었다. 이 프로젝트에서 유래한 중국 청장 현(Chengjiang County)에서 열린 최초의 전시회에는 3천 명 이상의 일반인과 이에 관계된 지역 및 국가의 저널리스트들이 모였다(Wang, Burris, & Ping, 1996). 미디어는 대중의 의견뿐 아니라 정책에 영향을 줄 수 있다. 이 전시회에 그렇게 많은 관객이 왔다는 것은 변화의 주요 촉매제가 되었다. 이후의 행사 및 과정 말미에 보인 결과로 공표의 다른 수단들은 정책에 큰 영향을 주었고, 이는 앞서 언급된 세 번째 원리의 대표적 예인 셈이다.

포토보이스가 남성과 여성 모두를 대상으로 사용되어 왔지만, 페미니스트 인식론 및 방법론의 원리는 포토보이스의 사용 근거가 된다. 여성들은 가부장적 사회와 문화에서 주변인이다. 대부분의 사회와 문화는 가부장적이다. 그러나 어떤 사회나 문화이든 여성만이 주변화된 유일한 하위집단은 아니다. 포토보이스 연구자들은 프로젝트 참여자들을 통해 쉽게 공감할 수 있다. 주변인 집단과 함께 협력하는 것은 포토보이스 프로젝트에서 보이는 전형적인 모습이다. 왕, 부리스와 핑Wang, Burris & Ping(1996)에 따르면, "페미니스트 학자들은 연구 대상인 이들이 포함되는 지식 구성의 형태를 옹호하며"(p. 1392), 포토보이스 과정 내내 이런 모습은 분명 보인다고 했다. 포토보이스 프로젝트 시행 시 연구에 참여하거나 연구를 활용하는 사람들에게 사회적 및 문화적 현실, 그리고 참여자들이 속한 중첩된 체계에 대해 맥락화된 정보를 제공하는 것이 중요하다. 예를 들면, 커터 레빈Kurt Lewin의 견해에 크게 의존하는 브론펜브레너Bronfenbrenner(1976)의 연구는 중첩된 체계를 설명하는 데 유용할 수 있다.

참여자들의 사회적 및 문화적 지위는 어떻게 조화를 이루는가? 이 지위의 주변성(역주—사회학자인 로버트 파크Robert E. Park가 정의한 이론으로, 사회적 관계 속에서 개인이 다양한 사회문화적 의미 및 지위를 갖는 현상)을 부각시키는 가장 최선의 방법은 무엇인가? 그리고 참여자들은 이에 대한 대화에 어떻게 참여할 수 있는가? 이외에도 이 모든 것이 결핍 모형이나 관점에 반하는 식으로 어떻게 행해질 수 있는가? 다른 질문들에 비해 이 질문들은 과정 내내 페미니스트 이론을 구현하기 위한 노력과 구현화된 행동 속에서 다루어져야 한다. 마지막으로, 페미니스트 연구 내에서 방법들은 결과의 주요 부분일 때가 많다. 다시 말하면, 이 여정은 포토보이스 연구 내의 목적지의 중요 부분일 수 있으며, 그 과정은 때로 산물보다 더 많은 것을 효과적으로 알려 준다.

포토보이스 연구자들이 프로젝트 참여자들의 실제 일상 경험에 관심이 있듯이, 페미니스트 연구자들은 여성들의 실제 일상 경험에 관심이 있다. 참여자들의 존엄성, 인격, 전인성 및 인간성이 가장 중요하다. 인간성은 숫자나 통계치로 환원되지 않는다. 이런 입장은 양적 탐구 방법에 반대되거나 적대적인 것 같지만, 여러 면에서 포토보이스는 프로젝트 참여자들의 실제 현실에 '충만함, 이야기, 감정, 인간성'을 덧붙이기 위해 관련된 양적 데이터(설문조사 데이터, 인구센서스 데이터)를 함께 사용하기도 한다. 예를 들면, 포토보이스 프로젝트에서 다음의 연구 질문을 다룬다고 가정해 보자. 2학년생은 자신의 이상적인 학업 공간을 어떻게 묘사하는가? 학업 공간을 고려할 때, 어떤 종류의 양적 데이터가 도움을 줄까? 이런 맥락적 데이터의 잠재적 중요성을 간과하면 안 된다.

포토보이스는 일종의 참여적 행동 연구이며, 포토보이스 연구자들 및 참여자들은 프로젝트 결과를 정책결정자에게 알리는 데 관심이 있기 때문에 변화를 이끌어 내려는 내재적 욕망이 분명 있다. 결과들을 정책결정 및 변화 과정과 관계된 권력과 지위를 가진 이들에게 알리는 것은 중요하다. 그런데 이 과정이 힘든 이유는 관계자들이 항상 대기 중인 것은 아니기 때문이다. 교육 체계 정책들은 더 광범위한 정책들 내에 내포될 때가 많다. 예를 들면, 고등 교육 기관에서 학부 단위 정책은 대학교 정책을 대체할 수 없다. 다시 말하건대, 브론펜브레너Bronfenbrenner(1976)의 생태학 이론은 변화를 자극하도록 전략을 세우고 에너지가 어디로 집중되어야 하는지를 알고자 할 때 고려해 볼 만한 우수한 모델이다. 정책 변화에 대해 생각할 때, 권력의 중심(locus of power)이 고려되어야 하며, 이로써 과정은 정치적인 면을 띠게 된다. 왕, 부리스와 핑 Wang, Burris & Ping(1996)의 포토보이스에 관한 논의에서 페미니스트 이론과 정책의 결합으로 정치적 공약들이 생겨한다고 했다.

2) 프레이리의 비판적 의식화 교육론

프레이리가 이미지를 문화계 인시들의 토론을 위한 촉매제로 사용했듯이 (Freire, 2007), 포토보이스에서 이미지는 참여자 집단이 자신의 사진과 삶에 대해 토론하도록 유도하는 데 사용되고 있다. 프레이리Freire의 그림들은 공동체의 현실을 표상했으며, 포토보이스 이미지들도 공동체의 현실을 표상한 것이다. 포토보이스는 '한 단계 더 발전된 프레이리 개념'을 취했고, 이로써, 공동체의 이미지들은 주로 공동체 내의 사람들에 의해 만들어진다(Wang & Burris, 1997, p. 370). 이 접근법은 참여자들이 공동체 문제를 파악하고, 이의 원인들을 비판적으로 숙고하며, 참여자들이 비판적 의식을 가지고 사회적 변화를 이끌어 내면서 해결안을 향해 나아가도록 한다(Carlson, Engebretson & Chamberlain, 2006).

프레이리Freire(2003)는 개인이 자신의 실체를 어떻게 해석하고 그 해석이 행동에 어떤 영향을 미치는지에 세 가지 의식 수준이 있다고 했다. 이 수준들은 마술적(magical) 의식, 순진한 의식 및 비판적 의식이다. 최저 수준, 즉 마술적 수준의 의식에서 개인은 자신을 본질적으로 열등하다고 여기는 동시에 조용히 존재하며, 무의식적으로 현재 상태에 순응한다. 순진한 의식 수준에서 개인은 자신이 속한 사회적 구조를 부패했지만 괜찮다고 본다. 그들은 불의를 알게 되어도 이를 이해하거나 분석하려 들지 않는다. 대신에, 사회적 상황에 대해 동료를 비난하는 측면폭력(동기 간의 수평적 폭력)을 보인다. 비판적 의식 수준에서 개인은 자신의 행동으로 사회 현실을 유지하거나 와해시킬 수 있음을 깨닫는다(Carlson et al., 2006; Freire, 2003, 2007). 프레이리Freire(2007)는 "비판적 의식은 현실과 통합한다. 순진한 의식은 현실 위에 겹친다. 그리고 병적 수준의 순진한 의식으로 인해 비이성적인 모습을 보이는 광적인(마술적) 의식은 그저 현실에 순응만 한다."라고 설명했다(p. 39). 프레이리는 개인을 비판적 의식으로 이끌기 위해 특별한 과정을 사용했다.

> 그(연구자)는 새 공동체로 들어가면서 우선은 느긋하게 거주자들과 일상적인 대화를 할 것이다. 그곳 사람들의 일상을 공감하려고 열심히 들을 것이다. 대화 속에서 느낀 감정들의 공통된 주제가 그림으로 그려지며, 그는 이를 집단의 자기성찰과 토론을 촉진하는 데 사용할 것이다. 문화가 개인에 영향을 준다는 것, 그리고 개인이 문화에 영향을 준다는 것은 항상 토론과 공동으로 창조해 낸 지식이 강조했던 것들이다. 목표는 사람들이 스스로 학습하도록, 즉 행동과 성찰이 혼합된 실지(praxis)를 하도록 만드는 데 있다.
>
> 칼슨 등Carlson et al., 2006, pp. 837-838

포토보이스 방법에 대해서도 이와 유사한 접근법이 사용된다.

3) 참여적 다큐멘터리 사진

(1) 다큐멘터리 사진과 참여적 요소의 추가

미국 정부기관들, 루이 스트라이커Roy Stryker가 국장이었던 때의 농업안정국(Farm Security Administration) 및 공공사업관리국(Work Progress Administration)

의 후원으로 매스컴 홍보를 위해 찍은 애절하면서도 시선을 사로잡는 흑백사진들이 나온 후로 이미지가 글보다 많은 새로운 종류의 출판문들이 나왔고, 이는 사회 의식에 영향을 주었다. 『그들의 얼굴을 보았다(You Have Seen Their Faces)』(Caldwell & Bourke-White, 1995) 및 『이제 유명인들을 칭송하자(Let Us Now Praise Famous Men)』(Agree & Evans, 2001)는 가난한 시골 남부인들과 소작인들의 삶을 있는 그대로 보여 주는 흥분되는 이미지를 제공했다. 이 책들은 그들의 전임자들의 연구물(Riis, 2010)인 『나머지 절반의 생활상(How the Other Half Lives)』에 견줄 만한 무게감을 가지고 있었다. 그 후의 다른 예로는 시카고와 런던의 가족들을 기록한 베니쉬[Banish]의 『도시 가족들(City Families)』(1976) 등이 있다. 가장 유명한 현대적인 다큐멘터리 사진 중 하나는 '뉴욕의 사람들(Humans of New York)'인데(Stanton, 2013, 2015, 2017), 이는 2010년에 블로그로 시작했던 프로젝트로, 그 이후에 두 권의 책으로 발간되기도 했다. 그러나 앞서 언급한 예들은 포토보이스가 중요시 여기는 참여적 차원이 결여되어 있다. 워스와 어데어[Worth & Adair](1972)의 연구물은 특정 문화의 측면들을 전달하는 다큐멘터리 작가의 역할을 누가 하는 것이 가장 적절한가를 생각해 볼 때, 중요한 의미를 가진다. 워스와 어데어는 "1966년 여름, 우리의 목표는 우리와 다른 문화권의 사람들을 대상으로 그들의 문화와 그들 자신을 묘사한 영화를 그들 구미에 맞게 만들어 그들을 가르칠 수 있는가를 결정하는 것이었다."고 썼다(p. 11).

(2) 조 스펜스, 웬디 에월드, 짐 허버드

다큐멘터리 사진은 개인과 사회에 대한 의식을 높이는 데 사용되고 있다. 사진가들은 그들이 찍은 대상과 환경의 측면에서 볼 때 외부인인 경우가 많다. 포토보이스는 외부인보다는 기록 대상이 된 집단이나 문화의 구성원들이 외부인과 비교해 당연히 더 많은 전문성과 식견을 가질 것으로 가정한다. 웬디 이월드[Wendy Ewald]가 아동과 함께한 연구(예를 들어, 1985, 1996, 2000, 2001,

2002; Ewald, Hyde, & Lord, 2012)는 다큐멘터리의 대상(아동)이 되는 이들이 직접 찍은 사진들을 포함시킨 다큐멘터리 사진 확장판의 대표적 예이다. 다음은 스펜스^Spence(1995)의 설명이다.

> 지역사회의 사진가들은 사람들에게 서로 친구, 가족 및 사회적 환경을 사진 찍어 보라고 요구한다. 이는 토론을 위한 즉각적 피드백을 주고, 스토리텔링과 읽기를 위한 보조수단을 제공하며, 세상을 다르게 볼 수 있게 해 준다. 사람들은 자신의 이미지들, 즉 대중매체에서 보이는 고정관념에 반하는 자신의 이미지들을 보면서 자신과 타인을 더 긍정적으로 연계시키는 방법을 발견한다.
>
> *p. 35*

하퍼^Harper(2012)는 웬디 에월드^Wendy Ewald(1985)의 사진집인 『초상화와 꿈 (*Portraits and Dreams*)』은 카메라를 참여자의 손에 쥐어주는 것을 고민하는 이들에게 분수령이 되었다고 주장하였다. 허버드^Hubbard(1994, 1996) 같은 사진가들은 포토보이스 방법의 기반이 되는 참여적 다큐멘터리 사진의 창의적이고 혁신적인 모델을 제공했다.

꿈꾸는 카메라—사창가에서 태어나

인도 사창가에서 태어나고 자란 아동들이 사진을 통해 자신의 이야기를 한다면 어떨까? 이 질문의 답이 되는 참여적 다큐멘터리가 2005년에 개봉되어 히트를 쳤다. 〈꿈꾸는 카메라—사창가에서 태어나〉는 (Briski, & Kauffman, 2004) 캘커타의 홍등가 아동들의 이야기와 그들의 자나 브리스키^Zana Briski(감독)와의 교감을 보여 준다. 자나 브리스키는 아동들에게 카메라 사용법과 사진 찍는 법을 가르친 사진작가이기도 했다. 상을 수상한 이 다큐멘터리는 많은 사람이 주목을 받았고, 지역사회 기관과 학자들 사이에서 포토보이스 사용이 매우 늘었다(예를 들어, Kaplan, 2013).

4. 포토보이스의 목표들

이 책이 주로 학계의 연구자들을 대상으로 하지만, 참여적 행동 연구가, 결과와 결과의 함의가 그런 지식(결과 및 결과 함의)을 알려 주는 기존 매체들(학회, 저널, 책)에 기여함을 통해 특정한 것에 대한 기존의 지식만 더 풍부하게 해 주는 것만은 아니다. 그런 연구 유형은 분명히 중요하며, 포토보이스 연구는 여러 면으로 그런 종류의 기여를 할 수 있고 또 하고 있다. 그러나 우리는 이 연구를 실천적 영역으로 가져와야 한다. 우리는 행동해야만 한다. 참여적 '행동' 연구가 아무 이유 없이 참여적 행동 연구로 불리는 것이 아니다. 행동은 매우 중요하다. 그러나 행동만 해서도 안 된다.

정책결정자들에게 알리는 것이 이 언구방법의 중요 목표이나. 사실 이 단계에서 많은 행동이 이루어진다. 그리고 정책결정자에게 알리는 것은 포토보이스를 통해 추후의 지속가능한 행동이 일어나게끔 해 주는 여러 길 중 하나이다. 다음 장에서 언급하겠지만, 포토보이스 프로젝트를 시작할 때 첫 단계는 주요 정책결정자를 파악하고 그에게 연락하는 것이다. 정책결정자와의 만남은 프로젝트 중에 언제라도 가능하며, 때로 프로젝트 중에 여러 번 만나야 될 때도 있다.

나의 최근 연구에서 나는 연구 장소에서 학생/동료−연구자들 집단과 기관 관계자(여성)와 만났다. 그 연구 장소에서 우리는 커뮤니티 칼리지 1학년생들을 '학생들의 요구에 대한 연구'에 참여시켰다. 그녀는 우리 연구의 열렬한 지지자였고, 연구 결과들이 많은 사람(그중에는 프로젝트 장소에서 멀리 떨어져 있는 관계자들도 포함된다.)에게 어떤 식으로 영향을 줄 것인지를 짐작하고 있었다. 동시에, 그녀는 우리의 연구가 이 학생들이 어떻게 하면 더 나은 대우를 받을 수 있는지를 밝히리라는 것도 짐작하고 있었다. 그녀도 그 방법을 알고 싶어 했다. 이 모임 중에 그녀는 결과와 함의에 대한 1페이지로 된 목록이 필요하다고 정확히 말했다. 그녀는 다음 질문에 대한 답을 얻고 싶어 했다. '우리가 무엇을 알아냈으며, 그들은(그녀와 동료들) 이를 위해 무엇을 해야 하는가?' 그녀와 동료들은 학생들에게 영향을 주는 모든 정책의 공식적 설계자는 아니지만, 그들은 분명 매일 그런 정책의 상당수를 실시하고 있었다. 그녀에게 있어 연구 결과를 이해하는 것은 기관의 정책 입안자이자 연구의 주요 담당자로서, 그리고 기관 외부의 제도적 차원(예를 들어, 주법, 연방규정, 인증기관의 지시)에 영향을 주는 정책들에 대한 정책시행자로서 중요했다.

1) 우리는 무엇을 해야 할 것인가?

대체로 포토보이스 연구자들은 다음과 같은 세 가지 주요 목표를 가진다. (a) 참여자들에게 자신만의 용어로 삶의 요소들을 기록하게 하고, (b) 비판적 대화를 통해 참여자들의 비판적 의식 수준을 높여 주고, (c) 정책결정자들에게 프로젝트 결과를 알려 참여자들이 파악한 요구와 문제를 해결해 줄 실증적 변화를 이끌어 낸다(Wang & Burris, 1997). 이런 것은 공인된 목표이지만, 카탈라니와 밍클러Catalani & Minkler(2010)는 포토보이스 방법론의 적용을 더 잘 이해하기 위해 건강 및 공중보건 및 밀접한 관련이 있는 37개의 논문을 검토했다. 카탈라니와 밍클러의 논문에서 가장 두드러진 요소 중 하나는 그들이 제안한 '포토보이스 영향 모델'이다. 이 모델은 훈련과 연구/기록 및 토론을 통해 다음 세 가지 결과를 얻었다. (a) 정책 변화에 영향을 주기 위한 행동과 옹호, (b) 공동체 요구와 자산에 대해 높아진 이해, (c) 개인적 역량강화이다. 검토된 논문들 안에서 차이는 있지만 공인된 목표가 충족되는 것을 보니 뿌듯하다. 이절의 목적은 이 목표들을 구체화해서 달성하는 방법을 설명하는 것이다. "초기 포토보이스 문헌에 미해결된 여러 질문이 있으며… 포토보이스 과정과 결과를 어떻게 평가할지에 대한 모델이나 도구를 제공하지 못했기 때문에" 이는 중요하다(Catalani & Minkler, 2010, p. 447).

2) 삶의 기록과 서술

포토보이스를 통해 다양한 사회적 지위의 참여자들은 카메라를 가지고 자신의 삶의 주요 측면들을 기록한다. 이런 접근법은 연구자의 역할을 분권화하고, 참여자의 시점의 진정성에 가치를 둔다. 포토보이스는 참여자가 직접 자신의 경험의 저자가 됨으로써 '타인의 의도와 이미지의 수동적 대상'이 아닌 능동적 주체가 된다(Wang & Burris, 1997, p. 371). 나는 '목소리를 낸다'(giving voice)는 개념에 이의를 제기하지만, 사실 이는 페미니스트 문헌에 흔히 등장하는 관용구(idiom)이며, 물론 이것이 포토보이스 방법론의 중요 목표라고 생각한다. 그러나 '공간을 조성해 준다'는 용어의 사용을 제안하는데, 이유는 포토보이스 프로젝트를 시행하거나 촉진하는 이들은 주로 상당한 권력이나 특권을 기지고 있기 때문이다. 나는 목소리를 '낸다는 것'보다 목소리를 낼 공간을 '조성해 주는 것'을 선호한다. 나는 그런 '목소리를 내는 것'을 내가 할 수 있는 것으로 보지 않는다. 그러나 '공간을 조성해 주는 것'도 독창적 용어는 아님에 주의해야 한다. 우선, 내가 쉬어드와 시셀Sheared & Sissel(2001)의 연구물을 봤을 때, 이 용어를 처음으로 접했다. 베커Becker(2007)는 "표상을 만든 이들이 무엇을 하든 사용자가 자신의 역할을 안 한다면, 이야기는 알려지지 않거나 표상을 만든 이의 의도대로 전달되지 않는다."라고 했다(p. 286). 이는 내가 참여자들의 삶에 대한 서술이 분명히 알려지도록 공간을 조성해 주는 데 있어 포토보이스 연구자의 역할을 고려해 볼 때 공감이 간다. 우리는 "인간은 현재의 글자를 개발할 때까지 오랜 동안 그림문자로 소통해 왔다"는 것을 염두에 두어야 한다(McKim, 1980, p. 129). 또한 01장에서 설명했듯이, 시각적 이미지를 통한 삶에 대한 서술은 인터넷 상에서 규범적이고 습관적인 행위가 되어 가고 있음을 알아야 한다.

3) 비판적 의식 구축하기

포토보이스 방법론은 프레이리의 역량강화 교육 개념에서 끌어낸 것이다. 이 역량강화 교육에서는 "사람들이 직접 자신의 문제를 파악하고, 문제의 사회적 및 역사적 근원을 비판적으로 평가하며, 보다 건강한 사회를 꿈꾸고, 자신의 목표 달성을 위해 장애물을 극복하는 전략을 개발하는 집단 차원의 노력이 필요하다"(Wallerstein & Berstein, 1995, p. 380). 공동으로 역량강화 교육을 받을 때 비판적 의식이 발전하게 될 때가 많다. 비판적 의식은 개인적 및 사회적 세계에 자신이 영향을 끼칠 수 있다는 믿음이다. 더욱이 "프레이리의 주요 전제는 교육은 중립적일 수 없으며(인간을 제외한 채 중립적인 태도를 취할 수 없다), 사람들의 삶의 맥락에서 이루어진다."라는 것이다(Wallerstein & Berstein, 1995, p. 381). 교육은 사람들이 사회나 자신의 삶 속에서 수동적 대상 혹은 능동적 주체가 되도록 영향을 줄 수 있다. 프레이리의 접근법은 모든 참여자의 목소리가 연구 과정에서 공동-참여자로서 존중받게 되는 집단대화를 통해 후자, 즉 능동적 주체가 되는 것을 옹호한다. 목표는 국소적인 사회적 현실과 관련된 새로운 지식을 창출해 내고, 그 지식으로부터 행동을 위한 단계들을 형성하는 데 있다. 프레이리가 사용한 3단계 과정은 포토보이스 과정—경청, 대화, 행동—과 직접적으로 맞물린다.

프레이리의 교육적 과정의 2단계인 '대화'는 공동체의 현실을 대표하는 대상인 '규약들(codes)'에 관한 토론을 통해 촉진된다. 이 규약들은 사진의 형태를 띨 수 있다. 그러나 포토보이스 내에서 이런 규약들은 대화에 참여한 이들, 즉 포토보이스 참여자들에 의해 생성된다. 이는 프레이리의 접근법에서 벗어나 포토보이스 방법론의 이론적 토대의 충분한 보완물에 주의를 기울이는 것이다.

토마스 등Thomas et al.(2014)은 "비판적 의식과 시민 참여를 촉진하는 프로그램들을 개발하기 위해 많은 연구가 시행되었지만, 비판적 의식 발전에 대한 타당하고 신뢰도 높은 측정도구가 필요하다."라고 설명했다(p. 486). 이에 대한 요구는 충족되고 있다. '비판적 의식'은 '자기정체성의 요소, 세상 속 자신에 대한 비판적 관점, 억압하고 특혜를 주는 권력 관계와 사회적 구조를 인식하고 이해하는 것'으로 간주될 수 있다. 또한 이는 '사회정치적 발전과 시민 참여'로 간주될 수도 있다. 토마스 등의 연구의 목표는 비판적 의식을 평가하는 척도를 개발하는 것이었으며, 그들은 이것을 '비판적 의식 검사(Critical Consciousness Inventory: CCI)'라고 불렀다. CCI는 이에 대한 희망을 보여 주었고, 청소년의 비판적 의식 발전에서의 변화를 평가하는 데 유용하다(p. 493). 비판적 의식 수준 평가는 분명 질적 데이터 분석(즉, 인터뷰 데이터)을 통해 이루어지지만, 그런 도구는 포토보이스 연구자들의 도구함 내의 유용한 도구로 여길 수 있다. CCI를 사전 및 사후 검사로 사용하는 것은 포토보이스 과정에의 참여가 참여자들의 비판적 의식 수준을 높이는 데 기여했는시를 알아보는 여러 흥미로운 방법 중 하나일 뿐이기 때문이다.

타인이나 우리 자신의 비판적 의식 수준을 측정하거나 판단하는 것은 힘든 일이다. 이는 "프레이리가 비판적 의식에 대한 분명하고 간명한 개념을 제공하지 않았기 때문이다"(Diemer, McWhirter, Ozer, & Rapa, 2015, p. 812). 우리가 그것을 직접 보면 알게 되겠지만, 그런 이해를 학문으로 전환시키는 것은 또 다른 문제이다. 기존 문헌 간에 합의가 없었기 때문에 비판적 의식을 정확하게 정의하기는 어렵다. 더욱이, 심리측정 검사에 쓰이는 어휘 내에서 다른 관련 개념으로부터 비판적 의식을 별도로 분리시키기는 어렵다. 그럼에도, CCI가 등장한 이후로(Thomas et al., 2014) 여러 다른 측정도구가 개발되고 있다. 예를 들면, '청소년 비판적 의식 척도'(McWhirter & McWhirter, 2016), '현대 비판적 의식 척도'(Diemer, Rapa, Park, & Perry, 2014), 그리고 '비판적 의식 척도' 등이 있다(Shin, Ezeofor, Smith, Welch & Goodrich, 2016). 다시 말하건대, 이런 척도들은 포토보이스의 이런 특정 목표가 달성되었는지 여부를 평가하기 위한 방법을 찾으려는 포토보이스 연구자들에게 효과가 있다.

(1) 성찰적 의식 구축하기

포토보이스를 통해 발전될 수 있는 다른 형태의 의식이 있는가? 토마스 등 (2014)은 "비판적 의식에는 성찰 능력을 개발시키는 것의 중요성도 포함된다."라고 설명했다(p. 487). 집단으로 하는 공동 성찰은 여러 포토보이스 참여자가 과정 내내 하는 활동이다. 홀트비, 클라인, 쿡과 트래버스Holtby, Klein, Cook, & Travers(2015)는 "포토보이스는… 연구 과정 중에 참여자들에게 성찰할 공간을 조성해 준다."라고 했다(p. 330). 윌슨과 플리커Wilson & Flicker(2015)의 목표 중 하나는 참여자들의 사려 깊은 성찰이었다. 한과 올리프Han & Oliffe(2016)는 포토보이스가 치료적 측면들을 가진다고 했다. 스트래크, 러브레이스, 데이비스 조단과 홈스Strack, Lovelace, Davis Jordan, & Holmes(2010)는 '포토벤션(photovention)'이라는 용어를 사용해서 개인-중심적 포토보이스 프로젝트를 기술했다. 여기서 의도된 변화는 참여자들 내에서 이루어진다. 즉, 그들은 지식, 태도, 행동이라는 세 분야를 언급했다. 이 저자들이 무엇을 시사하는지, 그리고 성찰적 의식을 위해 포토보이스를 무엇이라고 칭하는지 간에는 어느 정도 연계가 있다(Latz, 2012). 우리가 참여자들에게 영향을 끼치는 과정은 어떠해야 한다고 생각하는 것에 대한 세부내용들을 잘 이해하고 구성하려면, 탐구의 기반이 되었던 원래의 연구 질문들, 혹은 적어도 주제/목표/결과에 다시 주의를 기울여야 한다.

모든 포토보이스 참여자가 과정으로부터 동일하게 유익을 얻는 것은 아님에 주의해야 한다. 왕, 위, 토아와 카로바노Wang, Yi, Toa, & Carovano(1998)에 따르면, 참여자들의 유익은 주로 참여자들의 권력 수준에 달려 있다고 한다(p. 82). 그들은 다음을 모두가 얻게 되는 것을 잠재적 장점으로 언급했다. 변화에 기여, 지위, 향상, 정보 교류, 신임을 얻는 것이다. 다음은 가장 큰 권력을 가진 참여자들이 얻는 잠재적 유익이다. 타인에게서 배우기, 가치 있는 일을 하기, 혁신을 꾀하기, 타인을 인정하기이다. 마지막으로, 가장 적은 권력을 가진 참여자들이 얻는 잠재적 유익이다. 자신과 공동체를 표상하기, 자존감과 위상이 높아짐, 공감을 보이기, 관계를 형성하기, 권력에의 접근성이 높아진다는 것이다. 포토보이스 프로젝트를 평가할 때, 프로젝트 시작 시점에서 각 참여자들이 얼마나 많은 권력을 가지는지와 관련해 많은 것이 고려되어야 한다.

심리적 역량강화

마마리, 맥크라이트와 로에Mamary, Mccright, & Roe(2007)의 2단계로 구성된 질적 연구에서는 다른 남자와 성관계를 맺은 적이 있는 '게이가 아닌 아프리카계 미국 남성'의 건강과 HIV 위험에 대한 인식을 알아보기 위한 심층 인터뷰(1단계)와 포토보이스(2단계)가 진행되었다. 이 연구의 참여자 중 한 명은 "프로젝트를 통해 자신의 삶을 검토한 후, 큰 변화는 없어도 이전과는 꽤 다른 삶을 살게 되었다."라고 했다(Mamary et al., 2007, p. 367). 이는 내가 함께 작업했던 포토보이스 참여자들을 통해 밝혀낸 것과 유사했다. 참여를 통해 어떤 식으로든 잠시 멈춰 자신의 지난 삶을 숙고해 보게 된다. 이는 성장, 비판적 성찰 그리고 어떤 경우에는 연구 목표와 주제에 따라 비판적 의식으로 이끌어 준다. 마마리 등(2007)은 참여자들이 겪은 변화를 기술하기 위해 심리적 역량강화라는 용어를 사용했다. 이 심리적 역량강화에는 "목표가 달성될 수 있다는 믿음, 이 목표 달성을 위한 노력을 방해하거나 강화시키는 자원이나 노력에 대한 인식, 그리고 목표 달성을 위한 노력들이 포함된다"(Zimmerman, 1995, p. 582).

4) 정책결정자에게 알리기

마지막으로, 포토보이스의 목표는 정책결정자들의 주목을 끄는 것이다. 시각적 이미지가 가진 힘이 있기에 포토보이스 기술을 통해 단어로만은 불가능했던 정책결정자의 주목을 끌 수 있어야 한다. 정책결정자에게 알리는 것은 주로 참여자들이 사진들을 선보이는 전시회를 통해 이루어진다. 포토보이스 프로젝트를 통해 정책적 변화들이 이루어진다. 다음은 그 예이다.

10대 센터에서 최초 전시회를 한지 몇 주 후에 주의 회계감사관의 보조원이 10대 센터에서 열린 모임에 참석했다. 그는 12세의 포토보이스 참여자가 지역 중학교의 부서지려고 하는 교실 천장을 찍은 사진을 잠시 본 후, 그 밑에 쓰인 설명, 즉 '내가 다니는 중학교는 문제가 많다. 천장은 부서질 정도로 상태가 좋지 않다.'라는 것을 읽었다. … 그 후 회계감사관은 학교 이름을 적은 후, 그 문제를 조사하겠다고 약속했다.

스틸, 마길과 맥도나*Strack, Magill, & McDonagh*, *2004, p. 53*

5. 포토보이스 프로젝트를 위한 개념적 틀 구축하기

포토보이스 연구를 위한 개념적 틀을 구축할 때, 존재(존재론) 및 아는 것(인식론)과 관련해 연구자가 믿는 이론들은 그 연구자의 정체성, 그 연구자의 지위, 그 연구자가 연구 과정 중에 쓴 방법론, 그리고 그 연구자가 하는 옹호나 행동에 영향을 끼침을 기억해야 한다(Lykes & Hershberg, 2012, p. 351). 더욱이, 삶의 경험이나 학문적 훈련(예를 들어, 지질학, 심리학, 역사)의 결과물이기도 한 연구자들의 존재론적 및 인식론적 틀은 연구 질문에 영향을 준다. 기본적인 연구 질문은 어떤 연구이든 연구자의 개념적 틀에 영향을 주기도 하고 받기도 한다. 라비치와 리간*Ravitch & Riggan*(2017)은 "개념적 틀의 분명한 특성은 개념은 진화한다는 것"이라고 했다(p. 13).

이외에도 개념적 틀을 통해 지금까지 탐구되지 않은 연구 토픽이나 주제를 어떻게 탐구할 수 있는지, 기존의 연구 질문을 새 맥락에서 어떻게 탐구할 수 있는지, 그리고 다양한 이론적 · 인식론적 · 방법론적 틀과 접근법을 사용해 기존의 토픽이나 질문을 어떻게 재검토할 수 있는지에 대한 합리적이고 방어적인 선택을 내릴 수 있다.

p. 17

그렇다면 포토보이스 프로젝트의 개념적 틀의 외관은 어떠해야 할까? [그림 2-1]은 포토보이스 프로젝트의 개념적 모델이다. 이것은 단지 가능성임에 주의해야 한다. 특정 프로젝트에 대한 개념적 모델은 분명 이런 배치에서 약간의 변경이 가해질 것이다. 더욱이 이 모델과 구성요소는 과정이 진행되는 맥락과 더불어 과정에 관여된 이들로부터 지속적으로 영향을 받았다. 모델의 꼭대기에는 기존 문헌과 당면 토픽/연구자들의 개인적 경험/연구 '문제' 간의 상호작용, 연구 질문 및 이론적 틀이 제시되어 있다. 여기서 '문제'라는 단어에 따옴표를 한 이유는 이 단어가 문제를 해결하려는 모든 연구 노력을 뜻하는 것이 아니라, 논문과 논문위원회의 구성원들이 자주 쓰는 연구 용어(예를 들어, "당신의 연구가 다루려는 문제는 무엇인가요?")이기 때문이다. 그럼에도, 서로의 토대가 되는 이 세 가지 요소는 연구 과정에서 적용된 존재론, 인식론 및 방법론에 대한 자극과 단서를 제공한다. 방법, 분석적 접근법 및 생성된 데이터는 방법론에서 흘러나온다. 방법론에 관한 문헌에 토대를 두어 방법을 사용하고 분석적 단계를 취하게 된다. 방법, 데이터 및 분석적 접근법은 모두 결과의 형태에 영향을 준다. 포토보이스 방법론이 참여적 행동 연구와 예술-기반 연구에서 유래된 개념과 기술을 차용했기 때문에 이것들은 또한 결과의 생성 및 전시 중에 결과가 제시되는 방식에도 영향을 준다. 데이터 생성 혹은 수집 과정, 전시 및 전시 후에 이루어지는 행동들은 주로 포토보이스 방법론의 목표가 충족되는 경우에 이루어진다. 또한, 기존 문헌과 당면 토픽/연구자들의 개인적 경험/연구 '문제' 간의 상호작용, 연구 질문, 이론적 틀은 과정의 각 단계의 작업의 전체성에 영향을 끼침에 유념해야 한다. 예를 들면, 전시는 초기에 연구를 촉진시킨 원래의 연구 질문의 해결에 어울리는 방식으로 이루어질 수 있다.

라비치와 리간^{Ravitch & Riggan}(2017)은 경험적 연구의 개념적 틀을 그 연구에 대한 '지표(guide)와 자갈(ballast) 같은 존재'라고 했다(p. 194). 다시 말하면, 개념적 틀은 연구자들이 어디로 갈지를 알게 해 주고, 어디서 왔는지를 기억하

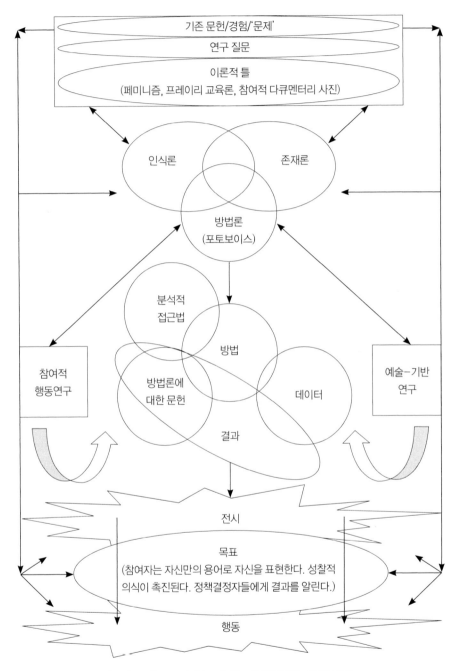

[그림 2-1] 포토보이스 프로젝트의 발현적인 개념적 모델

도록 돕는다. 이는 연구자인 우리가 무엇을 왜 했는지 설명하도록 돕는다. 이 외에도 헤세-비버와 피아텔리Hesse-Biber & Piatelli(2012)는 다음처럼 말했다.

방법은 연구 문제를 파악하려는 연구 기법, 즉 도구일 뿐이지만, 인식론은 우리의 연구 질문과 우리가 사회적 세계에 대해 가졌던 이론에 영향을 준다. 방법론은 우리가 연구에 접근하고 수행하는 방식에 영향을 주면서 인식론과 방법 간에 다리역할을 한다고 간주할 수 있다.

p. 176

질적 연구는 매우 무질서하지만, [그림 2-1]은 복합적이고 역동적이며 발현적인 과정을 매우 단순화시킨 그림이다. 다음은 스트링거Stringer(2014)의 의견이다.

경험이 보여 주듯이, 행동 연구는 참여자들이 과정 끝까지 단계별로 진행해 가는 깔끔하고 질서정연한 활동은 아니다. 사람들은 정해진 순서를 거꾸로 하고, 과정을 반복하며, 절차를 수정하고, 해석을 재고하며, 조치나 단계를 건너뛰기도 하고, 때로 급격한 방향선회를 하고 있음을 깨닫게 된다.

pp. 9-10

그렇게 함으로써 포토보이스 프로젝트 중간쯤에는 때로 처음에 어떻게 시작했는지 잊어버릴 수도 있기에 이 도식이나 비슷한 도식을 다시 참고하는 것은 연구에 재집중하는 데 유용하다. 개념적 틀은 연구를 기술할 때 유용하다. 이런 수준의 세밀함과 깊이는 정책결정자들에게 부담을 줄 가능성이 크지만, 학계에서 자신의 연구를 타인에게 알릴 때(학회 프레젠테이션, 학계 저널에 실릴 원고, 박사논문 발표)에는 유익할 것이다.

1) 기타 이론적 토대

히긴스Higgins(2016)는 포토보이스가 지적이지 않다고 주장했다. 우리는 1990년대 초, 포토 노벨라의 도래 이후로 포토보이스의 이론적 토대가 어떻게 진화해 오고, 어떻게 형태가 변했으며, 어떻게 사용되어 왔는지를 생각해 봐야 한다(Wang & Burris, 1994). 그는 포토보이스 방법론의 원래 이론적 토대를 비판적 및 시간적으로 검토하는 것은 "포토보이스가 원래 이론적 틀로 삼았던 것[원래 포토보이스에 배치되었던 수준을 능가하는 프락시스(praxis)와 페미니스트 입장론]을 시행하기 위해 이론들의 성장을 구별적으로 추적해 가는 것"이라고 했다(p. 681). 방법론에 대해 이렇게 생각함으로써 포토보이스에 필수인 개념들(역량강화 및 목소리)을 재고려하기에 적합한 공간이 조성된다(p. 681). 더욱이, 포토보이스 연구자들은 어떤 페미니스트 이론(혹은 이론들)이 방법론의 기반이 되는지를 고려해야 한다. 그 이론은 분명히 알려져야 하며, 과정 수행 내내 구현되어야 한다.

(1) 흑인 페미니스트 포토보이스

살라자르 페레즈, 루이스 케레로와 모라Salazar Pèrez, Ruiz Guerrero, & Mora(2016)의 연구는 히긴스Higgins(2016)가 포토보이스 연구자들에게 포토보이스 방법론의 기반이 되는 특정 페미니스트 이론을 명명하라고 촉구할 때 참고했던 연구의 대표적 예이다.

이는 대학교에서 진행된 학급-기반 프로젝트였고, 포토보이스는 교육방법론으로 쓰였다. 이 저자들은 자신의 접근법을 '흑인 페미니스트 포토보이스'라고 불렀다. 이는 훅스Hooks(1995)와 콜린스Collins(2009) 같은 학자들의 연구물에 기반한다. 그 연구물들은 주변인들의 일상 경험 속에 존재하는 권력 역학에 대한 비판적 성찰을 촉구하는 식으로 해당 분야(이 경우, 유아교육 분야)를 분명히 정치이슈화했다(Salazar Pèrez, Ruiz Guerrero, & Mora, 2016, p. 42). 이 접근법은 또한 교차성을 부각시켰다. 즉, 다양한 정체성 구성체(예를 들어, 성별, 인종, 민족, 국적, 계급, 언어, 능력, 성적 취향, 종교)의 상호작용 내에서 권력이 어떻게 작용하는지를 드러내고 있다.

포토보이스의 토대인 기본적인 이론적 틀과 관련해서 오늘날 포토보이스 연구자들의 연구는 히긴스Higgins(2016)의 연구를 상기하면서 원래 틀에 토대를 두는 동시에 이를 넘어서고 있다(Salazar Pèrez et al., 2016, p. 42).

강좌를 수강 중인 학생들은 다음과 같은 권력 형태를 탐구했다. 구조적 권력(체계적 억압), 규율적 권력(주류 집단의 억압), 헤게모니(hegemonic) 권력(마음 상태로부터의 억압), 그리고 대인관계 권력(교차적 정체성에서 유래되는 일상적 상호작용 내 억압)이다. 학생들은 추상적 이미지의 사진을 찍고, 그 밑에 설명을 적어, 집단별로 찍은 사진들을 선보였다.

(2) 비판적 인종 이론

케시와 코넬Kessi & Cornell(2015)의 논문의 목표는 케이프타운대학교의 흑인 학생들의 경험을 토론하고, 변화(transformation) 담론과 관련해서 부정적 담론에 저항하여 변화시키기 위한 틀을 만드는 것이었다(p. 2). 이 맥락에서 변화 담론은 남아프리카의 여러 대학 내의 인종적 구성의 변화, 즉 백인에서 흑인으로 주류가 변하고 있는 것을 뜻한다. 총 24명의 흑인 학생들이 이 연구에 참여했다. 연구를 통해 네 가지 결과를 얻을 수 있었다. 인종적 정체성 및 소속감, 분리, 타자화 및 불평등에 대한 일상의 경험, UCT(케이프타운대학교)의 백인성, 문화적 및 상징적 배제이다. 이 연구자들은 분석 시 비판적 인종 이론(Critical Race Theory: CRT)을 사용하지 않았지만(Crenshaw, Gotanda, Peller, & Thomas, 1995), 나는 CRT를 사용한다면 더 정교히 결과를 토론하는 데 기여할 것으로 생각한다. 어떤 연구자들은 자신의 연구에 CRT를 사용하기도 했지만(Allen, 2010), 비슷한 이론뿐 아니라 이런 이론은 별로 적용된 적이 없다(예를 들어, 라틴 아메리카의 비판론) (Solorzano & Delgado Bernal, 2001).

(3) 포토보이스는 퀴어(Queer: 성적 소수자)인가?

잉그리[Ingrey](2013)는 특히 2학년생이 젠더 및 젠더 공간을 이해하고 설명하는 방식을 이해하기 위해 포토보이스 접근법을 사용했다는 측면에서 포토보이스는 퀴어 방법론(특히, 젠더퀴어 방법론)이 될 가능성이 있다고 했다. 잉그리의 탐구는 학교 화장실에 관한 것이었다. 이런 특별한 논문은 대규모 연구의 한 측면에 초점을 두었다. 그녀는 학교 맵핑, 아토그래피, 포토보이스의 종속된 지식을 파헤치는 경향에서 영감을 끌어냈다. 또한 잉그리는 푸코[Foucault]의 연구에도 크게 의존했다. 특히, 잉그리는 '화장실'을 자기조절 및 권력 구조와의 공모의 측면에서 학생들이 다양한 수준의 성별에 근거한 행위를 하는 공간으로 여겼다. 학생들은 규율 권력의 메커니즘인 파놉티콘(panopticon)에 대해 이미 협상한 상태였다(Foucault, 1995). 또한 잉그리[Ingrey](2013)는 '화장실'을 학생들이 학교 내에서 성별 및 성적 정체성을 끊임없이 찾아가는 일종의 옷장이라고 여겼다.

나는 잉그리[Ingrey](2013)의 연구를 포토보이스 연구로 분류하지 않겠지만―적어도 이 논문에서는 그렇게는 안 하겠지만―그녀는 포토보이스 연구에 기반이 되는 이론적 틀에 대해 중요한 질문을 제기했다. 이 연구는 참여자가 찍은 사진이 사용되는 사진–유도 연구라고 간주할 수 있다. 단지 두 참여자의 데이터만 선보였고, 전시에 대한 아무 언급도 없었다. 더욱이 참여자들은 화장실 공간에서 사진을 찍었다. 여기서 분명 프라이버시에 대한 윤리적 문제가 제기된다. 화장실 공간에서 사진을 찍는 행위는 참여자들을 위험에 처하게 할 수 있다. 그러나 이때 푸코의 연구를 활용하는 것이 적절한데, 이유는 파놉티콘이 2학년생에 끼친 영향을 이해하기 위해 '종속된 지식의 발굴 및 사진을 사용한다는 개념'은 흥미로우며, 푸코의 연구가 이의 대표적 예이기 때문이다.

(4) 토착적 관점들

히긴스Higgins(2014)는 포토보이스 방법은 이 방법이 비판적으로 의문을 제기하려는 사회적 현실을 재구성하고 확인시킬 수 있다고 주장했다. 히긴스는 포토보이스가 유럽중심주의적이고 시각중심주의적 특성을 가진다고 하면서 토착적 틀을 방법론에 통합시킬 것을 요청했다.

히긴스Higgins(2014)는 포토보이스를 수정해서 문화적 맥락을 설명하려 했던 과거의 시도들은 사용된 방법 내에서 이루어졌다고 주장했다. 그러나 그는 이론적 조율은 포토보이스를 방법론적 측면에서 '재구성하는 데' 필수라고 했으며, 이런 재구성 작업은 페미니스트 입장론 및 프락시스(실지)에 토대를 두고 이루어졌다고 언급했다. 페미니스트 입장론자들은 공동체 구성원들이 자신이 직면한 문제를 가장 잘 이해하는 이들이라고 주장했다. 그리고 역사적으로 페미니스트 입징론은 가부장 공동체에 대항해서 사용되었다. 왕과 부리스Wang & Burris(1994)의 연구는 대표적 예이다.

히긴스Higgins(2014)는 다양한 공동체 맥락에 더 주의를 기울이고자, 방법론의 이론적 기반을 재구성하기 위해 토착적 입장론의 주입을 주장했다(Nakata, 2007). 나카타Nakata는 여러 토착민의 관점은 두 문화(혹은 그 이상의 문화) — 즉, 토착 문화와 서구 문화 — 의 접점에 있다고 주장했다. 다음의 세 가지는 포토보이스 연구자들이 주의해야 하는 나카타Nakata의 주장의 기반이 된다. (a) 지식 공간에 대한 논쟁, (b) 사람의 작인(agency; 역주—작인이란 기본적 성질에 변화를 가져오고 틀을 형성해 나가는 원동력을 말함)에 끼치는 영향, (c) 갈등의 구현이다. 다른 식으로 설명하자면, 문화적 접점에서 어떤 지식이 중요한지가 논쟁된다. 문화적 접점은 사회적 작인(agency)에 영향을 준다. 문화적 접점 내의 갈등은 (급진적이며 양분화된) 조직들에 의해 경험된다.

프레이리Freire(2007)의 포토보이스 방법론에 끼친 영향을 인정한 히긴스Higgins(2014)는 또 다른 요소의 주입, 즉 토착적 프락시스의 주입을 요청했다(Grande, 2008). 토착적 프락시스(indigenous praxis)는 서구의 중요 이론과 토착민들의 앎의 방식이 동일하지 않음을 인정한다. 예를 들어, 우리는 스스로에게 포토보이스 과정 내에서 식민주의의 측면(예를 들어, 개인주의)이 표면화되어 의문이 제기되고, 검토되어 문제화되거나 혹은 나타나는지—심지어 재현되는지를 물어봐야 한다.

히긴스^{Higgins}(2014)의 연구물은 페미니스트 입장론이나 서구의 중요한 이론들을 비판하려는 의도는 없음에 주의해야 한다. 그는 단지 연구자들은 포토보이스 방법론의 이론적 토대의 색조를 넓혀야 하며, 이로써 포토보이스가 최대한 모든 관계자에 의해 유용하게 사용되도록 해야 한다고 주장했다. 그리고 히긴스는 포토보이스 방법론의 융통성을 유지하는 데 목표가 있다고 했지만, 융통성은 이 방법론이 장점 중 하나로 오래전부터 언급되어 왔음에 주의해야 한다(예를 들어, Wang & Burris, 1997). 그럼에도 이론적 재구성 개념은 유용한데, 이유는 이 개념은 포토보이스 연구자에게 목소리의 개념에 대해 다른 식으로도 생각해 보도록 해 주기 때문이다. 예를 들면, 장소들은 목소리를 가지는가? 다양한 세계관, 인식론 및 존재론이 이 질문에 대한 답에 얼마나 다양하게 영향을 주었는지 생각해 보라. 인간중심적 세계관에 뿌리를 둔 서구 비판 이론에서는 이 질문에 '예'라고 답할 수 없다. 히긴스는 앞서 언급한 질문을 생각해 보도록 사진 촉진(prompt)을 제안했다("장소-위치가 이야기를 말할 수 있다면, 어떤 이야기를 할까?")(p. 214). 이 촉진은 포토보이스 관련 방법, 이론, 윤리를 손질해서 포토보이스 방법론이 맥락에 더 주의를 기울이도록 만드는 것의 적절한 예이다.

6. 요약

이 장 내에서 나는 포토보이스 방법론의 목표 및 이론적 토대를 제시했다. 포토보이스는 다음의 세 가지 이론에 토대를 둔다. (a) 페미니즘, (b) 프레이리의 교육접근법, (c) 참여적 다큐멘터리 사진이다. 이러한 토대는 포토보이스의 다음의 목표들과 밀접한 관련이 있다. (a) 참여자들이 삶의 측면을 자신만의 용어로 기록하고 공유하는 공간을 조성하기, (b) 참여자들의 비판적 의식을 증진시키기, (c) 정책결정자들에게 탐구 결과를 알려 이에 따라 긍정적 변화를 이끌어 내도록 하는 것이다. 연구자인 우리는 포토보이스 과정을 진행하면서 이 방법론의 이론과 목표를 염두에 두어야 한다. 또한 나는 포토보이스 프로젝트의 가능성 있는 개념적 모델을 제시했다. 다음 장에서는 첫 번째 과정의 5단계(파악, 모집, 교육, 기록, 서술)가 더 구체적으로 제시될 것이다.

>>> 참고문헌

Agee, J., & Evans, W. (2001). *Let us now praise famous men*. Boston, MA: Mariner Books. (Original work published in 1939.)

Allen, D., & Hutchinson, T. (2009). Using PAR or abusing its good name?: The challenges and surprises of photovoice and film in a study of chronic illness. *International Journal of Qualitative Methods, 8*(2), 115-128. Retrieved from https://ejournals.library.ualberta.ca/index.php/IJQM/article/view/1194/5406

Allen, Q. (2010). Racial microaggressions: The schooling experiences of Black middle-class males in Arizona's secondary schools. *Journal of African American Males in Education, 1*, 125-143.

Banish, R. (1976). *City families: Chicago and London*. New York: Pantheon Books.

Barone, T., & Eisner, E. W. (2012). *Arts based research*. Thousand Oaks, CA: Sage.

Becker, H. S. (2007). *Telling about society*. Chicago, IL: University of Chicago

Press.

Bogdan, R. C., & Biklen, S. K. (2007). *Qualitative research for education: An introduction to theory and methods* (5th ed). Boston, MA: Pearson.

Bradbury, H., Mirvis, P., Neilsen, E., & Pasmore, W. (2008). Action research at work: Creating the future following the path from Levin. In P. Reason & H. Bradbury (Eds.), *The Sage handbook of action research: Participative inquiry and practice* (pp. 77-92). Thousand Oaks, CA: Sage.

Briski, Z., & Kauffman, R. (Directors). (2004). *Born into brothels: Calcutta's red light kids.* (motion picture). USA: THINKFilm.

Brisolara, S. (2014). Feminist theory: Its domains and applications. In S. Brisolara, D. Seigart, & S. SenGupta (Eds.), *Feminist evaluation and research: Theory and practice* (pp. 3-41). New York: The Guilford Press.

Bronfenbrenner, U. (1976). The experimental ecology of education. *Educational Researcher, 5*(9), 5-15.

Caldwell, E., & Bourke-White, M. (1995). *You have seen their faces.* Athens, GA: University of Georgia Press. (Original work published in 1937)

Carlson, E. D., Engebretson, J., & Chamberlain, R. M. (2006). Photovoice as a social process of critical consciousness. *Qualitative Health Research, 16*, 836-852.

Catalani, C., & Minkler, M. (2010). Photovoice: A review of the literature in health and public health. *Health Education & Behavior, 37*, 424-451. doi: 101177/1090198109342084

Collins, P. H. (2009). *Black feminist thought: Knowledge, consciousness, and the politics of empowerment.* New York: Routledge Classics. (Original work published in 2000)

Crenshaw, K., Gotanda, N., Peller, G., & Thomas, K. (Eds.). (1995). *Critical race theory: The key writings that formed the movement.* New York: The New Press.

Diemer, M. A., McWhirter, E. H., Ozer, E. J., & Rapa, L. J. (2015). Advances in the conceptualization of critical consciousness. *Urban Review, 47,* 809-823. doi: 10.1007/ Sll256-015-0336-7

Diemer, M. A., Rapa, L. J., Park, C. J., & Perry, J. C. (2014). *Development and validation of the Critical Consciousness Scale.* Youth & Society. doi: 10.1177/0044118X14538289

Ewald, W. (1985). Portraits and dreams: Photographs and stories by children of the Appalachians. New York: Writers and Readers Publishing.

Ewald, W. (1996). *I dreamed I had a girl in my pocket: The story of an Indian village.* New York: Umbra Editions.

Ewald, W. (2000). *Secret games: Collaborative works with children 1969-1999.* New York: Scalo.

Ewald, W. (2001). *I wanna take me a picture: Teaching photography and writing to children.* Boston, MA: Beacon.

Ewald, W. (2002). *The best part of me: Children talk about their bodies in pictures and words.* New York: Little, Brown and Company.

Ewald, W., Hyde, K., & Lord, L. (2012). *Literacy & justice through photography: A classroom guide.* New York: Teachers College Press.

Freire, P. (2003). *Pedagogy of the oppressed.* New York: Continuum. (Original work published in 1970)

Freire, P. (2007). *Education for critical consciousness.* New York: Continuum. (Original work published in 1974)

Foucault, M. (1995). *Discipline and punish: The birth of the prison* (2nd ed). (A. Sheridan, Trans.). New York: Random House. (Original work published in 1975)

Gatenby, B., & Humphries, M. (2000). Feminist participatory action research: Methodological and ethical issues. *Women's Studies International Forum, 23,* 89-105.

Grande, S. (2008). Red pegadogy: The un-methodology. In N. K. Denzin, Y. S. Lincoln, & L. T. Smith (Eds.), *Handbook of critical and indigenous methodologies* (pp. 233-254). Thousand Oaks, CA: Sage.

Han, C. S., & Oliffe, J. L. (2016). Photovoice in mental illness research: A review and recommendations. *Health, 20,* 110-126. doi: 10.1177/1363459314567790

Harper, D. (2012). *Visual sociology.* London: Routledge.

Hartsock, N. (1983). *Money, sex, and power: Toward a feminist historical materialism.* New York: Longman.

Hesse-Biber, S. N., & Piatelli, D. (2012). The synergistic practice of theory and method. In S. N. Hesse-Biber (Ed.), *Handbook of feminist research: Theory and practice* (2nd ed) (pp. 176-186). Thousand Oaks, CA: Sage.

Higgins, M. (2014). Rebraiding photovoice: Methodological métissage at the cultural interface. *The Australian Journal of Indigenous Education, 43,* 208-217. doi: 10.1017. jie.2014.18

Higgins, M. (2016). Placing photovoice under erasure: A critical and complicit engagement with what it theoretically is (not). *International Journal of Qualitative Studies in Education, 29,* 670-685. doi: 10.1080/09518398. 2016.1145276

Holtby, A., Klein, K., Cook, K., & Travers, R. (2015). To be seen or not to be seen: Photo voice, queer and trans youth, and the dilemma of representation. *Action Research, 13,* 317-335. doi: 10.1177/1476750314566414

Hooks, b. (1981). *Ain't I a woman: Black women and feminism.* Boston, MA: South End Press.

Hooks, b. (1994). *Teaching to transgress: Education as the practice of freedom.* New York: Roudedge.

Hooks, b. (1995). *Art on my mind: Visual politics.* New York: The New Press.

Hooks, b. (2006). *Outlaw culture: Resisting representation.* New York: Roudedge. (Original work published in 1994)

Hubbard, J. (1994). *Shooting back from the reservation: A photographic view of life by Native American youth*. New York: The New Press.

Hubbard, J. (1996). *Lives turned upside down: Homeless children in their own words and photographs*. New York: Simon & Schuster.

Ingrey, J. (2013). Shadows and light: Pursuing gender justice through students' photovoice projects of the washroom space. *Journal of Curriculum Theorizing, 29*, 174-190.

Kaplan, E. B. (2013). *"We live in the shadow": Inner-city kids tell their stories through photographs*. Philadelphia, PA: Temple University Press.

Kemmis, S., & McTaggart, R. (2005). Participatory action research: Communicative action and the public sphere. In N. K. Denzin & Y. S. Lincoln (Eds.), *The Sage handbook of qualitative research* (3rd ed, pp. 559-603). Thousand Oaks, CA: Sage.

Kessi, S., & Cornell, J. (2015). Coming to UCT: Black students, transformation, and discourses of race. *Journal of Student Affairs in Africa, 3*(2), 1-16. doi: 10.14426/jsaa.v3i2.132

Lather, P. (1991). *Getting smart: Feminist research and pedagogy with/in the postmodern*. New York: Roudedge.

Latz, A. O. (2012). Toward a new conceptualization of photovoice: Blending the photographic as method and self-reflection. *Journal of Visual Literacy, 37*(2), 49-70.

Leavy, P. (2015). *Method meets art: Arts-based research practice* (2nd ed). New York: The Guilford Press.

Lewin, K. (1946). Action research and minority problems. *Journal of Social Issues, 2*, 34-46.

Lykes, M. B., & Hershberg, R. M. (2012). Participatory action research and feminisms: Social inequalities and transformative praxis. In S. N. Hesse-Biber (Ed.), *Handbook of feminist research: Theory and practice* (2nd ed., pp. 331-367). Thousand Oaks, CA: Sage.

Maguire, P. (1987). *Doing participatory research: A feminist approach*. Amherst, MA: The Center for International Education, School of Education, University of Massachusetts.

Mamary, E., McCright, J., & Roe, K. (2007). Our lives: An examination of sexual health issues using photovoice by non-gay identified African American men who have sex with men. Culture, *Health & Sexuality, 9*, 359-370. doi: 10.1080/13691050601035415

McKim, R. H. (1980). Experiences in visual thinking (2nd ed.). Belmont, CA: Wadsworth.

McWhirter, E. H., & McWhirter, B. T. (2016). Critical consciousness and vocational development among Latino/a high school youth: Initial development and testing of a measure. *Journal of Career Assessment, 24*, 543-558. doi: 10.1177/1069072715599535

Nakata, M. (2007). The cultural interface. *The Australian Journal of Indigenous Education, 36*, 7-14.

Naples, N. A., & Gurr, B. (2014). Feminist empiricism and standpoint theory: Approaches to understanding the social world. In S. N. Hesse-Biber (Ed.), *Feminist research practice: A primer* (pp. 14-41). Thousand Oaks, CA: Sage.

Pearse, H. (1983). Brother, can you spare a paradigm? The theory beneath the practice. *Studies in Art Education, 24*, 158-163.

Pillow, W. S. (2003). Confession, catharsis, or cure? Rethinking the uses of reflexivity as methodological power in qualitative research. *Qualitative Studies in Education, 16*, 175-196.

Ravitch, S. M., & Riggan, M. (2017). *Reason & rigor: How conceptual frameworks guide research* (2nd ed). Thousand Oaks, CA: Sage.

Reid, C., & Frisby, W. (2008). Continuing the journey: Articulating dimensions of feminist participatory action research(FPAR). In P. Reason & H. Bradbury (Eds.), *The Sage handbook of action research: Participative inquiry and practice* (pp. 93-105). Thousand Oaks, CA: Sage.

Riis, J. (2010). *How the other half lives.* USA: Readaclassic.com. (Original work published in 1890)

Rolling, J. H., Jr. (2013). *Arts-based research primer.* New York: Peter Lang.

Salazar Pèrez, M., Ruiz Guerrero, M. G., & Mora, E. (2016). Black feminist photovoice: Fostering critical awareness of diverse family and communities in early childhood teacher education. *Journal of Early Childhood Teacher Education, 37,* 41-60. doi: 10.1080/10901027.2015.1131209

Sandoval, C. (2000). *Methodology of the oppressed.* Minneapolis, MN: University of Minnesota Press.

Sheared, V., & Sissel, P. A. (Eds.). (2001). *Making space: Merging theory and practice in adult education.* Westport, CT: Bergin & Garvey.

Shin, R. Q., Ezeofor, I., Smith, L. C., Welch, J. C., & Goodrich, K. M. (2016). The development and validation of the Contemporary Critical Consciousness Measure. *Journal of Counseling Psychology, 63,* 210-223.

Solorzano, D. G., & Delgado Bernal, D. (2001). Examining transformational resistance through a critical race and LatCrit theory framework. *Urban Education, 36,* 308-342.

Spence, J. (1995). *Cultural snipping: The art of transgression.* New York: Routledge.

Springgay, S., Irwin, R. L., & Kind, S. W. (2005). A/r/tography as living inquiry through art and text. *Qualitative Inquiry, 11,* 897-912. doi: 10.1177/1077800405280696

Stanton, B. (2013). *Humans of New York.* New York: St. Martin's Press.

Stanton, B. (2015). *Humans of New York: Stories.* New York: St. Martin's Press.

Stanton, B. (2017). *About.* Retrieved from http://humansofhewyork.com/about

Strack, R. W., Lovelace, K. A., Davis Jordan, T., & Holmes, A. P. (2010). Framing photovoice using a social-ecological model as a guide. *Health Promotion Practice, 11*, 629-636. doi: 10.1177/1524839909355519

Strack, R. W., Magill, C., & McDonagh, K. (2004). Engaging youth through photovoice. *Health Promotion Practice, 5*, 49-58. doi: 10.1177/1524839903258015

Stringer, E. (2014). *Action research* (4th ed). Thousand Oaks, CA: Sage.

Tandon, R. (1981). Participatory research in the empowerment of people. *Convergence, 14*(3), 20-27.

Thomas, A. J., Barrie, R., Brunner, J., Clawson, A., Hewitt, A., Jeremie-Brink, G., & Rowe-Johnson, M. (2014). Assessing critical consciousness in youth and young adults. *Journal of Research on Adolescence, 24*, 485-496. doi: 10.111/jora.l2132

Wallerstein, N., & Berstein, E. (1995). Empowerment education: Freire's ideas adapted to health education. *Health Education Quarterly, 15*, 379-394.

Wang, C., & Burris, M. A. (1994). Empowerment through photo novella: Portraits of participation. *Health Education Quarterly, 21*, 171-186.

Wang, C., & Burris, M. A. (1997). Photovoice: Concept, methodology, and use for participatory needs assessment. *Health Education & Behavior, 24*, 369-387.

Wang, C., Burris, M. A., & Ping, X. Y. (1996). Chinese village women as visual anthropologists: A participatory approach to reaching policymakers. *Social Science & Medicine, 42*, 1391-1400.

Wang, C. C., Yi, W. K., Tao, Z. W., & Carovano, K. (1998). Photovoice as a participatory health promotion strategy. *Health Promotion International, 13*, 75-86.

Weiler, K. (1988). *Women teaching for change: Gender, class & power*. South Hadley, MA: Bergin & Garvey Publishers.

< 02 > 포토보이스의 목표와 이론적 토대

Wilson, C., & Flicker, S. (2015). Picturing transactional $ex: Ethics, challenges, and possibilities. In A. Gubrium, K. Harper, & M. Otañez (Eds.), *Participatory visual and digital research in action* (pp. 73-86). Walnut Creek, CA: Left Coast Press.

Worth, S., & Adair, J. (1972). *Through Navajo eyes: An exploration in film communication and anthropology.* Bloomington, IN: Indiana University Press.

Whyte, W. F. (Ed.). (1991). *Participatory action research.* Newbury Park, CA: Sage.

Whyte, W. F., Greenwood, D. J., & Lazes, P. (1991). Participatory action research: Through practice to science in social research. In W. F. Whyte (Ed.), *Participatory action research* (pp. 19-56). Neswbury Park, CA: Sage.

Zimmerman, Z. A. (1995). Psychological empowerment: Issues and illustrations. *American Journal of Community Psychology, 23*, 581-599.

03

포토보이스 연구방법과 절차
Photovoice Research In Education and Beyond

1. 비네트

　나는 대학원에서 정기적으로 '지역 커뮤니티 대학과 다양성'이라는 제목의 강의를 맡고 있다. 나는 그 강의의 내용을 대폭 고치고 좀 더 쉽게 만들기 위해서 새로운 접근방식을 항상 시도하고 있다. 그 과정에서 나는 수강생들에게 공감을 장려할 방법을 끊임없이 찾아 왔다. 왜냐하면 공감은 지역 커뮤니티 대학 학생과 그들이 대학생활을 경험하면서 종종 겪게 되는 복잡한 삶을 이해하는 일과 관련이 있기 때문이다. 그 강의에 등록된 학생이—내 지도와 도움을 받아—주된 학습경험으로서 포토보이스 프로젝트를 수행할 기회가 두 차례 있었다. 그것을 수행할 때 우리는 학습 공간과 그 속에서 맡은 우리의 역할을 재개념화했다. 그 프로젝트가 수행되던 학기 동안 우리는 교수진과 대학원생으로 구성된 한 집단에서 하나의 연구진으로 변해 갔다.

최근 나는 포토보이스 프로젝트에 참여하여 후원해 달라고 요청하면서 관계의 중요성을 다시 떠올린 적이 있다. 중요한 것은 참여자를 모집하는 방법이다. 그것은 아주 중요하다. 앞서 말한 강의의 포토보이스 프로젝트가 처음 수행될 당시에는 전자우편이 주된 모집 수단이었다. 그것은 인간적 접촉이 없는 방식으로 우리와 함께 일하던 그 지역 커뮤니티 대학의 직원이 우리 대신 학생들에게 전자우편을 보냈다. 그 직원들과 함께 일하면서 우리 연구진은 빈곤, 금융이해력, 교수진 및 교직원과의 관계에 관한 학생들의 인식과 경험을 좀 더 잘 이해하길 원했다. 일단 우리의 주안점이 이해되자 우리는 모집 전략을 결정할 필요가 있었는데, 그 속에는 표본 집단의 포함 기준과 배제 기준을 생각하는 일이 포함됐다. 우리는 연방정부가 자금을 지원하는 학생지원 서비스인 트리오(TRIO) 프로그램에 등록된 학생들을 골랐다. 프로그램의 수혜자로는 저소득 장애인과 함께 생활하는 자녀이다. 일단 프로그램 책임자가 후원자(이 경우, 미국 연방정부)로부터 허락을 받고 나서 계획이 수립됐다. 프로그램 책임자는 수혜자인 학생들에게 전자우편을 대량으로 보내(모두 160통 정도) 참여할 생각이 있으면 나에게 전자우편을 보내라고 요청했다.

이것에 관해 잠시 생각해 보자. 당신이—학생으로서—그런 글을 받았다고 상상해 보라. 내가 전향적 연구의 참여자 자격으로 그런 상황에 처한다면, 나는 참가하지 않을 것이다. 낯선 사람에게—그것도 4년제 교육기관의 교수로서 연구에 참여한 후 어떤 식으로든 보상 받지 못할 일을 하길 바라는 낯선 사람에게—전자우편을 보내는 일은 두렵게 느껴질 것이다. 그러나 그 당시에는 그것이 모집 과정을 시작하는 데 완벽히 합리적인 방식인 것처럼 보였다. 결과적으로 소수의 학생만 응답했다. 모두 일곱 명의 학생이 나에게 연락했다. 그 학기에 내 강의를 수강한 학생의 수가 적었기 때문에 실제로 그 수는 이상적이었다. 일곱 명의 학생이 내 강의에 등록했고, 그 결과 우리는 완벽하게 일대일 만남을 가졌다. 그러나 시간이 지나면서 마찰이 발생했다. 참여한 일곱 명의 학생 가운데 면담 과정을 완료한 학생이 다섯 명이나 됐지만, 학기가 끝날 무렵 실제 전시회까지 참여한 학생은 두 명뿐이었다. 나는 그 프로젝트가 성공적이라고 생각했고, 지금도 여전히 그렇게 생각하지만 종합적 고려를 거친 다음부터는 우리가 다르게 할 수도 있었던 것을 이해하게 됐다.

2년이 빠르게 흘러간 지금, 나는 다시 그 강의를 맡고 있다. 이번에는 아홉 명의 학생이 등록했다. 우리는 그 지역 커뮤니티 대학에서 또 다른 포토보이스 프로젝트를 수행할 것이다. 이번에는 우리가 그 대학의 직원과 만난 후에 신입생의 욕구라는 주제가 선택됐다. 우리는 이 특정 학생들에게 연락하기 위한 리스트서브(역주―전자우편 주소 목록의 자동운용 소프트웨어 가운데 한 가지)나 기타 공식화된 방법이 없었기 때문에 그 대학에서 제공하는 신입생 성공 강의(즉, 1학년 강의)를 모두 찾아가 직접 모집에 나서기로 결정했다. 그 학기에 신입생 성공 강의를 제공하는 곳은 모두 여섯 군데였다. 나는 강사에게 전자우편을 보냈는데, 그 가운데 다섯 곳에서 우리를 초대했다. 우리는 강의실에 가서 우리의 프로젝트와 수행 과정을 설명했는데, 꾸밈 없이 인간적으로 대하면서 종종 질문에 답변하거나, 이야기를 들려 주거나, 일상적인 대화를 나눈 끝에 굉장히 큰 관심을 얻을 수 있었다. 사실 우리는 원래 두 개의 캠퍼스를 방문할 계획이었지만 곧 그럴 필요가 없다는 사실을 깨달았다. 우리가 방문한 강의실에서만 모두 65명 정도의 학생이 등록했다. 전체적으로 15명의 학생이 참여하길 원했고, 그들은 고지된 동의서와 미디어 공개 동의서에 서명을 한 후 일회용 카메라를 수령했다. 우리가 강의실에 간 덕분에 학생들은 현장에서 곧장 그 연구에 참여할 수 있었던 것이다. 그 가운데 일곱 명의 학생이 면담단계를 완료했는데, 포토보이스 프로젝트의 전시회까지 참가한 학생은 두 명이었다.

앞에서 설명한 두 프로젝트의 반응비율(그리고 지속비율) 간의 차이를 고려할 때, 나는 직접 모집 방식이 이상적이라고 확신한다(특히, 전향적 연구의 참여자와 어떤 관계도 기존에 수립되어 있지 않을 때). 설명과 맥락이 없다면 포토보이스 방법론은 다소 혼란스러운 것이 될 수 있다. 내가 무엇을 수행하길 원할까? 이 단서는 무엇을 의미할까? 내가 이 질문에 사진으로 어떻게 대답할 수 있을까? 나는 무엇에 관해서 이야기해야 할까? 카메라의 플래시를 어떻게 작동시킬까? 인물사진은 안 된다고? 왜 이 대학 사람들은 우리와 함께 이 작업을 하길 원할까? 이 작업은 얼마나 오래 걸릴까? 이 질문들은 만약 내가 전향적 연구의 참여자라면 다른 무엇보다도 먼저 던질 것 같은 질문이다. 이 질문들이 떠오를 때 그것에 대답하고 참여자를 직접 모집하는 과정에서 큰 변화가 만들어진다. 그러나 참여자 모집은 단지 전체 프로젝트의 여러 단계 가운데 한 단계일 뿐이다.

2. 우리는 이것을 어떻게 수행할까?

서턴-브라운Sutton-Brown(2014)은 포토보이스 연구프로젝트를 수행하는 방법에 관한 문헌정보가 부족하다고 주장했다. 이 장 전체에 걸쳐 나는 그것을 다루면서 탄력적인 실행단계를 제시하고자 한다. 나는 01장에서 포토보이스 방법론을 구성하는 여덟 가지 단계를 제시한 바 있다. 그러나 그 단계들은 안내 표지판일 뿐이라는 점을 명심하라. 포토보이스 프로젝트에서 연구자가 구체적으로 채택하는 절차와 방법과 기법은 다양하다. 그것은 장점이다. 포토보이스 방법론은 융통성을 가지도록 계획됐다. 카탈라니와 밍클러Catalani & Minkler(2010)는 다음과 같이 지적했다.

비록 새로운 포토보이스 프로젝트가 왕과 그의 동료들Wang et al.의 세미나 작업과 그것이 인용된 논문에 뿌리를 두고 있는 것은 분명하지만, 포토보이스 프로젝트의

연구자들은 대부분 왕^{Wang}의 방법론을 변경해서 자신의 고유한 프로젝트에 주어
진 한계와 그 필요성을 맞춘다.

p. 447

비록 포토보이스 프로젝트의 연구자가 그 방법론을 엄격히 따르지는 않지
만, 다음의 여덟 단계가 대체로 사용된다.

1. 파악(identification)
2. 모집(invitation)
3. 교육(education)
4. 기록(documentation)
5. 서술(narration)
6. 관념화(ideation)
7. 발표(presentation)
8. 확증(confirmation)

이 장에서 나는 처음의 다섯 단계에 관해서 나 자신의 경험과 포토보이스
문헌을 토대로 그 내용을 자세히 소개하고자 한다. 다른 연구자들도 포토보이
스 프로젝트의 수행 과정과 관련된 단계를 제시했다. 예를 들어, 왕^{Wang}(2006)
은 청소년이 지역사회와 정책에 영향을 미칠 목적으로 포토보이스 프로젝트
에 참여한 프로젝트 10건에 기초해서 그 단계를 제시했다. 그녀의 목적은 청
소년의 포토보이스 프로젝트 참여를 조사하는 것이었다. 그녀는 포토보이스
프로젝트 수행 과정을 설명하면서 아홉 가지의 단계를 열거했다. 그것은 다
음과 같다.

1. 전시회의 관객이 될 정책 입안자나 지역사회 지도자를 선택하고 모집한다.

2. 포토보이스 프로젝트의 참여자 집단을 모집한다.

3. 참여자에게 포토보이스 방법론을 소개하고, 카메라와 권한과 윤리에 관한 집단토론을 활성화시킨다.

4. 고지된 동의를 구한다.

5. 초기의 사진촬영을 위한 주제를 제시한다.

6. 카메라를 참여자에게 나눠 주고, 그 사용법을 알려 준다.

7. 참여자에게 사진을 촬영할 시간을 준다.

8. 참여자를 만나서 사진에 관해 논의하고, 주제를 확인한다.

9. 정책 입안자나 지역사회 지도자와 사진을 공유할 계획을 참여자와 함께 수립한다.

pp. 149-152

나의 목록도 앞의 단계를 벗어나지 않는다. 대신 나는 앞의 모든 단계와 그 이상의 것이 포함된 여덟 개의 핵심어를 사용해서 그 실행 과정을 단순화시키고 확장했다. 단어로 표시된 단계가 오칭일지 모른다. 그러나 포토보이스 방법론의 매력이 융통성이라는 점을 기억하라. 단계들이 무질서하게 배치될 수 있다. 어떤 단계는 반복되어야 할지도 모른다. 그리고 어떤 단계는 필요 이상으로 장황해질 수 있다. 왕과 부리스Wang & Burris(1997)는 포토보이스 방법론이 특수한 목적, 광범위한 지역사회, 다양한 맥락에 맞춰 자유롭게 변경될 수 있다고 강조했다. 어떤 프로젝트를 실행에 옮기지 않고서 그 단계의 적용 방법을 정확히 아는 것은 어려운 일이다. 그러나 일반적으로 사용되는 단계를 아는 것은 그 길에서 위안이 되어 줄 것이다.

포토보이스 방법론은 특정 연구를 위한 유일한 방법론으로 사용될 수도 있지만, 다른 방법론(예를 들어, 사례연구 방식에 사용되는)과 함께 사용되거나 포토보이스 방법론에 잘 사용되지 않는 방법(예를 들어, 설문, 참여자 관찰, 문서 분석이 적용된)으로 보강될 수 있다. 그것은 포토보이스 프로젝트를 둘러싼 상황에 따라서 결정된다. 예를 들어, 박사논문을 작성할 때 나는 포토보이스 방법론을 구조주의 기반이론(Charmaz, 2006)의 분석 방법과 혼합해서 사용했다. 우선 지역 커뮤니티 대학 학생의 학업생활을 이해하려는 연구 질문을 검토한 다음(Latz, 2011), 나는 포토보이스 방법론을 선택했다. 그리고 나서 지역 커뮤니티 대학 학생에 관한 이론적 연구들 간의 차이를 다루고 싶었기 때문에 구조주의 기반이론을 추가했다. 여러 요인을 생각할 때, 그것은 적절한 조합이었다. 포토보이스 방법론은 수요조사나 프로그램 평가의 추동력이 되는 다양한 종류의 연구 질문을 다루는 데 사용할 수 있다. 04장은 전적으로 자료 분석(또는 관념화 단계)에 관한 설명으로 채워진다. 그 단계는 다소 복잡할 수 있는데, 그 때문에 한 장 전체가 그것에 할애되었다. 무엇보다 우리는 자료 생성에 무엇이 관여하는지 고려해야만 한다.

3. 준비단계

포토보이스 방법론과 관련된 단계를 논의하기 전에 누가 포토보이스 프로젝트를 이끄는 데 참여해야 하는지, 어떤 종류의 지원이 필요한지, 필요한 자금을 어떻게 조달할 것인지에 관해서 파악하는 것이 중요하다. 사진과 사진 촬영에 관한 자신의 이해 정도를 고려하는 것도 중요하다. 팅클러Tinkler(2013)는 자신의 연구에 사진을 활용하기 전에 고려해야 할 다섯 가지의 질문을 다음과 같이 제시했다.

- 사진을 어떻게 개념화할까(공략할까)? [사진 또는 대상−물질성(object-materiality)을 고려하라]
- 사진이 사회적 세계의 증거를 구성할 수 있을까? (자신의 인식론을 고려하라)

- 일시성은 사진연구를 어떤 모습으로 바꿀까? (사진과 시간의 관계)
- 사진으로 무엇을 할 수 있을까? (예를 들어, 질문하거나 대답하는 것)
- 여러 가지 방법을 어떻게 결합시킬까? (주의 깊은 계획이 중요하다)

p. 1

앞의 질문에 대한 대답을 써내려 가다 보면 당신은 성찰에 관한 전문가가 될 수 있을 것이다. 그리고 그것은 당신이 개념적 틀을 형성하고 포토보이스 방법론을 이끌어 가는 데 도움이 될 것이다.

1) 연구진 및 프로젝트 조력자

포토보이스 프로젝트는 단일 연구자 또는 연구진이 수행한다. 포토보이스 프로젝트를 이끌면서 활성화시키는 자리를 누가 맡을지 결정하는 데에 수많은 요인이 작용한다. 예를 들어, 석사나 박사 학위논문을 쓰기 위해서 수행되는 포토보이스 프로젝트는 대개 단일 연구자가 주도한다. 비록 프로젝트 수행자는 여러 위원회의 지도를 받긴 하지만 대부분의 과정을 혼자 해낸다. 그와 달리 학제간 주제나 현상에 관한 탐구일 경우에는 다양한 연구진이 참여한다. 다음에 나올 내용은 그런 연구진이 어떤 모습을 하며, 어떻게 형성되는지 철저히 다루라는 의미에서 서술된 것이 아니다. 그보다 내 의도는 그런 프로젝트를 이끌어 갈 자리에 참여하거나 초대되는 사람에 관해서 연구자들이 주의 깊게 생각하고, 의도를 가지고 살피기를 촉구하려는 데 있다.

(1) 전문 사진사

문헌에 보고된 많은 포토보이스 프로젝트에 전문 사진사가 연구진의 구성원으로 참여했다(예를 들어, Findholt, Michael, & David, 2010; Wang & Redwood-Jones, 2001; Wilson, Green, Haworth-Brockman, & Rapaport Beck,

2006). 전문 사진사의 참여 여부는 신중히 고려되어야 한다. 경우에 따라서 그들은 큰 도움을 줄 수 있다. 왕과 레드우드-존스^{Wang & Redwood-Jones}가 수행한 연구의 경우 전문 사진사가 참여했는데, 그들은 두 가지 수준에서 참여자 집단을 도왔다. 첫째, 그들은 참여자에게 사진촬영법을 가르치고 안내했다. 둘째, 그들은 사진의 예술적 요소와 내용에 관해서 새로운 관점 및 긍정적 관점을 제시했다. 그것은 참여자의 자신감을 향상시키는 데 도움이 됐다. 또한 그것은 사진촬영 기술이 부족한 점을 염려하는 참여자의 잠재적 걱정을 누그러뜨리는 데 매우 효과적이었다. 그러나 전문 사진사는 참여자에게 성가신 존재가 될 수 있다. 특히, 참여자가 촬영한 사진 속에 특정 예술 기법이 기대될 때에는 더욱 그렇다. 미적으로 만족스럽거나, 예술적이거나, 정밀한 사진을 촬영하는 일은 포토보이스 방법론의 주안점이 아니다. 그것의 주안점은 참여자가 자신의 언어로 자기 자신을 표현할 수 있는 수단을 마련하는 것이다. 그리고 촬영된 사진이 어떻게 보일지는 전적으로 참여자에게 달린 문제이다. 그 점은 분명히 이해되어야 한다.

(2) 학제간 연구진

몇 년 전 나는 대학생들이 자신의 학습 방법과 장소를 기술하는 방식이 궁금해졌다. 구체적으로 나는 학교에 거주하는 학생이 어디에서 어떻게 학습하는지 궁금했다. 비록 자금 부족 때문에 그 연구가 결실을 거두지는 못했지만, 나는 그것을 어떻게 탐구해 갈지 개념화하기 위해서 두 명의 동료와 제휴했다. 한 동료는 실내디자인을 전공하는 건축학 교수였다. 다른 동료는 교육공학을 전공한 특수교육 강사였다. 우리 셋이 모이면 그 연구프로젝트를 실행에 옮기는 데 필요한 지식과 기술이 다 갖춰졌다. 나에게는 대학생과 포토보이스 방법론에 관한 지식이 있었고, 내 동료들에게는 공간과 학습의 관계, 실내디자인, 사적인 협력적 블로깅(역주―다른 사람의 블로그에 방문하여 글을 보거나 자료를 모으는 등의 행동)에 관한 지식이 있었다. 그 다양한 시각은 우리가 자료를 수집하고 분석할 때 매우 소중한 것들이었다. 우리는 학생들이 디지털 사진찍기를 적용해서 다음의 질문에 대답해 주길 원했다. 그것은 '당신은 어떻게 공부합니까?'라는 것과 '당신은 어디에서 공부합니까?'라는 것이었다. 우리는 학생들이 사진을 올린 다음 그것에 관해서 서로 토론할 수 있도록 블로그를 사용해 줄 것을 희망했다. 사례에서 분명해진 것처럼, 때로는 다양한 지식과 기술을 가진 연구진을 구성하는 것이 이로울 수 있다.

(3) 기관 및 조직의 대표자

대학에 기반을 둔 연구자가 몇몇 비영리기구와 함께 포토보이스 프로젝트를 수행하는 경우를 예로 들면 그 기구의 대표자가 연구진에 참여하는 것이 도움이 될 수 있다. 고등학생들이 진학준비와 입학정보를 어디에서 어떻게 모으는지 이해하는 데 흥미를 가진 대학 연구자의 프로젝트 각본(시나리오)을 상상해 보자. 그 경우, 참여자의 학교 상담교사를 연구진에 초빙하는 것이 도움이 될 것이다. 아울러 고등교육기관의 입학담당자를 그 프로젝트에 참여시키는 것이 도움이 될 수 있다. 협력자에 관한 결정은 반복적이며, 현재 진행형의 과정이 될 수 있다. 그와 같은 결정을 내릴 때는 목표가 일치하는지의 여부나 협력 관계가 서로에게 이로울 수 있는지의 여부와 관계없이 잠재적 협력자가 탁자 위에 무엇을 올려놓을지 생각하는 것이 중요하다. 앤드루스, 뉴먼, 메도스, 콕스, 번팅Andrews, Newman, Meadows, Cox, & Bunting(2012)은 다양한 지역사회 협력자의 대표자로 구성된 지도자 팀의 구성에 관해서 그 결정방식의 잠재적 해법이 예시된 유용한 모형을 제시했다(p. 559).

(4) 프로젝트-특이적 인력

킬리온과 왕Killion & Wang(2000)이 예비적으로 수행한 프로젝트의 목적은 사람들(구체적으로, 여러 세대에 걸친 아프리카계 미국인 여성)을 화합시키는 것이었다. 그 연구의 참여자는 두 명의 젊은 여성 노숙인과 자기 집에서 따로 사는 세 명의 여성 노인이었다. 그 프로젝트가 수행되는 7개월 동안 5회의 대면적 만남이 있었다. 임상심리학자가 포커스그룹 토론과 집단 토론에 참석했다. 하지만 그 방법은 금전상의 한계로 인해 대부분의 경우 실용적이지는 않다. 그러나 만약 예를 들어 연구비가 지원되는 프로젝트라면 확실히 그런 종류의 지원이 가능하다. 비록 참여자가 그 임상심리학자를 한 번도 만난 적이 없거나 임상심리학자가 참석한 그런 대화를 임상적 자리라고 여기거나 불편한 자리라고 여길 경우에는 임상심리학자의 참여가 해로울 수 있다고 할 수도 있다. 하지만, 그런 토론의 경험과 결과는 결코 예상될 수 있는 것이 아니기 때문에 임상심리학자의 참여가 도움될 수 있다. 다른 경우에는 지역 언어에 능숙한 사람이나 연구프로젝트의 문화적 맥락을 잘 이해하는 사람이 참여하는 것이 필요할 수 있다(Wang & Burris, 1997).

2) 물품지원

포토보이스 프로젝트에 필요한 지원물품은 다양하다. 그러나 대부분의 경우에는 다음과 같은 것이 사용된다. 그것은 카메라(예를 들어, 일회용, 디지털), 다양한 양식의 문서(예를 들어, 동의서, 공개동의서, 참여자용 문서의 첨부문서, 예를 들어 부록 A~G를 볼 것), 필기도구, 면담 도중 또는 포커스그룹에게 사진을 보여 줄 수단(예를 들어, 사진앨범, 컴퓨터, 영사기, 영사막), 녹음장치 또는 녹화장치, 포커스그룹 토론이나 면담 도중 기록할 수단[예를 들어, 노트북, 플립차트(한 장씩 넘기며 사용하는 도표)]이다. 각각의 물품은 처음 다섯 단계에 관해서 자세히 기술할 때 설명할 것이다.

3) 연구비 모금

포토보이스 프로젝트는 끝날 때까지 자금이 필요하다. 비록 물품을 빌리거나 선물 따위를 이용함으로써 비용을 들이지 않고 프로젝트를 수행하는 것이 가능하지만, 연구비 조달은 포토보이스 연구자가 연마해야 할 기술이다. 카메라를 구매하는 것, 서류양식을 복사하는 것, 필름을 인화하거나 사진을 인쇄하는 것, 녹음장치를 구매하는 것, 만남 장소를 빌리는 것, 만남 중에 다과를 제공하는 것, 참가를 격려하기 위한 인센티브(예를 들어, 백화점이나 인터넷 쇼핑몰 따위에서 액면 금액만큼 현금처럼 사용할 수 있는 기프트 카드)를 마련하는 것, 참여자의 교통수단을 확보하는 것, 전시회나 발표단계에 필요한 항목을 구매하려면 자금이 필요하다. 그리고 이 목록이 전부는 아니다.

포토보이스 연구자는 다양한 곳에서 연구비를 마련하거나 신청할 수 있다. 많은 고등교육기관에는 연구보조인력이 근무하는 교내 부서가 존재하는데, 그곳에서 외부 모금을 확인하고, 신청하고, 관리한다. 연구비를 모금할 때에는 이용 가능한 자원이 모두 활용되어야 한다. 그리고 모금 중에는 적은 금액으로도 먼 길을 갈 수 있다는 점을 잊지 말아야 한다. 소규모 프로젝트를 수행하는 데에는 몇 백 달러(몇 십만 원)이면 충분하다.

어떤 보상을 바라지 않으면서 연구비를 지원하는 법적 주체는 거의 없다. 이 말이 무슨 뜻인지 가능한 한 빨리 이해할 필요가 있는데, 그것은 당신이 수행할 프로젝트의 성격 그 자체가 매우 큰 영향을 받을 수 있기 때문이다. 포토보이스 방법론이 잠재적 자금 제공자가 요구하는 종류의 결과를 낼 수 있는지 그 여부를 고려하라. 스트래크, 러브레이스, 데이비스 조단과 홈스Strack, Lovelace, Davis Jordan, & Holmes(2010)는 포토보이스 프로젝트를 이끌어 가기 위한 사회생태학적 논리모형을 주장했는데(p. 631), 그것은 입력, 활동, 단기 결과, 장기 결과로 구성된다. 그들의 모형은 포토보이스 프로젝트를 이끌거나 그 결과를 평가하는 데 사용할 수 있다(p. 634). 논리모형을 포토보이스 프로젝트와 연결시키는 것은 많은 장점을 가진다. 그것은 (a) 시스템의 긍정적 변화가 목적으로 강조되는 점, (b) 여러 당사자를 동일한 영상(이미지) 위에 나타내는 시각적 도구인 점, (c) 융통성이 있는 모형인 점(포토보이스 프로젝트가 진행되면서 결과가 추가되거나 삭제될 수 있는), (d) 과정과 결과가 구별될 수 있는 점, (e) 인과성의 주장이 허용되는 점이다(p. 635). 스트래크 등Strack et al.은 "포토보이스 프로젝트의 계획자가 이론-주도적 평가방식을 적용해서, 측정 결과의 변화를 초래한 특정 과정을 분리해 볼 수 있다"(p. 634)고 지적했다. 나는 이것이—종종 측정 가능한 차원, 인과적 차원, 양적 차원에서 결과를 확인하길 원하는— 자금 제공자를 만족시키는 것과 관련이 있다고 생각한다.

  포토보이스 프로젝트의 연구자는 지역사회의 소규모 재단부터 대형 정부 법인까지 다양한 곳에서 후원을 받아 왔다. 자신의 연구 목표와 후원자의 목표를 조화롭게 연결시키는 것이 관건이다. 잠재적 자금 제공자를 찾았다면 여러분의 프로젝트에 관해서 의논해 줄 대표자에게 연락하라. 그것이 결국은 시간절약으로 이어질 것이다. 연구비를 지원받는 과정에 관해서 충분히 설명하는 것은 이 책의 범위를 넘어선다. 그러나 열렬한 포토보이스 프로젝트의 수행자와 능숙한 연구자 모두 똑같이 성공적인 자금 조달에 관해서 많이 배우는 것은 현명한 처사일 것이다.

4. 처음의 다섯 단계

1) 첫 번째 단계: 파악

  대부분의 연구에서 무기력감은 개인적 경험으로부터 기인한다. 이 책의 시작 부분에 소개된 비네트가 가장 뚜렷한 예이다. 만약 내가 박사과정을 공부하는 동안 지역 커뮤니티 대학에서 강의하지 않았더라면 이 책은 나오지 않았을 가능성이 크다. 왜냐하면 내가 포토보이스를 알게 되거나 그것에 흥미를 느끼게 됐을 가능성이 적기 때문이다. 02장의 개념적 틀을 떠올려 보자. [그림 2-1]의 윗부분에 기존 문헌/경험/'문제'가 있다. 어떤 주어진 주제에 관한 문헌을 주의 깊게 검토하면 특정한 것에 관한 지식의 틈새가 보일 것이다. 그 틈새를 메우는 일이 전문 연구자에게 주어진 난제이다. 자신의 생활 경험을 충실히 그려 보면 대답을 불러오는 질문들이 나올 것이다. 그리고 마지막으로 사회 세계와 직접 마주할 때 탐구를 통해서 다룰 수 있는 무수한 '문제'가 발견될 것이다. 그 세 가지 방법은 각각 포토보이스 방법론을 통해서 가장 잘 다뤄질 수 있는 연구 질문의 밑거름을 만들어 낼 것이다.

왕Wang(2006)에게 첫 번째 단계는 "프로젝트의 특별자문위원회" 역할을 수행할 수 있는 정책 입안자에게 접근하는 일이다(p. 149). 나는 파악을 첫 번째 단계로 꼽았다. 탐구되거나 다뤄질 주제 및 문제의 파악과정이 그것인데, 그 속에는 불가피하게 참여자 집단의 조언자나 영향력이 있거나 인정할 수 있는 정책 입안자를 파악하는 일도 포함된다. 왕Wang(1999)과 왕, 캐시, 파워스Wang, Cash, & Powers(2000)는 정책 입안자가 프로젝트가 끝날 때까지 참여하는 것이 중요하다고 강조했다. 상황을 바꿀 힘이 있는 사람들을 파악한 다음, 프로젝트의 시작부터 참여시키는 것을 고려해야 한다. 종종 정책 입안자(일반적으로 생각할 때)가 정책수혜자의 경험으로부터 완전히 괴리되는 경우가 있다. 그것은 분명히 문제이지만 너무도 흔히 일어난다. 포토보이스 방법론이 그 틈새를 메우는 데 도움이 될 수 있다. 왜냐하면 그것은 "기록 사진촬영, 지식 생성, 사회 활동에 대한 시민적 접근방식을 통합시켜 주기 때문이다"(Wang, 1999, p. 187).

2) 두 번째 단계: 모집

일단 뚜렷한 주제와 탐구의 모집단이 결정되면 이제 전향적 연구의 참여자가 그것에 참여할 수 있도록 모집하는 시간이 시작된다. 비네트에 예시된 대로, 가능한 한 언제나 연구자의 직접 모집이 선호된다. 만약 원하는 모집단의 정기모임이 있다면, 참석해 줄 것을 요청한 다음, 그 모임에서 프로젝트를 소개하라. 자연스럽고 인간적으로 대하라. 그리고 연구(research)라는 단어를 중립적으로 사용하고, 신비적 요소를 제거하는 데 중점을 두라. 스미스 Smith(2012)는 "'조사연구'라는 단어 그 자체는 아마도 원주민의 세계에서 사용되는 어휘 중 가장 지저분한 단어들 가운데 하나일 것이다"라고(p. 1) 썼다. '조사연구'라는 이름 아래 많은 아메리카 원주민에게 자행된 비양심적인 방식의 식민지 확장 과정은 쉽게 잊혀지지 않는다(Edwards, 1992). 조사연구라는 개념에서 불신, 위험, 조작의 느낌을 떠올리는 사람이 많은데, 그들은 자신이 조사되고 있다는 생각이 들면 비통함을 느낀다. 의도적이든지 그렇지 않든지 상관없이 연구자가 조사연구 참여자에게 피해를 입힌 사례는 수없이 많다. 스탠포드 교도소 실험, 터스키기 매독 실험, 나치 생체실험이 그 예이다. 그 연구는 모두 최근에 일어났고, 조사연구가 어떤 사람에게는 여전히 무척이나 지저분한 단어인 이유를 상기시키는 사례로 남아 있다.

포토보이스 방법론은 참여적 행동 연구의 한 형태이기 때문에 전통적인 실증주의적 무작위 표본 수집 절차가 파괴된다. 많은 경우, 의도적 표본 수집 (purposive sampling)이 가장 적당하다. 예를 들어, 내 박사논문을 살펴보자. 나의 가장 우선적인 연구 질문은 다음과 같았다. 그것은 '지역 커뮤니티 대학 학생들이 자신의 학업생활을 어떻게 구성할까?'라는 것이었다. 미국에는 수백만 명의 지역 커뮤니티 대학 학생이 있다. 왕Wang(1999)은 7~10명의 참여자가 이상적인 규모라고 주장했지만, 헤르겐더, 로즈, 카원, 바르도시와 풀라 Hergenrather, Rhodes, Cowan, Bardhoshi, & Pula(2009)가 실제로 검토한 연구에 따르면 프로젝트 한 건당 4~122명의 참여자가 포함되어 있었다. 그렇다면 나는 어떻게 수백만 명에서 일곱 명으로 줄였을까? 나는 의도적 표본 수집 절차를 선택했다. 그리고 접근성과 협조 관계 형성에 관해서 자문해 봤다. 상당한 기간 동안 대표성(즉, 폭넓은 정체성이라는 개념의 차원에서 서로 다른 정체성의 참여자 집단을 모집하는 것)에 관해서 생각해 봤지만, 대표성이 내 의사결정 과정의 결정적 요인은 아니었다. 그런데 다른 포토보이스 프로젝트에서는 의도적 표본 모집이 대표성을 강화하는 데 활용되고 있었다(Nykiforuk, Vallianatos, &

Nieuwendyk, 2011). 나는 참여자를 내 강의에 등록된 지역 커뮤니티 대학의 학생 가운데서 모집하는 것으로 결정했다. 그것으로 잠재적 모집단이 수백만 명에서 수천 명 또는 수백 명으로 줄어들었다. 몇몇 포함 기준(예를 들어, 현재 대학에 등록되어 있어야 할 것)과 배제 기준(예를 들어, 현재 내 강의 가운데 어떤 것도 수강하지 않아야 할 것)이 적용되면서 전향적 참여자의 모집단이 훨씬 더 감소했다. 모집 과정은 전자우편을 통해서 이뤄졌는데, 학생들이 이미 내 존재에 익숙해져 있었기 때문에 그 과정은 순조로웠다.

그러나 다른 연구자들은 다양한 모집 방법을 쓰고 있었다. 베이커와 왕Baker & Wang(2006)의 경우를 보자. 그들이 수행한 연구의 목적은 노인의 "통증 경험을 평가하기 위한 포토보이스 방법론의 잠재적 적용성에 관해서 조사하는 것"이었다(p. 1406). 모집 과정은 편지 발송하기(일반 우체국 우편인 스네일 우편을 통한), 추적 관찰용 확인 전화 걸기(편지가 수신되었는지 확인하기 위한), 특정 장소에 정보 책자와 안내서 비치하기로 구성되었다. 모집 수단을 결정할 때에는 모집단의 성격을 고려해야 한다. 때로는 직접(스네일) 우편이 가장 효과적이다. 다른 경우에는 소셜 미디어를 통한 모집이 가장 적당하다.

(1) 마찰

베이커와 왕의 연구에서 뚜렷했던 것처럼, 참여자 간의 마찰은 매우 흔하다. 시작 당시 27명의 참여자 가운데 13명만 그 프로젝트를 끝까지 마쳤다. 연구와 관련된 단계의 복잡성(예를 들어, 사진촬영, 카메라를 우편으로 보내는 것, 이야기를 글로 쓰는 것, 설문지를 작성하는 것) 때문에 높은 마찰이 초래됐을 가능성이 있다. 그리고 연구가 진행되면서 포토보이스 방법론의 몇몇 단계가 수행될 수 없다는 사실이 분명해졌다. 예를 들어, 많은 참여자의 물리적 조건 때문에 그 프로젝트를 대중에게 발표하는 것이 문제가 됐다. 내가 수행한 프로젝트에서도 높은 수준의 마찰이 발견됐다. 초대단계에서는 여러분이 원하는 것보다 더 많은 사람을 프로젝트에 초대하라. 포토보이스 프로젝트 도중에 참여자 마찰이 50퍼센트 이상으로 증가할 수 있다. 여러분이 역사적으로 소외되어 온 모집단을 대상으로 프로젝트를 수행하고 있다면, 여러분의 열정이나 의도나 관심과 상관없이 프로젝트 참가는 흔히 그 집단의 높은 우선순위에 올라가지 않는다.

3) 세 번째 단계: 교육

포토보이스 과정의 복잡성에 관해서 참여자와 대화하는 일이 가장 중요하다. 프로젝트가 어떻게 펼쳐질 것인지, 왜 수행되고 있는지, 그것으로부터 예상되는 것은 무엇인지 참여자가 이해하는 것은 매우 중요하다. 내가 교육이라고 명명한 이 단계는 참여자나 참여자 집단과 처음 만나는 일에서 시작된다. 그런데 연구진과 참여자 간의 의사소통은 일관성이 있어야 하고, 현재진행형이어야 한다. 연구진의 구성원은 참여자가 질문하고 설명을 요구할 기회를 자주 주어야 한다. 격려와 긍정과 상기시켜 주는 것과 새로운 정보가 참여자에게 정기적으로 주어져야 한다.

(1) 동의와 공개

첫 만남에서 고지된 동의서와 사진공개 동의서에 서명을 받는 것은 매우 중요하다. 포토보이스 프로젝트에 사용되는 동의서와 공개동의서 양식은 최소한 네 가지 이상의 종류가 있다. 그것은 (a) 참여자가 그 연구에 참여하기 위한 동의서, (b) 사진촬영에 대한 동의서, (c) 사진에 촬영된 (개인)의 사진공개 동의서, (d) 참여자 및 사진촬영자의 사진공개 동의서이다. 만약 참여자나 촬영되는 사람이 미성년자라면, 부모 및 법적 후견인의 동의서도 필요하다. 연구자는 (a)와 (d)의 동의서를 받고, 참여자는 앞서 언급된 대로 (b)와 (c)의 동의서 양식을 확보해야 한다(Wang, 2006; Wang & Redwood-Jones, 2001). 그 양식의 예시(설명과 함께)는 부록 A, B, C, D에 제시되어 있다.

(2) 안내책자 또는 프로젝트 안내서

참여자가 세상에 나가 활동하면서 기록단계를 시작할 때, 그들은 사진촬영의 이유에 관한 질문을 받을 수 있다. 그 경우, 프로젝트의 개요와 연구진의 연락처가 적힌 안내서의 사본을 참여자에게 나눠 주는 것이 필요하다. 그런 방식으로 참여자는 자신에게 문의하는 사람 누구에게나 그 문서를 줄 수 있다. 그런 문서의 예는 이 책의 끝에 있는 부록 E에 제시되어 있다. 내 논문의 서술단계 중에 참여자 가운데 한 학생이 털어놓은 이야기가 있는데, 그것은 자신의 일을 설명하는 능력과 문서화가 중요했던 상황에 관한 것이었다. 게다가, 그 참여자는 시청을 사진에 담으면서 녹색 신호등을 사진 속에 포함시켰는데, 그 도시가 '개방적'이고 '우호적'이라는 것을 표시하기 위함이라고 했다. 그 사진을 얻기 위해서 그녀는 시청 건물 바깥의 붐비는 거리로 몇 번씩 걸어가서 '보행' 신호가 켜지는 짧은 시간 동안에 사진을 촬영해야 했다. 한 시청 직원이 그녀의 이상한 행동을 목격한 후 그녀에게 질문했다. 그녀는 미리 마련된 준비물 덕분에 대화를 잘 처리할 수 있었다. 실제로 그 만남은 긍정적 의사소통으로 이어졌는데, 시청 직원은 그녀의 의도를 알고는 흐뭇해했다. 그러나 사실 그것은 쉽게 틀어질 수 있는 상황이었다. 그 특별한 참여자는 자신을 중년의 백인 여성이라고 소개했다. 미국에서는 그런 백인 여성이라는 정체성 표시와 관련된 특권이 그 직원의 다소 긍정적인 행동에 영향을 주었을 가능성이 있다. 예를 들어, 만약 그 참여자가 젊은 흑인 남성이었다면, 시청 직원의 행동은 달랐을 것이다. 포토보이스 프로젝트 연구자로서 우리는 참여자의 행동이—좀 더 우호적으로나 적대적으로—지각될 수 있는 경우와 관련해서 그들에게 솔직하고 정직하게 말해야 한다. 참여자에게 그런 상황에서 사용할 언어를 제시하는 것은 안내책자의 사본과 함께 그들이 그런 상황을 다루는 데 도움이 될 것이다.

위험을 최소화하기 위해서 왕과 레드우드 존스^{Wang & Redwood-Jones}(2001)는 참여자가 그 프로젝트에 관한 안내책자를 받아서 기록단계 중에 자신이 사진을 촬영하려는 사람이나, 자신의 카메라 사용에 흥미를 나타내는 사람이나, 그것에 관해서 질문하는 사람에게 그것을 어떻게 제공하는지에 관해서 고찰했다.

안내책자나 소책자를 만들어 참여자에게 주는 것은 많은 목적을 달성하는 데 도움이 된다. 첫째, 그것은 참여자가 질문을 받았을 경우에 자신의 사진촬 영을 말로 설명해야 하는 문제를 해결해 준다. 참여자는 프로젝트에 관한 논 의에 참여하라고 격려를 받지만, 세부내용이 담긴 안내서를 가지고 다니면서 나눠 줄 준비가 되어 있는 것은 분명히 도움이 된다. 한편, 대부분의 경우 참 여자가 기록을 수행하는 상황은 그들의 행동에 쏠리는 관심 수준에 영향을 미 칠 것이다. 예를 들어, 한 참여자가 실외 축제에서 스마트폰으로 조용히 사진 을 촬영한다면 참여자에게 큰 관심이 쏠리지 않을 것이다. 왜냐하면 많은 축 제 참여자가 그와 똑같은 일을 하고 있을 가능성이 크기 때문이다. 그러나 만 약 한 참여자가 약간의 사생활 보호가 적용되는 학교공간에서 오케스트라 협 주회 도중에 시끄러운 일회용 카메라로 카메라 플래시와 함께 수많은 사진 을 촬영한다면, 그는 곧 질문을 받게 될 가능성이 크다. 둘째, 안내책자는 참 여자에 대한 관심이 책임연구원이나 연구진의 구성원에게 쏠리도록 만들어 야 한다. 만약 제기된 질문이 참여자가 대답할 수 없는 것인데다 안내책자에 적힌 내용의 범위를 넘어설 경우, 주요 연구원이 연락을 받아 추가 정보를 제 공할 수 있다. 셋째, 만약 눈덩이 표집법(역주—참여자가 다른 참여자를 모집하 는 표본 수집 방식)이 적용되고 있다면 그것은 추가 참여자의 모집 기회를 만들 기도 한다. 예를 들어, 만약 대학 내의 안전한 장소와 안전하지 못한 장소에 관한 인식을 이해하기 위해서 LGBTQIA⁺(여성 동성애자, 남성 동성애자, 양성애 자, 성전환자, 동성애자, 간성 연합)나 GSRM(성별, 성, 낭만적 성소수자) 대학생이 포토보이스 프로젝트에 참여할 경우, 참여자 모집이 어려울 수 있다. 그것은 프로젝트 참여가 그 과정에서 자신을 '드러내는' 것과 연결될 수 있기 때문이 다. 연구의 적극적 참여자는 그 연구의 의도와 과정을 설명하고—만약 그 과 정에서 질문을 받을 경우—참여자의 비밀 유지가 가능하고 존중될 것이라고 강조함으로써 그런 종류의 두려움을 완화시킬 수 있다. 넷째, 기록은 프로젝트를 설명하는 목적과 전시회를 홍보하는 목적에 모두 사용될 수 있다(그 양식과 무관하게). 전시 행사가 계획되든지 또는 프로젝트의 전용 온라인 공간이 마련되든지(또는 두 가지 모두 수행되든지) 상관없이 세부내용이 모두 기록될 수 있다.

(3) 사진촬영의 기초

시간을 들여서 참여자에게 사진촬영의 기초에 관해서 개략적으로 알려 주는 것은 참여자가 그들의 목적과 의도에 맞는 사진을 촬영하는 데 도움이 된다. 간단하고 기초적인 사진촬영 지도는 모든 연령층과 다양한 경험 수준의 참여자에게 도움이 된다. 특히, 아동에게는 지도가 도움이 될 수 있다. 그러나 에월드와 라이트풋Ewald & Lightfoot(2001)은 "아동에게 사진촬영법을 가르치기 전에 그 아동과 얼마간 시간을 함께 보내면서 사진에 관해 대화하는 것이 도움이 된다는 것을 알게 됐다"(p. 17)고 밝혔다. 사진촬영 기법을 탐구하기 전에 특정한 사진에 관해서 아동과 함께 토론하는 것은 그들의 사진 이해력을 형성하는 데 도움이 된다. 종종 아동에게 일련의 질문을 던지면 사진을 읽는 능력이 촉진된다. 무대와 장면과 촬영자의 의도를 토론하는 과정 중 아동은 "사진의 세부사항을 관찰하는 데에서 그 배후의 이야기를 이해하려고 노력하는 것으로" 나아갈 수 있다(Ewald & Lightfoot, 2001, p. 21). 아동과 함께 토론할 사진을 선택할 때에는 에월드와 라이트풋은 어떤 식으로든지 아동과 관련된 사진을 사용하라고 제안했다. 지역사회의 소식지와 학교 앨범 사진과 아동이 직접 촬영한 사진이 좋다.

개별 지도 과정의 다음 단계는 "우리가 세계를 지켜볼 때 우리는 누구이고, 어디에 서 있는지에 따라서 우리가 어떻게 보고 무엇을 기록하는지가 결정된다."라는 생각에 관한 대화이다(Ewald & Lightfoot, 2001, p. 29). 그와 같은 관점에서 볼 때, 대화는 다음과 같은 사진의 핵심요소에 관한 것이어야 한다. 핵심 요소는 틀 짜기(사진에 무엇이 포함되고, 무엇이 빠지는지), 관점(촬영자의 견해), 시점(언제 장면을 포착할 것인지), 상징주의(다른 어떤 것의 상징 역할을 수행하는 사진의 내용), 세부내용(어떤 장면의 한 구성요소를 이용해서 장면의 전체성을 묘사하는)이다. 일단 사진촬영의 핵심요소가 다뤄지고 나면 다음으로는 프로젝트에서 사용되는 구체적인 카메라의 기술적 측면을 살펴야 한다. 그러나 그 전에 먼저 어떤 기기를 사용할지 결정해야 한다. 사용될 카메라가 일회용 카메라, 인스턴트 카메라, 디지털 카메라 가운데 어떤 것이 될까? 그 카메라가 참여자에게 공급될까? 참여자가 자신의 카메라를 사용할까? 아니면—누가 무엇에 접근하는지에 따라서—두 가지가 혼합될까? 그와 같은 결정이 내려진 다음, 참여자에게 장치 사용법을 간단히 설명해야 한다(Ewald & Lightfoot, 2001).

4) 네 번째 단계: 기록

(1) 프롬프트(prompts: 단서)

효과적인 사진촬영 프롬프트를 생성하는 것은 참여자가 문서화 단계를 성공적으로 완수하도록 보장하는 데 꼭 필요하다. 프롬프트는 참여자의 기질과 개성에 맞춰져야 한다. 연구 중인 주제도 프롬프트에 포함되어야 한다. 프롬프트는 개방형이어야 한다. 그 형태는 질문, 지시형 명령문, 빈칸 채우기 명령문의 형태로 제시될 수 있다. 다음은 그것의 몇몇 예시이다.

- 자신의 교육적 목표를 성취하려는 동기는 무엇입니까?
- 학교에 대해서 가장 좋아하는 것은 무엇입니까?
- 어떤 것을 배우는 게 가장 좋습니까?
- 여러분이 가장 잘 학습하는 방법을 설명하시오.
- 가장 공부하기 좋다고 생각되는 장소를 사진에 촬영하시오.

- 다양성이 자신에게 무엇을 의미하는지 설명하시오.

- 학교에서 일상적으로 보내는 하루는[사진 몇 장을 촬영해서 빈칸을 채우시오]?

- 과제물을 작성하기 전에 나는[사진 몇 장을 촬영해서 빈칸을 채우시오]?

- 수학은[사진 몇 장을 촬영해서 빈칸을 채우시오]?

참여자가 사진을 촬영해야 하는 대상에 관해서 포토보이스 연구자가 안내할 수 있는 방법은 수없이 많다(Tinkler, 2013, p. 156). 그것은 (a) 한 가지 단서나 틀이 사용된 완전 개방형 방법, (b) 일반적인 초점이 주어지는 방법, (c) 각본이 주어지는 방법(일련의 단서나 질문을 통해서), (d) 참여자가 각본을 주도하는 방법(참여자가 매개변수를 결정하는) 등이다. 연구 질문을 검토하고 나면 어

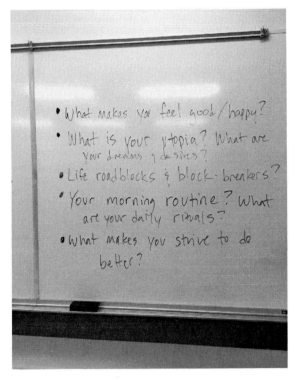

[그림 3-1] 포토보이스 프로젝트의 연구진이 첫 번째로 생성한 단서 조합의 예

떤 방법을 선택할지 통찰력이 생길 것이다.

종종 사진촬영의 단서를 생성하는 데 협력적 방법이 적당할 경우가 있다. 협력은 프로젝트 구성원(예를 들어, 연구진의 구성원, 참여자, 정책 입안자)의 수에 관계없이 일어날 수 있다. 그 과정을 시작하기 위한 한 가지 방법으로는 그 집단이 보게 될 잠재적 단서를 모두 써내려 가는 것이다. 그것으로부터 집단 토론을 거쳐서 단서가 추가되거나, 삭제되거나, 줄어들거나, 다듬어질 수 있다. [그림 3-1]에는 포토보이스 프로젝트의 연구진이 초기에 생성한 잠재적 단서목록의 예가 제시되어 있다.

(2) 각본

각본(시나리오)도 포토보이스 방법론에서 사진촬영을 위한 단서로 사용될 수 있다. 러트럴Luttrell(2010)의 연구에 참여한 아동은 그 프로젝트가 "자신과 같은 아동을 가르치면서 학교와 관련된 의사결정을 내리는 성인에 관해서 자신의 견해와 경험을 표현할"(p. 226) 기회가 될 것이라는 것을 전해 들었다. 첫 번째로 제시된 사진 단서에는 그 아동들이 자신을 찾아온 사촌과 함께 학교에서 노는 각본이 들어 있었다. 그 사진의 목적은 참여자의 사촌이 무엇을 기대해야 할지 알도록 돕는 것이었다. 또 다른 예가 알렌Allen(2012)의 연구에서 발견되었는데, 그것은 05장에 논의되어 있다.

(3) 카메라

참여자는 사진을 촬영하는 데 무엇을 사용할까? 오늘날 사용되는 거의 모든 종류의 카메라가 포토보이스 방법론에 사용되었다. 그것은 일회용 카메라, 포인트 앤 슛 카메라(point-and-shoot camera, 휴대와 조작이 간편한 컴팩트 카메라), 홀가 카메라(Holga camera, 값싼 플라스틱 렌즈가 사용되는 장난감 카메라)(Wang, Cash, & Powers, 2000)와 디지털 카메라이다. 참여자가 자신의 카메라를 사용해야 할까? 아니면 카메라가 지급될까? 동일한 포토보이스 프로젝트의 참여자가 사진을 다른 방식으로 촬영하면 어떤 일이 발생할까? 2016년 봄학기 동안, 내가 맡은 EDCC641 강의의 수강생과 나는 지역 커뮤니티 대학 신입생과 함께 그들의 다양한 욕구(신입생으로서 가지는)를 좀 더 잘 이해하려는 프로젝트를 수행했다. 우리는 각각의 참여자에게 일회용 카메라를 나눠 줬다([그림 3-2] 참조).

그 카메라는 젊은 참여자 가운데 일부에게는 방해가 됐다. 실제로 참여자 가운데 한 사람은 자신의 사진 모두를 아이패드(iPad)로 촬영했다. 그 사진을 사용하는 것은 기관연구윤리심의위원회의 프로토콜에 위배되는 데다 우리는 사진들의 일관성을 추구했기 때문에 그녀에게 일회용 카메라를 사용해서

[그림 3-2] 연구의 참여자에게 지급된 일회용 카메라

〈 **03** 〉 포토보이스 연구방법과 절차

다시 사진을 촬영해 달라고 부탁했다. 포토보이스 프로젝트를 위해서 참여자에게 원하는 카메라를 선택하라고 요청하는 것이 유익할 각본임을 상상해 보라. 어떤 참여자는 일회용 카메라나 디지털 카메라를 선택할 것이고, 어떤 참여자는 자신의 스마트폰이나 태블릿을 선택할 것이다. 일회용 카메라를 사용하는 참여자는 자신이 촬영한 사진을 바로 볼 수 없을 것이다. 그들은 필름이 현상되고 사진이 인화되기 전에는 그 사진을 변경할 수 없다. 그러나 만약 그 사진이 디지털 사진으로도 저장되어 있다면 그것은 나중에 변경될 수 있을 것이다. 그와 달리 자신의 촬영장치(스마트폰이나 태블릿)를 선택한 참여자는 촬영된 사진을 즉시 삭제하거나, 다시 촬영하거나, 변경하거나, 잘라낼 수 있다. 그것 때문에 똑같은 프로젝트 과정이 어떻게 바뀌게 될까? 그리고 그것은 얼마나 중요할까?

사진의 디지털화가 문화적 과정이라면(Sassoon, 2004), 사진을 인화하는 것도 시간이 지날수록 진보해 갈 현재의 기술 환경 속에서의 문화적 과정이라고 말할 수 있다. 거의 어디에나 존재하는 디지털 사진술의 맥락 속에서 사진에 실체적인 물질적 대상성(objecthood)을 부여하는 것도 문화적 과정이다. 그러나 누군가는 그것 또한 낯설게 느낄 것이다.

(4) 사진촬영 활동

왕, 캐시, 파워스Wang, Cash, & Powers(2000)가 수행한 프로젝트의 첫 번째 시간에는 걸어다니면서 사진을 촬영하는 활동이 들어 있었다. 그 시간 동안 참여자는 카메라 촬영을 시험하고 그 경험에 관해서 토론하였다. 또 필름 한 통을 다 썼기 때문에 두 번째 시간에도 참여자는 나머지 사진에 관해서 토론하였다.

5) 다섯 번째 단계: 서술

포토보이스 프로젝트의 참여자는 "직접 촬영한 사진에 관해서 토론하고,

그렇게 함으로써 그 사진에 의미를 부여하거나 해석하게 된다"(Wang, 1999, p. 186). 그 사진을 해석하는 것은 연구자의 역할이 아니다. 그것은 참여자의 영역에 속한다. 포토보이스 프로젝트 도중에 촬영된 사진은 자료 그 자체가 아니고, 저절로 자료가 되지 않는다는 점이 꼭 지적될 필요가 있다. 오히려 그 사진은 참여자에게서 대답을 이끌어 내는 선행 자료의 역할을 수행한다. 참여자는 주어진 단서에 대답하기 위해서 사진촬영을 어떻게 이용했는지 설명한다. 그리고 참여자가 촬영한 사진을 해석하는 사람 역시 참여자이다. 대체로 연구자나 연구진의 해석에 내맡겨진 자료는 그 사진에 관한 참여자의 서술(이야기)이다. 경우에 따라 그 해석(또는 분석)은 참여적 성격을 띤다. 그 경우, 참여자는 대화를 통해 서사적인 자료에 의미를 부여하는 데 협력한다. 때때로 사진공개 동의서가 참여자에게 소개되어야 할 때가 서술단계라는 점에 주목해야 한다. 참여자는 그 단계에 가서야 자신의 사진을 처음으로 보게 되기 때문에 그때가 동의서를 작성하는 데 적당한 시간이다. 부록 G의 예를 보라.

많은 참여자에게 면담은 스트레스를 유발할 수 있는 상황이다. 특히, 면담의 상대가 낯설거나 잘 모르는 사람일 때 더욱 그렇다. 면담 과정은 단순해 보일 수 있다. 그러나 두 사람이 대화할 경우 대개 일정한 수준의 눈맞춤이 일어나는데, 그것이 누구에게는 불편하게 느낄 수 있다. 두 사람이 사진을 함께 검토하면 눈맞춤의 횟수가 줄어든다. 또, 사진이 면담에 도입되면 면담자와 피면담자가 서로 이해할 수 있는 관계가 수립될 수 있다. 하퍼Harper(2002)는 다음과 같이 지적했다. 사진에 관한 토론이 포함된 면담은 양쪽 당사자가 "심층 면담으로 인한 어려움을 극복하는 데" 도움이 될 수 있다. 왜냐하면 그것(대화)이 최소한 부분적으로는 양쪽 당사자가 이해하는 사진에 고정되어 있기 때문이다"(p. 20). 더욱이 사진을 통한 상호작용이나 사진이 포함된 구어적 대화에는 언어에만 의지하는 대화의 경우보다 더 많은 뇌 기능이 작용한다(Harper, 2002). 그리고 끝으로 "사진은 관심을 끌어들이고, 여담을 피해 가고, 면담을 의미 있는 방향으로 발전시키는 데 도움이 된다"(Collier, 1957, p. 859).

(1) 사진-유도 연구

면담 도중의 시각적 유도(visual elicitation)는 사회과학에서 오랜 역사를 갖고 있다. 사용된 답변 유도 수단은 사진에만 국한되지 않는다. 그림(Cowan, 1999)과 다이어그램(도표)(Crilly, Blackwell, & Clarkson, 2006) 같은 시각자료를 그 예로 들 수 있다. 포토보이스 방법론의 핵심 기법인 사진-유도 연구는 특히 교육 관련 탐구에 적합하며(Harper, 2012), 거의 모든 포토보이스 프로젝트에 사용된다. 콜리어Collier(1957)가 처음 명명한 사진-유도 연구는 "면담에 사진을 추가하는 단순한 생각에 기초한 것이다"(Harper, 2002, p. 13). 면담에 사진이 포함되면 면담자와 피면담자는 언어와 사진이라는 한 가지 이상의 상징적 표현수단을 갖게 된다. 사진-유도 연구 과정에 사진은 참여자의 대답을 끄집어내고 기억을 발굴하는 데 사용된다. 포토보이스 방법론의 경우 참여자는 자신이 생성한 사진에 반응해서 그것을 설명하는데, 그것이 포토보이스 방법론의 근본 원리이다. 연구자가 만든 사진이나 다른 시각적 유도 수단(예를 들어, 다이어그램)은 포토보이스 프로젝트 도중에 일어나는 연구자-참여자간의 의견교환에는 대체로 사용되지 않는다.

우리는 사진을 통해서 다른 장소와 다른 시간으로 이동할 수 있다. 우리는 사진의 도움을 받아 느낌, 냄새, 세부사항을 기억할 수 있다. 하이슬리와 레비Heisley & Levy(1991)는 다음과 같이 설명했다. "가족 구성원이 식사 준비 과정에서 맡는 역할에 관한 설명은 설문조사나 개인면담을 통해서 도출될 수 있다. 그러나 그 질문이 사진으로 주어지면 가족 간 상호작용의 미묘한 차이가 겉으로 드러난다"(p. 264). 연구자가 참여자의 관점에서 사진을 생성하려고 매우 열렬히 시도할 때조차(예를 들어, Bourgois & Schonberg, 2009; Harper, 1987) 그 사진은 그것에 미치지 못한다. 연구자가 참여자에게 그들의 사회 세계에 관한 여러 측면을 기록해 달라고 요청할 때, 그는 다른 방식으로 접근할 수 없는 현실과 통찰력과 공간에 접근하게 된다. 블러스티엔과 베이커Bloustien & Baker(2003)는 다음과 같이 설명했다. "참여자가 카메라를 사용할 경우 민속지학자는 평범한 현장연구 상황에서 볼 수 없는 일상생활의 여러 측면에 접근할 수 있다"(p. 70). 그리고 그들은 "우리(연구자들)가 모험할 수 없는 곳에서 카메라가 어떻게 모험할 수 있는지" 그 방법을 설명했다(p. 72). 카메라가 연구자를 대리하는 수단이었을까? 그 사례—블러스티엔과 베이커Bloustien & Baker가 시각적 자동—민속지(visual auto-ethnography)라고 부른—에서는 어쩌면 그랬을 것이다. 그러나 포토보이스 방법론의 경우 그 대답은 '아니요'이다. 카메라는 참여자에게 여전히 또 다른 표현수단을 제공해 준다. 사진은 항상 연구자가 결코 충분히 경험하거나 완전히 이해할 수 없는 참여자의 시선을 보여 준다.

참여자의 정서적 지형

자신의 모습을 사진 속에서 볼 때 "'내가 아닌 것'을 제외한 '나인 것'의 분리감이 일어날 수 있는데, 그것을 일으키는 것은 은폐적 의태(mimesis)의 파괴적인 힘이다"(Bloustien & Baker, 2003, p. 73). 포토보이스 프로젝트의 참여자가 그런 상황에 처할 때 무슨 일이 일어날까? 그 참여자가 자신을 타인처럼 보게 될 때 무슨 일이 일어날까? 사진은 일시적이고 무생물적인 대상성을 갖고 있다. 그것이 사진을 촬영한 후 그 사진에 관해서 이야기하는 참여자에게 모욕이 될 수 있기 때문에 결과적으로 참여자의 자기감시(즉, 특정 사진을 무시하거나 없애는 것)와 폐쇄(즉, 몇몇 사진에 관해서 침묵하는 것)가 초래될 수 있다. 연구자로서 우리는 참여자가 이 잠재적 불협화음을 다루는 데 어떤 도움을 줄 수 있는지 고려해야 한다. 때때로 참여자는 특정 사진에서 보여지는 자신의 모습을 좋아하지 않을 수 있다. 예를 들어, 자신이 의도했던 대로 사진이 나오지 않으면 참여자는 실망할 수 있다([그림 3-3] 참조). 그 경우, 참여자는 항상 그 사진을 연구에서 제외할 기회를 얻게 된다(즉, 그것을 설명하지 않거나 발표되는 것을 허용하지 않는 것). 따라서 연구자는 참여자에게 사진에 부여된 의미가 그 사진의 미적 요소보다 훨씬 더 중요하다는 점을 알려 주어야 한다.

로즈Rose(2004)가 지적한 바에 따르면, 역설적이지만 가족사진은 진부하거나 평범한 것이면서 동시에 특별히 중요한 것으로 간주될 수 있다. 그리고 그 것은 가족사진을 본 참여자에게 폭넓은 정서적 반응을 일으킬 수 있다. 또 그 녀는 다음과 같이 말했다. "우리는 논증적인 것을 훨씬 능가할 만큼 많은 기 록을 지나서 사진과 만난다. 그것은 신체적인 것, 감각적인 것, 심리적인 것, 감정적인 것이다"(p. 551). 참여자들은 종종 어떤 사람의 사진을 가리키면서 마치 그 사진 속에 담긴 그 사람인 것처럼 이야기하곤 한다. 사진을 살피는 것 은 단지 시각적 경험인 것만은 아니다(Rose). 우리는 그 사실을 깨달은 다음 연구자로서 참여자와 그런 공간(취약해질 수 있는)에서 만날 준비가 되어 있어 야 한다. 사진–유도 답변이 포함된 면담을 수행하는 동안에는 우리 역시 그 사진의 관객 가운데 일부가 되어야 한다. 참여자가 자신의 사진에 등장하는 사물(또는 사람)과 유형의 연대감을 형성하는 것과 비슷한 방식으로 우리도 참 여자와 유형의 연대감을 형성해야 한다. 로즈는 사진이 '연대감 형성'의 강력 한 수단이라고 주장했다(p. 560). 나는 그것을 개인적 경험으로 입증할 수 있 다. 그것은 내가 박사논문을 위해서 수행하던 사진–유도 답변 방식의 면담 도

[그림 3–3] 이것은 포토보이스 프로젝트의 참여자가 일회용 카메라로 촬영한 사진이 덜 현상된 것의 한 가지 예시이다. 이 참여자가 촬영한 사진 가운데 많은 것이 덜 현상됐다. 그 결과, 그 참여자는 내 적으로 좌절감과 갈등을 겪었다.

중에 일어난 일이었다. 참여자 가운데 한 사람이 자기가 딸을 얼마나 자랑스러워하는지 이야기하면서 감정적으로 매우 격앙되어 있었다. 그녀는 자기 집의 벽에 걸린 딸의 학사학위 수여 사진을 촬영해 왔다. 지역 커뮤니티 대학에서 물리치료 보조사 학위과정에 있는 학생인 그 참여자는 그것을 몹시 자랑스럽게 생각하다가 딸이 자기에게 주된 동기를 부여해 준 과정을 설명하면서 눈물을 흘리기 시작했다. 그녀는 자기 딸이 학사학위를 이미 받았기 때문에 이제 자기 차례라고 생각했다고 했다. 우리는 어느 커피숍에서 면담했는데, 그녀는 그 장소가 공개된 곳이어서 당황스러워했다. 그녀는 면담 도중 감정을 참지 못한 점에 대해 사과했고, 나는 따뜻한 미소로 대답했다. 말하지 않았지만 그것은 '저는 괜찮아요'라는 의미였다. 그러고 나서 우리 둘은 웃기 시작했다. 대화하기 전에 쌓아둔 관계와 대화 도중에 형성된 안전한 느낌과 편안함 덕분에 그 면담은 망설임 없이 계속될 수 있었다. 반 딕^{Van Dijck}(2005)은 "경험을 다시 절실히 요청하는 것보다 사람들은 특정한 감정이나 느낌을 일으키는 표상을 원한다"(p. 326)라고 지적했다. 나는 포토보이스 프로젝트의 참여자도 그와 똑같다고 생각한다. 실제로 그런 맥락의 사진촬영 행위는 경험의 포착에 관한 것일 때가 드물다. 그것은 사진촬영을 통해서 그렇지 않았다면 내버려졌을 통찰력을 전달하는 일에 관한 것이다.

스타디움과 펑툼

맥킴^{McKim}(1980)은 "박식한 관찰자는 그보다 덜 박식한 동료가 정말로 못 보는 것을 본다"(P. 69)라고 말했다. 포토보이스 프로젝트의 참여자가 자신의 사진에 담긴 내용과 의미를 설명할 필요가 있다는 점을 고려할 때 이것은 중요한 말이다. 그런 설명이 없다면 그 사진은 의미가 없다. 로즈^{Rose}(2004)는 가족사진에 관한 글에서 스타디움(stadium)과 펑툼(punctum)이라는 개념을 훌륭하게 사용했다(Barthes, 1981). 로즈^{Rose}(2004)는 다음과 같이 말했다. "나는 펑툼의 화살이 면담 도중에 반복적으로 날아다니는 것을 보고 들었다"(p. 559,

이탤릭체는 원문을 그대로 옮긴 것임). 바르트^{Barthes}(1981)는 우리가 어떻게 사진을 이해하고, 해석하고, 영향을 받는지 이해하는 데 유용한 두 가지 용어인 스타디움(stadium)과 평툼(punctum)에 관한 글을 썼다. 두 사진적 요소의 이름을 지음으로써 바르트는 우리가 고려해야 할 이중성을 만들어 냈다. 한편으로는 스타디움(작가가 의도한 바를 관객이 동일하게 느끼는 것)이 있는데, 그것은 사진 속에서 묘사되는 전반적인 장면을 가리킨다. 그리고 다른 한편으로는 평툼(관객이 자신의 경험에 비추어 지극히 주관적으로 작품을 받아들이는 것)이 있는데, 그것은 스타디움을 꿰뚫거나, 동요시키거나, 그것에 구두점을 찍는 요소 또는 일련의 요소들이다. 바르트는 스타디움을 구경꾼(즉, 사진의 관찰자)에게 운영자(즉, 촬영자)에 관해서 말하는 것이라고 주장했다. 그와 동시에 평툼은 구경꾼과 밀접한 관련이 있다. 구경꾼이 다르면 식별되는 평툼도 달라진다. 달리 말해, 어떤 사진의 특정 요소는 다른 요소보다 더 신랄하거나 모욕적이다. 그것은 지켜보는 사람에 따라서 달라진다. 스미스^{Smith}(2014)는 사진이 이해되는 방식을 알려 주는 관찰자의 문화적 배경이 스타디움이라고 설명했다. 그 경우, 평툼은 놀랍거나 장소에 어울리지 않는 사진의 한 요소이다. 평툼은 사진의 독자에게서 정서적 반응을 이끌어 낸다. 그 정서적 반응은 긍정적이거나 부정적일 수 있다. 어느 것이든 상관없이 평툼이 초래한 느낌은 눈에 띄며 적나라하다. 평툼은 스타디움이 지각되는 방식의 전체성을 변화시킬 수 있다. 비록 스미스^{Smith}는 "사진촬영자가 결코 의도적으로 평툼을 사진 속에 인쇄할 수 없다."라고 강조했지만(p. 35), 포토보이스 방법론에서는 주목할 만한 예외가 제시될 수 있다. 포토보이스 프로젝트에서 참여자는 촬영된 사진의 촬영자이자 해석자인데, 그것이 앞의 주장에 틈새를 만들어 낸다.

[그림 3-4]를 보고 있자니 내 시선은 즉각적으로 오리 세 마리에 집중되었다. 면담(내가 아니라 2014년 봄학기 동안 EDCC641 강의에 등록된 학생 가운데 한 명과 이뤄진)이 있기 전에 나는 오리와 교수진과 나무 그루터기와 탁한 물에 관해서 온갖 종류의 잠재적 은유를 생각해 냈다. 그러나 그 사진을 촬영한 참여

4. 처음의 다섯 단계

131

자는 다음과 같이 말했다. "사실 나는 배경 속의 등대를 촬영하려고 애썼습니다. 스승은 등대와 같습니다. 그들은 당신을 안내하고 당신이 목적지 근처에 왔을 때 당신에게 알려 줍니다." 내 펑툼은 그 참여자의 이야기 속에 없었다. 연구자는 참여자가 상상력을 펼치는 예상 외의 다양한 방식에 개방된 태도를 지녀야 한다. 사진의 해설가인 참여자가 펑툼을 정의하는 유일한 사람이 되어야 한다. 그 사례는 참여자가 사진의 내용을 해석하는 사람인 이유와 그 과정에 관해서 분명히 밝히고 있다. 참여자만 사진을 촬영한 이유를 알고 있다.

또한 바르트Barthes(1981)는 펑툼이 사진에 반응해서 일시적 실현(realization)

[그림 3-4] 포토보이스 프로젝트의 참여자가 지역 커뮤니티 대학 교수진의 역할과 관련된 단서에 대답하면서 촬영한 사진

의 형태를 취할 수도 있다는 사실을 입증했다. 그 경우, 예를 들어 그 사진 속의 인물이 관찰 당시 죽어 있다는 것은 사진 속의 요소나 실제 세부내용이 아니라 일시적 실현에 해당한다. 또 다른 예는 사진이 흘러간 시간에 관한 묘사의 단순한 실현일 수 있다는 점이다. 우리는 연구자로서 이런 가능성에도 개방적 태도를 지녀야 한다. 사진-유도 방식의 면담에 참여할 때, 우리는 대화적 펑툼 또는 서술(이야기) 속의 붕괴(멈춤, 강조, 적나라한 신체 반응)를 감지하는 데에도 주파수를 맞춰야 한다. 로즈Rose(2004)는 "[펑툼이] 면담 속 대화의 범위 바깥에 있다"(p. 559)라고 지적했다. 때때로 참여자는 펑툼의 정서적 요소를 언어로 설명하지 못한다. 때때로 사진을 통해서 우리 지각의 특별한 "'동시성(all-at-onceness)'이 감지될 수 있는데, 그것은 언어와 수 같은 통시적 형태로는 파악하기 힘든 것이다"(Eisner, 1995, p. 1). 그리고 그것은 참여자에게 답답하게 느껴질 수 있다. 그렇다면 포토보이스 프로젝트의 연구자로서 우리는 펑툼에 관해서 어떻게 효율적으로 탐구할 것인가? 그렇게 하는 데 도움이 될 수 있는 기억촉진법이 다음에 고찰되어 있다. 끝으로, 어떤 사진 속에는 펑툼이 포함되어 있지 않을 수 있다는 점도 우리는 고려해야 한다. 그러나 때로는 스타디움과 펑툼은 같은 하나이다. 다시 한번, 면담 곳곳에서 연구자는 특정한 기법을 사용함으로써 참여자가 생성한 사진의 의미를 충분히 전달하는 데 도움을 줄 수 있다.

논증성

사진촬영에 관한 구어적 의사소통은 논증적 특징을 가지고 있다. 그 점은 사람들이 가족사진 앨범(심지어 자기 자신의 것이 아닌)에 관해서 이야기 할 때 분명해진다(Kuhn, 2007). 사진을 보거나 상상하면서 포토보이스 프로젝트의 참여자는 사진-유도 답변을 통해서 면담 도중에 이야기를 전한다. 그러나 포커스그룹 토론은 그 이야기의 논증성을 좀 더 이해 가능한 것으로 만든다. 면담 도중에 연구자는 참여자가 의미하는 것을 글자 그대로 볼 수 있다. 사진을 통해서 유도된 대화는 산만해지면서 얼마간 계속될 수 있다. 쿤kuhn은 그녀의 핵심적인 사례연구에서 잭 유Jack Yu의 사진(그가 지갑 속에 가지고 다니던 자신과 어머니의 사진)에 관한 '대화 형태의 수행적 관찰(interactive performative viewing)'을 설명한 후(Kuhn, 2007, p. 290) 다음과 같이 말했다. "기억 작업은 양파 껍질을 벗기는 일과 비슷하다. 각각의 분석단계에서 지식과 이해 수준이 증가하는 반면 추가적인 질문도 생겨난다"(Kuhn, 2007, p. 290). 잭의 기억-이야기에 빠진 것은 무엇 때문이었을까? 그 사진이 잭의 지갑에 있는 것과 다른 곳에는 없는 것이 의미가 있을까? 질문이 끊이지 않는다. 그리고 이런 종류의 교류는 상당 시간 계속되었다. 그래도 쿤은 다음과 같이 말했다. "분석이 끝없이 이어질 수 있고 해석이 다양할 수 있다고 주장하는 것은 결코 이런 종류의…… 탐구가 지닌 가치를 손상시키는 것이 아니다"(p. 290).

사진적 대상성

사순Sassoon(2004)은 사진의 세 가지 측면이 통합되면 그것의 복잡성을 둘러싼 논쟁이 형성된다고 주장했다. 그것은 물질성(사진의 대상성), 내용(원본 사진의 개념), 맥락(사진이 가진 원래의 의미)이다(p. 189). 이 세 측면은 함께 녹여진다. 그것은 사진이 앞서 언급된 각각의 측면이 공생적으로 결합된 "여러 겹의 층을 이룬 대상"(p. 189)으로서 간주될 수 있기 때문이다. 팅클러Tinkler(2013)의 주장에 따르면, '영상[이미지]은 중요한 것이다. 하지만 그 의미와 중요성은 그것의 물질성과 불가분의 관계로 연결되어 있다'(p. 2). 사진-유도 방식의 대화를 준비할 때 우리는 사진의 대상성을 고려해야 한다. 참여자는 그 또는 그녀의 사진과 어떻게 만날까? 그 사진은 디지털 형태로 제출될까? 어떻게? 그 사진은 물질적 형태로 제출될까? 어떤 크기로? 그 사진들은 특정한 방식으로 정리될까? 사진을 다루는 것과 사진을 관찰하는 것의 차이는 무엇일까? 이 질문들의 성격으로부터 상상할 수 있듯이, 광범위한 계획이 사진-유도 방식의 면담에 필요하다. 에드워즈Edwards(2002)는 "[사진의] 물질적 특성은 사진이 '읽혀지는' 방식에 큰 영향을 미친다. 그것은 다양한 물질이 신호를 형성하면서 다양한 기대와 사용 유형을 강요하기 때문이다"(p. 68). 우리는 사진의 '사물성(thingness)'을 고려해야 한다(Maynard, 1997). 달리 말해, 사진의 *재료*는 사진의 *존재*만큼 중요할 수 있다(Batchen, 1997). "촉감(haptic)은 종종 우리가 사진을 관찰하는 방식에 중추적이기 때문에(Tinkler, 2013, p. 100, 이탤릭체는 원문을 그대로 옮긴 것임), 우리와 사진의 상호작용이 가지는 촉각적 성격은 중요하다. 우리 자신의 고유 감각은 우리와 사진의 상호작용이 갖는 촉각적 성격과 뒤엉킨다. 어떤 경우에는 사진과 우리의 촉각적 상호작용은 우리가 '보는 데' 도움이 된다(Rose, 2004). 그 점은 참여자와 의견 교환을 준비할 때 고려되어야 한다. 나는 대체로 각각의 사진에 번호를 부여한 후 그것을 앨범 속에 두고 사용한다. 그 방식은 물론 물리적 사진(내 경우, 4인치×6인치 크기의)을 사용할 때에만 필요하다. 녹취록을 검토할 때에는 대화와 사진이 쌍을 이루는 것이 꼭 필요하다. 사진에 번호를 매기는 일이 중요한 것은 그 때문이다. 대화 도중에는 소리 신호가 도움이 된다. 예를 들어, 여러분이 참여자에게 "14번 사진에 관해서 말해 주십시오."라고 말함으로써 단서를 제시할 수 있다. 그런 식으로 참여자가 특정한 사진에 관해서 논의하고 있다는 사실이 분명해진다. 그리고 그 방식은 분석(또는 관념화)단계로 옮겨갈 때 중요해진다. 참여자가 면담 중에 사진에 접근하는 방식과 관련해서, 수많은 다른 요인과 함께 사진의 대상성에 따른 다양한 결정이 필요할 것이다.

일시성

골드스타인Goldstein(2007)은 사진이 2차원적 표상이기 때문에 카메라가 인간의 시각을 복제할 수 없다고 주장했다. 사진은 매우 짧은 순간의 기록이다. 게다가 사진은 결정적인 순간이 아니라 결정된 순간을 포착한다(Goldstein, 2007, p. 72). 버거Berger(1990)의 주장에 따르면, 어떤 사진도 "기계적 기록"(p. 10)이 아닌데, 그것은 촬영자가 무한한 가능성 가운데 한 가지로서 그 사진 속에 담긴 특정한 영상을 선택했기 때문이다. 사진촬영에는 대개 시간적 편집과 공간적 편집이 포함된다. 촬영자는 어떤 영상(즉, 시간 속의 순간들)을 다른 영상 대신 선택한다. 그리고 촬영자는 사진을 오려 내서 그 영상의 특정한 측면(즉, 공간)에 틀과 주안점을 두기도 한다(Goldstein, 2007). 콜리어Collier(1967)는 우리에게 다음과 같이 상기시켰다. "카메라는 선택 과정이 전혀 없는 광학적 체계이다. 그리고 카메라 단독으로는 지각적 감수성의 필요성을 회피할 어떤 수단도 주어지지 않는다"(p. xiii). 팅클러Tinkler(2013)는 다음과 같이 지적했다.

> 사진-면담의 일시성은 구어적-시각적 관계의 복잡성을 이해하는 데 핵심적이다. 사진은 분리된 순간을 나타낸다…… 순간의 의미는 투명하지 않다. 그래서 그 내용과 의미를 생성하기 위해서 설명이 필요하다…… 촬영시점과 관찰시점 간의 시간적 분리가 종종 존재한다. 그것을 통해서 사진이 촬영된 시점에 관한 의미를 설명하고 전달할 기회가 주어진다.
>
> *p. 184*

참여자가 사진을 촬영하는 시간과 참여자가 면담이나 포커스그룹의 토론에서 사진의 내용에 관해서 이야기하는 시간 사이에는 거의 항상 시간적 간격(몇 분부터 몇 시간이나 며칠까지의)이 존재한다. 따라서 사진을 촬영한 *사람*은 그 사진에 관해서 이야기하는 *사람*과 정확히 똑같은 사람이 아닐 수 있다. 면담을 잘 수행하려면, 그 차이에 관해서 철저히 질문해야 할 것이다. 그 예는 다음과 같다. "이 사진을 촬영할 때 어떤 생각을 하고 있었습니까? 그리고 지금은 이 사진을 보면서 어떤 생각이 듭니까?" 다음과 같은 질문으로 추적관찰이 가능하다. "당신의 생각이 어떻게, 그리고 왜 바뀌었는지 설명하시오." 참여자를 이런 방식으로 조사하는 이유 가운데 한 가지는 사진의 추가적 맥락을 생성하기 위해서이다. 왜냐하면 그런 맥락은 그 작업이 전시회와 다른 수단으로 파급될 때 필요할 것이기 때문이다. 또 다른 이유는 단지 참여자가 촬영 과정(자신의 생각으로 유도되는)을 충분히 말하도록 격려할 여지를 만들기 위해서이다. 기록단계와 서술단계 간의 시간적 간격에 따라서 참여자는 기억 작업에 참여할 필요가 있을 수 있는데, 그 경우 또 다른 시간적 차원이 그 대화에 초대된다. 연구자는 이 점을 명심하고 사진이 촬영되자마자 가능한 한 신속히 사진-유도 방식의 면담을 시도해야 한다. 플루세르^{Flusser}(2000)는 다음과 같이 말했다.

> 모든 사진은 카메라와 촬영자 간의 협동과 갈등이 동시에 작용한 결과이다. 결과적으로 사진은 협동과 갈등이 그 속에서 서로 어떤 작용을 하는지 입증하는 데 성공할 때 해독되는 것으로 간주될 수 있다.
>
> *pp. 46-47*

이 인용문은 내가 앞서 시간적 간격을 설명하던 방식과 꼭 들어맞는다. 그런 해독 과정의 많은 부분은 참여자가 면담이나 포커스그룹의 토론 도중에 그들의 사진에 관해서 이야기할 때 일어난다.

(2) 포커스그룹

포커스그룹(focus groups) 토론은 포토보이스 프로젝트에서 흔히 사용된다. 집단대화를 통한 상승작용 덕분에 참여자는 별도의 개별 면담을 통해서는 가능하지 않았던 자료를 생성할 수 있다. 우리는 포커스그룹을 다룰 때, 그것을 집단면담처럼 생각해서 다룰 수 있다. 또, 우리는 그것을 브레인스토밍(역주—일정한 주제에 대하여 참석자의 자유로운 발언을 통해 창조적인 생각을 찾아내는 일) 시간, 집단토론회(각 분야의 전문가의 도움을 받아 문제를 논의하는), 총회, 대화모임, 집단토론처럼 생각할 수도 있다. 확실히 포커스그룹 토론에서는 참여자가 자기가 찍은 사진의 내용을 이야기할 여지가 생긴다. 여러 사람이 참석한 가운데 그 사진에 관해서 이야기할 경우, 참여자가 주제를 보고 들고 반복하면서 자료의 예비분석이 필연적으로 시작된다. 어떤 의미에서 포토보이스 프로젝트의 포커스그룹 토론은 자료 생성의 기회이자 초기에 그 자료에 의미를 부여하기 위한 기회라고 여겨질 수 있다. 또, 그것은 포토보이스 방법론의 참여적 성격이 빛을 드러내는 기회이기도 하다.

이상적으로는 포커스그룹 토론은 녹화가 되어야 한다. 그래야 특정 사진에 대한 구체적인 통찰력이 특정한 참여자로부터 나온 것이라고 간주될 수 있다. 하지만 포커스그룹이 어떻게 구성되는지에 따라서 녹음만으로도 충분할 수 있다. 그 시간을 녹음하는 것 이외에 현장 기록을 작성하거나 또는 참여자에게 자신의 생각을 끄집어낼 기회를 주는 것도 도움이 될 수 있다. 이야기 속의 주제들이 발전하기 시작할 때, 그것을 분류할 한 가지 방법은 참여적 도표 작성이다. 케스비Kesby(2000)는 다음과 같이 말했다. "[참여적 도표 작성이 적용되면] 참여자는 연구 결과를 능동적으로 볼 수 있다…… 그래서 연구자뿐만 아니라 참여자도 그 결과로부터 배우고 새로운 연구 목표를 설정하고 연구방법을 바꾸는데, 궁극적으로는 연구 결과에 영향을 미치는 시도를 할 수 있다"(p. 425). 그것은 포토보이스 프로젝트의 면담에서도 일어날 수 있다(그리고 일어나고 있다). 특히 그것은 참여자가 한 차례 이상 면담할 때 가능할 것이다. 대체로 참여자가 자료 분석에 참여하는 데에는 관심이 없다는 사실이 밝혀졌지만, 그들이 주제를 함께 구성하고 그것을 이해하는 데에는 관심이 있을 수 있다.

(3) 면담

대다수의 포토보이스 프로젝트에는 포커스그룹 토론이 이용되지만 개인면담이 보장되는 상황도 있다. 주제에 따라서는 참여자가 일대일 상황에서 자신의 삶의 여러 측면을 공유하는 것이 더 안전하다고 느낄 수 있다. 나아가, 만약 참여자가 바쁘거나 아직 정기모임의 일원(예를 들어, 방과 후 프로그램 참여자)이 아니라면 포커스그룹의 토론 일정을 수립하는 것이 어려울 수 있다. 스마트Smart(2009)는 다음과 같이 말했다. "면담의 경우, 응답자가 선형적인 이야기를 전달할 필요가 있다. 그 후 그것은 타자기로 친 한 쪽짜리 인쇄물로 '납작해져서(flattened)' 많은 표현과 비언어적 의사소통을 강탈당하기도 한다"(p. 296). 그것이 사실이겠지만, 나는 사진-유도 방식의 면담이 납작해지는 것을 피하는 과정이 있을 수 있다고 주장하고 싶다(Sousanis, 2015). 대개의 경우, 사진이 있기 때문에 참여자의 이야기가 선형성을 벗어난다. 그리고 그것을 통해서 유기적이면서 개방적인 대화와 친근하면서 활발한 의사소통이 일어날 수 있다. 아울러 포토보이스 연구자는 잘 구성되고 반구조화된 개방형 면담절차를 이용해서 실용적 배열을 면담에 적용하길 원할 수도 있다(Spradley, 1979).

나는 네 부분으로 구성된 면담절차를 추천한다. 그것은 (a) 준비운동(워밍업) 질문, (b) 사진-유도, (c) 촬영 과정에 관한 질문, (d) 인구통계학적 정보 수집(해당할 경우)이다. 첫 번째 부분은 참여자가 준비운동을 수행하고 당면한 주제에 여전히 집중하면서 대화에 편안함을 느끼기 시작하는 데 도움이 되는 질문으로 구성되어야 한다. 두 번째 부분은 참여자가 자신이 생성한 사진의 내용을 이야기하는 것으로 구성되어야 한다. 팅클러Tinkler(2013)는 사진-면담을 수행하기 전에 사용할 몇 가지 질문을 다음과 같이 나열했다.

- 사진-면담을 언제, 어느 정도 수행할까?
- 어떤 종류의 사진을 논의할까?
- 피면담자가 면담 전에 자신의 사진에 관해서 생각해 보는 것을 원할까?
- 어떤 사진이 면담에 포함될까?
- 사진을 어떻게 살필지 누가 결정할까?
- 대화를 촉진시키거나 집중시킬 전략이 필요할까?
- 면담 도중에 어떤 종류의 자료를 생성할 필요가 있을까? 그리고 그것을 어떻게 달성할까?

pp. 182-183

와그너^{Wagner}(1979)는 다음과 같이 말했다. "물론 [사진은] 결코 우리가 알기 원하는 모든 것을 알려 주지 않는다. 그러나 사진은 중요한 질문을 던지는 데 뛰어난 수단이 될 수 있다"(p. 289). 몇몇 연구자가 이 단계에서 SHOWeD(Wang et al., 1996; Wang, 1999)나 PHOTO(Graziano, 2004; Hussey, 2006) 기법과 같은 기억도구를 사용해야 한다고 주창했지만, 거의 모든 경우에 내가 면담한 참여자들은 흥분된 채 자신의 사진에 관해서 살피고 말할 준비가 된 상태로 면담장소에 도착했다. SHOWeD는 다음의 내용을 상징한다. 여기서 무엇을 봅니까(What do you See here)? 여기서 실제로 무슨 일이 일어나고 있습니까(What is really Happening here)? 이것이 우리의 삶과 어떤 관련이 있습니까(How does this relate to Our lives)? 이런 상황이나 관심사나 강점이 존재하는 이유는 무엇입니까(Why does this situation, concern, or strength exist)? 우리가 그것에 관해서 무엇을 할 수 있습니까(What can we Do about it)? 그러나 일부 연구자는 그 기법이 효과가 없거나 부분적으로만 효과적이라는 것을 발견했다(예를 들어, McIntyre, 2003; Wilson et al., 2007). PHOTO는 다음의 내용을 상징한다. 당신의 사진을 설명하시오(Describe your Picture). 당신의 사진 속에서 무슨 일이 일어나고 있습니까(What is Happening in your picture)? 당신은 왜 이 사진을 촬영했습니까(Why did you take a picture Of this)? 이것은 당신의 삶에 관해서 우리에게 무엇을 말해 줍니까(What does this Tell us about your life)? 이 사진은 우리가 삶을 개선하는 데 어떤 기회를 제공합니까(How can this picture provide Opportunities for us to improve life)? 그저 참여자에게 단서를 가볍게 상기시키면서 "당신의 사진에 관해서 말해 보십시오."라고 요청하는 것만으로도 견고한 스토리텔링이 이루어졌다. 나 자신의 포토보이스 프로젝트에서 확인됐듯이, 사진은 "종종 예기치 못한 대답을 초래할 수 있는 *그것만의 질문을 던진다*"(Collier, 1979, p. 274, 이탤릭체는 원문을 그대로 옮긴 것임). 많은 측면에서 이 면담단계는 스토리텔링(이야기하기)과 적극적 청취의 연습이다. 참여자는 사진에서 사진으로 옮겨 가면서 그 사진들에 관해 온갖 종류의 질문을 제기할 기회가 있다. 나는 SHOWeD 기법을 지키지 않으면서 그 순간 질문을 던졌다. 그것은 춤이나 재즈와 같다. 그 순간들은 항상 다르고 상황적이다. 그리고 항상 싱커페이션(syncopation; 역주—센박자가 여린 박자로 바뀌고, 여린 박자가 센 박자로 바뀌어 센 박자와 여린 박자의 위치가 바뀌는 음, 당김음이라고도 한다.)의 여지가 있는데, 그것은 경험과 표현의 구석진 곳과 틈새로 이동하는 데 도움이 된다. 그러나 가끔 "사진을 촬영하는 것은 쉽지만 그것을 요약하는 것은 어렵다"(Killion & Wang, 2000, p. 322). 그 경우, 탐색용 질문이 사용되어야 한다. 베커Becker(2007)는 "모든 사회적 현실의 표상은…… 필연적으로 부분적이다. 그것은 여러분이 경험하거나 가진 것 (만약 그 표상이 나타내는 실제 환경 속에 당신이 있다면 해석하는 데 이용 가능한)보다 더 적다"(p. 20). 표상은 대개 그리고 이상적으로 여러분이나 의도된 관객을 향해 여러분이 원하는 것을 수행할 능력을 갖기 위해 알아야 할 필요가 있는 것을 말해 줄 뿐 그 이상도 그 이하도 아니다. 표상을 사용하는 사람은 대개 그들이 보여 주는 것보다 더 많이 알고 있다. 이것은 많은 포토보이스 프로젝트의 연구자가 잘 알고 있는 현실이다. 마마리, 맥크라이트와 로에Mamary, McCright, and Roe(2007)의 연구에 따르면, "포토보이스 방법론에서는 인간의 경험이 복잡하다는 점과 특정한 현상은 모두 그것을 실제로 경험하는 사람에게만 충분히 이해된다는 점이 인정"(p. 360)된다.

세 번째 부분은 참여자에게 그들의 사진촬영 과정에 관해서 질문하는 것이다. 팅클러Tinkler(2013)는 다음과 같이 말했다.

> 사람들이 무엇을 촬영할지는 연구 과제와 연구 맥락에 따라서도 바뀐다…… 어떤 연구에서는 참여자가 사진을 촬영할 때 특정 관객을 상상하라는 요청을 받는다…… 또, 참여자가 연구자의 과제에 반응하는 방식은 사진촬영의 기회(예를 들어, 촬영자가 어디로 어떻게 이동할 수 있고, 무엇에 접근할 수 있는지)에 따라서도 바뀐다.

p. 169

우리는 연령, 능력, 크기(예를 들어, 키), 사진촬영의 지속기간과 장소(포괄적 목록이 아닌)를 고려해야 한다. 다음은 그런 대화단계에서 고려해야 할 질문의 몇 가지 예이다.

- 이 프로젝트에 참여하는 것이 어땠습니까?
- 이 사진을 촬영할 때 누구를 생각하고 있었습니까? 그 이유는 무엇입니까?
- 이 프로젝트에 참가하는 것과 관련해서 만약 다른 사람에게서 받은 질문이 있다면 어떤 종류의 것이었습니까?
- 무엇을 촬영할지 어떻게 결정했습니까?
- 이 프로젝트가 당신에게 어려웠습니까? 어렵거나 어렵지 않은 이유는 무엇입니까?
- 이 프로젝트에 참여하는 것이 즐거웠습니까? 그랬거나 그렇지 않았던 이유는 무엇입니까?
- 자신이 촬영한 사진에 관해서 말하는 것이 어땠습니까?
- 이 프로젝트에 참여하면서 얻거나 배운 점이 있다면 그것은 무엇입니까?
- 이와 같은 활동을 이전에 수행한 적이 있습니까? 만약 있다면 그것에 관해서 설명해 주십시오.
- 당신은 봄에 열릴 사진 전시회에 참여할 계획이 있습니까? 있거나 없다면 그 이유는 무엇입니까?
- 만약 제가 앞으로 당신의 사진이나 이 면담에 관해서 명료화할 필요가 있거나 질문이 있을 경우 당신에게 연락해도 됩니까?

팅클러Tinkler(2013)는 다음과 같이 말했다. "사진촬영에서 많은 것을 배울 수 있다. 그것은 사진이 어떻게 그리고 왜 만들어지는지…… 사진촬영이 그것과 관련된 사람과 기관에 의미하는 바가 무엇인지에 관한 것이다……"(p. 79). 골드스타인Goldstein(2007)은 다음과 같이 주장했다. "모든 사진은 조작된 것이다."

만약 우리가 그것을 받아들인다면 종종 촬영자가 그것을 선택한 이유는 "좀 더 흥미로운 질문이 된다"(p. 75). 촬영자의 설명이 없는 사진을 살필 때에는 '이유'를 알 수 없다. 그러나 포토보이스 프로젝트에서는 면담자가 참여자-촬영자에게 그 이유에 관한 모든 것을 질문할 수 있다. 그런 맥락에서 양쪽 당사자는 서로 연결될 수 있다.

끝으로, 네 번째 부분에는 참여자에 관한 인구통계학적 정보를—그것이 필요하다고 간주될 경우—수집하는 것이 포함된다. 정보에는 연령, 성, 성 역할의 정체성, 인종, 민족, 학력, 기타에 관한 질문이 포함된다. 정보는 그것이 의도적으로 사용될 경우에만 수집되어야 한다. 인구통계학적 정보와 정체성 개념의 차원에서는 어떤 것도 추정되어서는 안 된다. 예를 들어, 만약 어떤 사람이 백인으로 소개될 경우에 그 사람이 인종적 차원에서 백인으로 식별된다고 가정해서는 안 된다. 어떤 경우에는 사람들에게 그들의 정체성에 관해서 질문하는 것이 예의에 어긋나는 일일 수도 있다. 예를 들어, 어떤 사람에게 연령을 묻는 것이 특정 문화적 맥락에서는 모욕적이며 무례한 것으로 여겨질 수 있다. 이 단계에서 발생할 수 있는 잠재적 어색함을 누그러트리기 위해서 참여자에게 당신이 질문하는 이유를 설명하는 것이 도움이 될 수 있다. 참여자가 그 프로젝트를 그만두는 것이 허용될 수 있는 것처럼(불이익 없이 그리고 언제라도), 만약 여러분의 질문에 대답하는 것이 불편할 경우에는 누구도 그렇게 해야 할 의무는 없다.

(4) 글쓰기, 제목 달기, 자막 달기

몇몇 연구에서는 연구자들이 참여자에게 사진의 의미를 말로 토론하기보다는 글로 써 달라고 요청하기도 한다. 나아가, 때때로 참여자의 자유로운 글쓰기가 구어적 대화에 앞서 준비운동으로 이용되기도 한다. 대화에 앞선 글쓰기 또는 대화를 대신하는 글쓰기의 또 다른 형태는 참여자가 가장 중요하다고 느끼는 사진의 제목을 달거나 자막을 다는 데 그들을 참여시키는 것이다.

이 활동은 발표단계에 전시할 사진을 준비하는 데 매우 좋은 방법이다.

(5) 정책 포스터

미첼, 드랭과 응우옌Mitchell, de Lange, & Nguyen(2016)의 프로젝트에서는 다음과 같은 언급이 있었다. 다양한 장애를 가진 베트남 소녀와 여성 22명이 "'정책 포스터'를 만들었는데, 그것은 우리(이 장의 저자들)가 정책 입안자와 기타 지역사회 지도자를 위한 메시지의 생성 활동을 서술하기 위해서 만든 용어"(p. 246)이다. 정책 포스터 생성은 포토보이스 프로젝트의 결과를 정제해서 참여자가 정책 입안자에게 전달하길 원하는 핵심 메시지로 바꾸는 획기적인 방법이다. 더욱이, 정책 포스터는 정책 입안자가 재빨리 이해해서 쉽게 소비할 수 있는 매체 역할을 수행할 수 있다. 또, 미첼 등Mitchell et al.(2016)은 특히 장애인 소녀와 함께 프로젝트를 수행하는 점을 고려하면서 포토보이스 프로젝트에서 농담과 재미가 갖는 역할의 중요성에 관해서 살폈다. 참여자가 프로젝트 수행 과정에서 쾌활하고 재미있는 모습을 보이도록 격려하지 못할 이유는 없다. 일부 참여자가 놀이와 재미에 관심이 없을 때조차도 놀이와 재미의 가능성이 도입되면 정서적 조건이 긍정적으로 변할 수 있다. 그리고 프로젝트 참여가 훨씬 덜 임상적으로 보일 수 있다.

(6) 다른 형태의 서술

만약 여러분이 소셜 미디어의 내용을 조사하면서 시간을 보낼 경우, 여러분은 다양한 앱과 웹사이트에서 여러 가지 시각적 표현을 만나게 될 것이다. 콜라주(collages; 역주―화면에 인쇄물이나 천, 쇠붙이, 나뭇조각, 모래, 나뭇잎 등 여러 가지 물건을 붙여서 구성하는 회화 기법), 밈(meme; 역주―유전자가 아니라 모방 등을 통해서 다음 세대로 전달되는 문화 구성 요소), 움직이는 그림파일이 페이스북, 트위터, 텀블러, 인스타그램과 같은 소셜 미디어 세계에서 불쑥 튀어나온다. 참여자에 따라서는 제시된 단서에 대한 자신의 대답을 전달하기 위한 광범위한 사진촬영 수단을 홍보하는 것은 흥미로운 시도라고 생각될 수 있다. 예를 들어, 고등학생은 그런 프로젝트의 창의적 지원성에서 큰 즐거움과 만족을 느낄 것이다. 그러나 그런 접근방식의 유효성은 아직 분명치 않다.

5. 요약

이 장에서 나는 포토보이스 프로젝트의 처음 다섯 단계인 파악, 모집, 교육, 기록, 서술에 관해서 상세히 설명했다. 그 과정 중에는 잘 생각해서 이해하고 결정해야 할 세부사항과 기억해야 할 내용이 많기 때문에 그것이 복잡하고 까다롭게 느껴질 수 있다. 반면에 그 과정에 빠져드는 것은 매혹적이고 교육적이며 강하게 보상을 받는 경험일 수 있다. 나는 포토보이스 프로젝트의 연구자로서 당신이 이 혁신적인 과정으로부터 가능한 한 많은 즐거움을 얻어 가라고 권한다. 당신의 프로젝트에 참여한 참여자들이 시종일관 당신을 놀라게 할 것이다. 04장에서는 포토보이스 프로젝트의 여섯 번째 단계인 관념화(ideation)가 주로 다뤄진다.

>>> 참고문헌

Allen, Q. (2012). Photographs and stories: Ethics, benefits and dilemmas of using participant photography with Black middle-class male youth. *Qualitative Research, 12*, 443-458. doi: 10.1177/1468794111433088

Andrews, J, O., Newman, S. D., Meadows, O., Cox, M. J., & Bunting, S. (2012). Partnership readiness for community-based participatory research. *Health Education Research, 27*, 555-571.

Baker, T. A., & Wang, C. C. (2006) Photovoice: Use of a participatory action research method to explore chronic pain experiences in older adults. *Qualitative Health Research, 16*, 1405-1413.

Barthes, R. (1981). *Camera lucida: Reflections on photography* (R. Howard, Trans.). New York: Hill and Wang. (Original work published in 1980)

Batchen, G. (1997). *Burning with desire: The conception of photography.* Cambridge, MA: The MIT Press.

Becker, H. S. (2007). *Telling about society.* Chicago, IL: University of Chicago Press.

Berger, J. (1990). *Ways of seeing.* New York: Penguin. (Original work published in 1972)

Bloustien, G., & Baker, S. (2003). On not talking to strangers: Researching the micro worlds of girls through visual auto-ethnographic practices. *Social Analysis, 47*(3), 64-79.

Bourgois, P., & Schonberg, J. (2009). *Righteous dopefiend. Berkeley*, CA: University of California Press.

Catalani, C., & Minkler, M. (2010). Photovoice: A review of the literature in health and public health. *Health Education & Behavior, 37*, 424-451. doi: 101177/1090198109342084

Charmaz, K. (2006). *Constructing grounded theory: A practical guide through qualitative analysis.* Thousand Oaks, CA: Sage.

Collier, J. (1957). Photography in anthropology: A report on two experiments. *American Anthropologist, 59*, 843-859.

Collier, J. (1967). *Visual anthropology: Photography as research method.* New York: Holt, Rinehart and Winston.

Collier, J. (1979). Visual anthropology. In J. Wagner (Ed.), *Images of information: Still photography in the social sciences* (pp. 271-281). Beverly Hills, CA: Sage.

Cowan, P. (1999). "Drawn"into the community: Reconsidering the artwork of Latino adolescents. *Visual Sociology, 4*(1/2), 91-107.

Crilly, N., Blackwell, A. F., & Clarkson, P. J. (2006). Graphic elicitation: Using research diagrams as interview stimuli. *Qualitative Research, 6*, 341-366. doi: 10.1177/ 1468794106065007

Edwards, E. (1992). *Anthropology & photography*: 1860-1920. New Haven, CT: Yale University Press.

Edwards, E. (2002). Material beings: Objecthood and ethnographic photographs. *Visual Studies, 17*, 67-75.

Eisner, E. W. (1995). What artistically crafted research can help us understand about schools. *Educational Theory, 45*, 1-6.

Ewald, W., & Lightfoot, A. (2001). *I wanna take me a picture: Teaching photography and writing to children*. Boston, MA: Beacon.

Findholt, N. E., Michael, Y. L., & David, M. M. (2010). Photovoice engages rural youth in childhood obesity prevention. *Public Health Nursing, 28*, 186-192. doi: 10.1111/ j.1525-1446.2010.00895.x

Flusser, V. (2000). *Towards a philosophy of photography*. London: Reaktion Books. (Original work published in 1983)

Goldstein, B. M. (2007). All photos lie: Images as data. In G. C. Stanczak (Ed.), *Visual research methods: Image, society, and representation* (pp. 61-81). Thousand Oaks, CA: Sage.

Graziano, K. J. (2004). Oppression and resiliency in a post-apartheid South Africa: Unheard voices of black gay men and lesbians. *Cultural Diversity and Ethnic Minority Psychology, 10*, 302-316. doi: 10.1037/1099-9809.10.3.302

Harper, D. (1987). *Working knowledge: Skill and community in a small shop*. Berkeley, CA: University of California Press.

Harper, D. (2002). Talking about pictures: A case for photo elicitation. *Visual*

Studies, 17, 13-26.

Harper, D. (2012). Visual sociology. New York: Roudedge.

Heisley, D. D., & Levy, S. J. (1991). Autodriving: A photoelicitation technique. Journal of Consumer Research, 18, 257-272.

Hergenrather, K. C., Rhodes, S. D., Cowan, C. A., Bardhoshi, G., & Pula, S. (2009). Photovoice as community-based participatory research: A qualitative review. American Journal of Health Behavior, 33, 686-698.

Hussey, J. (2006). Slivers of the journey: The use of photovoice and story telling to examine female to male transsexuals' experience of health care access. Journal of Homosexuality, 51, 129-158. doi: 10.1300/J082v51 nOl_07

Kesby, M. (2000). Participatory diagramming: Deploying qualitative methods through an action research epistemology. Royal Geographical Society (with the Institute of British Geographers), 32, 423-435.

Killion, C. M., & Wang, C. C. (2000). Linking African American mothers across life stage and station through photovoice. Journal of Health Care for the Poor and Underserued, 11, 310-325.

Kuhn, A. (2007). Photography and cultural memory: A methodological exploration. Visual Studies, 22, 283-292. doi: 10.1080/14725860701657175

Latz, A. O. (2011). Understanding the educational lives of community colleges students through photovoice (unpublished doctoral cHssertation). Muncie, IN: Ball State University.

Luttrell, W. (2010). 'A camera is a big responsibility': A lens for analyzing children's visual voices. Visual Studies, 25, 224-237. doi: 10.1080/1472586X.2010.523274

Mamary, E., McCright, J., & Roe, K. (2007). Our lives: An examination of sexual health issues using photovoice by non-gay identified African American men who have sex with men. Culture. Health & Sexuality, 9, 359-370. doi: 10.1080/13691050601035415

Maynard, P. (1997). *Thinking through photography: The engine of visualization.* Ithaca, NY: Cornell University Press.

McIntyre, A. (2003). Through the eyes of women: Photovoice and participatory research as tools for reimagining place. *Gender, Place and Culture: A Journal of Feminist Geography, 10*, 47-66. doi: 10.1080/0966369032000052658

McKim, R. H. (1980). *Experiences in visual thinking* (2nd ed). Belmont, CA: Wadsworth.

Mitchell, C., de Lange, N., & Nguyen, X. T. (2016). Visual ethics with and through the body: The participation of girls with disabilities in Vietnam in a photovoice project. In J. Coffey, S. Budgeon, & H. Cahill (Eds.), *Learning bodies: The body in youth and childhood studies* (pp. 241-257). New York: Springer Science+Business Media.

Nykiforuk, C. I. J., Vallianatos, H., & Nieuwendyk, L. M. (2011). Photovoice as a method for revealing community perceptions of the built and social environment. *International Journal of Qualitative Methods, 10*, 103-124. doi: 10.1177/160940691101000201

Rose, G. (2004). "Everyone's cuddled up and it just looks really nice": An emotional geography of some mums and their family photos. *Social & Cultural Geography, 5*, 549-564. doi: 10.1080/1464936042000317695

Sassoon, J. (2004). Photographic materiality in the age of digital reproduction. In E. Edwards & J. Hart (Eds.), *Photographs objects histories: On the materiality of images* (pp. 186-202). New York: Roudedge.

Smart, C. (2009). Shifting horizons: Reflections on qualitative methods. *Feminist Theory, 10*, 295-308.

Smith, L. T. (2012). *Decolonizing methodologies: Research and indigenous peoples* (2nd ed.). New York: Zed Books.

Smith, S. M. (2014). Photography between desire and grief: Roland Barthes and

F. Holland Day. In E. H. Brown & T. Phu (Eds.), *Feeling photography* (pp. 29-46). Durham, NC: Duke University Press.

Sousanis, N. (2015). *Unflattening*. Cambridge, MA: Harvard University Press.

Spradley, J. P. (1979). *The ethnographic interview*. New York: Holt, Reinhart, & Winston.

Strack, R. W., Lovelace, K. A., Davis Jordan, T., & Holmes, A. P. (2010). Framing photovoice using a social-ecological model as a guide. *Health Promotion Practice, 11*, 629-636. doi: 10.1177/1524839909355519

Sutton-Brown, C. A. (2014). Photovoice: A methodological guide. *Photography & Culture, 7*, 169-186. doi: 10.2752/175145214X13999922103165

Tinkler, P. (2013). *Using photographs in social and historical research*. Thousand Oaks, CA: Sage.

Van Dijck, J. (2005). From shoebox to performative agent: The computer as personal memory machine. *New Media Society, 7*, 311-332. doi: 10.1177/1461444805050765

Wagner, J. (1979). Photography and social science process. In J. Wagner (Ed.), *Images of information: Still photography in the social sciences* (pp. 271-281). Beverly Hills, CA: Sage.

Wang, C. C. (1999). Photovoice: A participatory action research strategy applied to women's health. *Journal of Women's Health, 8*, 185-192.

Wang, C. C. (2006). Youth participation in photovoice as a strategy for community change. *Journal of Community Practice, 14*, 147-161.

Wang, C. C., Burris, M. A., & Ping, X. Y. (1996). Chinese village women as visual anthropologists: A participatory approach to reaching policymakers. *Social Science Medicine, 42*(10), 1391-1400.

Wang, C. C., & Burris, M. A. (1997). Photovoice: Concept, methodology, and use for participatory needs assessment. *Health Education and Behavior, 24*, 369-387.

Wang, C. C., Cash, J. L., & Powers, L. S. (2000). Who knows the streets as well as the homeless? Promoting personal and community action through photovoice. *Health Promotion Practice, 1*, 81-89.

Wang, C. C., & Redwood-Jones, Y. A. (2001). Photovoice ethics: Perspectives from Flint photovoice. *Health Education and Behavior, 28*, 560-572.

Willson, K., Green, K., Haworth-Brockman, M., & Rapaport Beck, R. (2006). Looking out: Prairie women use photovoice methods to fight poverty. *Canadian Woman Studies, 25*(3-4), 160-166.

Wilson, N., Dasho, S., Martin, A. C., Wallerstein, N., Wang, C. C., & Minkler, M. (2007). Engaging young adolescents in social action through photovoice: The youth empowerment strategies (YES!) project. *The Journal of Early Adolescence, 27*, 241-261. doi: 10.1177/0272431606294834

04

(참여적) 데이터 분석
Photovoice Research In Education and Beyond

1. 비네트

나는 나의 논문 분석을 마치면서 다음과 같은 분석 메모를 작성했다(Latz, 2011). 내가 경험했던 긴장감과 분석 과정의 잠재적인 복잡성을 설명한 것이 여기에 포함되어 있다.

1) 2011년 1월 29일, 연구 과정에 대한 분석 메모

이 연구 과정이 어떤 느낌인지 은유적으로 설명하려고 노력해야 한다는 생각이 들었다. 마치 실증주의자(positivist)처럼 들릴 위험이 있기 때문에 나는 작은 조각들(bits)이라는 단어를 포함시킬 것이다. 나는 마치 조각그림 퍼즐(jigsaw puzzle;

(역주―불규칙한 모양의 조각으로 나누어진 그림을 원래대로 맞추는 퍼즐)에 대한 연구를 하고 있는 것처럼 느껴진다. 그것은 매우 이상한 조각그림 퍼즐이다. 규칙적인 퍼즐 조각들이 레고 블록(Lego Blocks)이라면, 나의 퍼즐 조각은 듀플로 블록(Duplo Blocks)이다. 이 듀플로 블록은 매우 크기 때문에 다루기가 쉽다. 논문 프로젝트 시행 전과 시행 중, 시간이 지남에 따라 나의 두뇌에 축적된 모든 정보의 작은 조각들(bits)을 나타내는 퍼즐 조각들은 내가 그것들을 다루려고 블록 조각을 집어들 때, 가끔 모양이 바뀌기 때문에 기묘함(weirdness)이라는 단어가 떠오른다. 그것들은 나처럼 중력에 의해 통제되는 것으로 보이지는 않는다.

내가 단지 작은 조각들을 다루고 있다고 생각할 때, 그리고 그 작은 조각들을 정말로 알고 있다고 생각할 때, 그것이 변하면서 퍼즐은 점차 복잡해진다. 어떤 작은 조각들은 변하지 않는 반면, 어떤 것들은 끊임없이 변하면서 움직인다. 퍼즐 조각들이 오락가락한다. 새로운 조각이 끊임없이 채워지고, 오래된 조각은 사라져 버린다. 목적(퍼즐 상자 위의 이미지)은 윤곽이 희미한 이미지이다. 하지만 그것은 내가 안경이나 콘텍트 렌즈 없이 세상을 보려고 할 때만큼 안 보이는 것은 아니다. 나는 아직 내가 무엇을 만들고 있는지 정확히 알지 못한다. 하지만 내가 만드는 것이 완벽하게 폐쇄된 4변형(quadrilateral; 역주―4개의 직선으로 둘러싸인 기하학적인 도형)은 아니라는 것을 알고 있다. 그것은 줄무늬가 있는 바닥 깔개(rug)처럼 보인다. 어쩌면 원(circle)일 수도 있다. 완성된 경우조차도 나의 퍼즐은 더 많은 조각과 더 많은 작은 조각을 기다릴 것이다.

2. (최소) 두 가지 목적을 위한 데이터 분석

이 장에서 나는 포토보이스 연구에서 데이터 분석과 관련된 제안과 예제를 제시하고자 한다. 이것은 과정의 여섯 번째 단계인 관념화(ideation)이다. 포토보이스 연구방법론에 관한 현재의 문헌에서는 생성된 데이터를 분석하는 방법에 대한 지침을 거의 제공하지 않는다. 브런스덴과 고트처Brunsden & Goatcher(2007)는 "포토보이스 기법을 이용하는 선행연구에서 발생하는 문제는 데이터 분석 과정에 대한 명확성 부족"(p. 47)이라고 지적했다. 그리고 문헌에 존재하는 것도 명확하지 않다. 예를 들어, 헤르겐더, 로즈, 카원, 바르도시와 풀라Hergenrather, Rhodes, Cowan, Bardhoshi, & Pula(2009)는 다른 질적 데이터와 마찬가지로 포토보이스 프로젝트를 통해 생성된 언어 데이터(word data)는 "데이터를 체계화해서 주제를 탐구하고, 공식화해서 해석하는 과정을 통해 분석된다"(p. 688)고 지적했다. 그럴 수도 있지만 분석적으로 질적 단어 데이터에 접근할 수 있는 무수한 방법이 존재한다. 현존하는 대부분의 포토보이스 문헌에는 분석 특이성(analytical specificity)의 제공이 부족하며, 이로 인해 연구자들은 데이터 분석을 위한 최선의 방법을 결정할 때 방법론(methodology) 밖을 살펴보게 된다.

포토보이스 프로젝트 분석을 고려해 보면 최소 두 가지 목적을 위해 분석이 수행된다는 것이 분명해진다. 첫째, 참여적 행동 연구 정신 측면에서 실행 가능한 단계로 데이터가 해석되어야 한다. 분석 중에 이 해석이 발생된다. 한편, 학구적인 사람으로서 우리는 종종 우리 각자의 전문 분야 내에서 지식을 늘려 나갈 것으로 기대된다. 그와 같이 지식을 늘려 나가는 것은 학술 회의에서 연구 발표와 학술지에 게재되는 논문 작성을 포함한다. 여러분이 증거제시(evidence)에서 주장하는 것(claims)으로 이어지는 방법을 알고 싶어 하기 때문에 결과가 어떻게 도출되었는지 치밀하고 상세하게 설명하는 것은 학술 분야에서 매우 중요하다. 따라서 포토보이스 연구자로서 우리는 최소 두 종류의 독자에게 다르게 기여해야 하는 입장에 놓여 있다. 현존하는 포토보이스 문헌에는 그와 같이 기여하는 방법에 대한 지침이 거의 제시되지 않고 있다.

3. 목적 1: 행동 형성하기

그런 까닭에, 일부 연구자들은 자신의 분석단계를 자세히 밝히고 있으며, 이는 특히—참여적 행동 연구 프로젝트를 따르는 행동을 형성하는 것(Shaping the Action)과 관련이 있는—종종 참여적 연구 방식을 취한다. 왕과 부리스 Wang & Burris(1997)는 선택(selecting), 맥락화(contextualizing), 성문화(codifying) 등 3단계의 접근법을 제안했다. 어떤 사진이 프로젝트의 일부가 될지 선택하는 것은 참여자들이 결정할 일이다. 이것은 동명사(gerund; 행동 주체) 선택에 의해 어떤 것이 의도된다는 것을 의미한다. 참여자들은 어떤 사진이 프롬프트(prompt)와 더 밀접한 관계가 있는지 태그를 달아서 다음 단계인 맥락화를 위해 필요한 다량의 시각 자료를 만든다. 이 단계는 VOICE(Voicing Our Individual and Collective Experience; 개인적 및 집단적 경험에 대한 목소리)라는 약어로 요약된다(Wang & Burris, 1997, p. 381). 맥락화는 집단 토론(group discussion), 표제 작성(caption writing; 역주—문서의 본문에 삽입되는 그림이나 표에 그 내용을 설명하거나 제목을 붙여서 적어 두는 것), 그리고 스토리텔링(storytelling; 역주—상대방에게 알리고자 하는 바를 음성에 몸짓, 텍스트, 그림, 음악 등 갖가지 형식 등을 빌려 재미있고 생생한 이야기로 설득력 있게 전달하는 것)을 비롯한 다양한 방식으로 전개된다. 마지막으로, 그 집단이 성문화(codifying)에 관여하는 것이다. 이 단계에서 집단은 "대화[맥락화] 과정에서 문제(issues), 주제(themes), 또는 이론(theories) 등으로부터 발생하는 세 가지 유형의 차원을 식별할 수 있다"(Wang & Burris, 1997, p. 381). 문제는 즉각적인 행동을 위해 표적이 되는 우려사항을 식별하도록 하며, 이것은 우선순위가 되어야 한다. 집단은 대화에서 추가적인 조사를 보장할 수도 있는 주제를 개발할 수도 있다. 이론은 과정에서 도출된 대화 데이터와 연결되는 문제 및 주제에 대한 잠재적인 설명이다. 크릴리, 블랙웰과 클라크슨Crilly, Blackwell, & Clarkson(2006)은 데이터 분석 절차를 정확히 서술하는 데 도표가 유용할 수 있다고 제안했다. 또한, 그들은 근거 이론(grounded theory) 연구에서 발생 이론(emergent theory)을 두드러지게 표현하는 도표들을 참여자들에게 보여 주는 것은 멤버들을 확인하는 유용한 형태가 될 수 있다고 제안했다. 왕과 부리스Wang & Burris(1997) 도식(schema)에서 그러한 접근방법이 쉽게 사용될 수 있었다. 선택, 맥락화, 그리고 성문화 과정은 정해진 도식을 따르지 않으며, 이는 질적 연구 문헌에서 제공되는 보다 엄격한 접근방법과 현저한 대조를 이룬다.

팅클러Tinkler(2013)는 사진-유도 면담(photo-elicitation interview)을 분석하는 과정에 다음과 같은 단계를 제안했다.

- 보다(Look; 참여자들은 무엇을 보는가?)
- 맥락과 관련짓다(Contextualize; 사진이 참여자들의 삶에 어떻게 적합한가?)
- 경청하다(Listen; 무엇을 말하고 있는가? 무엇을 말하지 않는가?)
- 나란히 놓다(Juxtapose; 말하는 것이 시각과 어떻게 비교되는가?)
- 주시하다(Watch; 참여자들은 사진과 어떻게 상호작용을 하는가?)
- 추적하다(Trace; 어떤 방법으로도 개별 사진을 기반으로 전체 이야기를 별개의 이야기로 대체할 수 없는가?)

pp. 193-194

그리고 팅클러Tinkler의 제안은 분석에 비-참여 행동 접근방법을 적용한다는 것을 시사하지만, 서턴-브라운Sutton-Brown(2014)에 따르면, "참여자들이 원래의 개념을 충실하게 유지하려면 연구 과정의 모든 단계에 적극적으로 참여"

해야 한다(p. 71). 여기서 '실행 가능성이 있는 것'이 핵심이다. 상황에 따라 어떤 참여자들은 연구 과정의 특정 단계에 참여하는 것을 원하지 않을 수도 있다. 분석단계는 그러한 단계 중 하나이다.

4. 목적 2: 알고 있는 것에 추가하기

1) 확장 사례: 포토보이스와 근거 이론 혼합하기

1974년에 베커가 사회학에 사진을 사용하는 문제에 초점을 맞춘 발표논문에 동료들이 "내가 가망이 없는 비과학적인 것으로 묘사한 연구에서 방법을 발견할 것"(p. 6)이라고 기록했다. 포토보이스의 경우도 마찬가지이다. 베커의 이 논문은 40여 년 전에 작성되었지만, 그 관점(attitude)은 여전히 남아 있다. 나는 나의 논문을 완성하는 과정에서 몇몇 학자들로부터 이러한 심리(sentiment)를 경험했다. 베커Becker(1974)는 또한 "자신의 업무에 사진 접근방식을 적용할 수도 있는 사진가와 사회학자에게 그들의 관심사항에 대한 부차적인 질문으로 업무를 이지적이며 밀도가 높게 만들기 위해 무엇을 할 수 있는가?"(p. 11)라고 서술했다. 포토보이스 과정에서 이지적으로 밀도가 높은 공간을 만들려면 어떤 전략을 사용할 수 있는가?

나의 논문을 개념화해서 정리할 때, 포토보이스와 구성주의 근거 이론(constructivist grounded theory)이라는 두 방법론을 혼합했다. 이 두 방법은 서로가 잘 작용했다. 포토보이스는 규정된 분석단계를 사용해서 '미리 준비된 것(ready made)'을 실행하는 것이 아니다. 마찬가지로 구성주의 근거 이론은 행동에 대한 책임으로 '미리 준비된 것'을 실행하는 것이 아니다. 그 다음 단계는 내가 논문 연구를 하는 동안에 이용했던 분석 과정을 더욱 확장해서 표현하는 것이다(Latz, 2011). 나의 방법론 장(chapter)에서 가장 두드러진 부분이 여기에 예제로 제시된다. 그러나 연구자들은 다른 분석적 접근 방법도 포토보이스와 혼합해야 한다는 점을 유의해야 한다. 예를 들어, 플런켓, 레이퍼트와 레이Plunkett, Leipert, & Ray(2013)는 포토보이스가 현상학적 연구 (phenomenological studies)를 향상시킬 수 있는 방법에 대해 서술했다. 무수한 가능성이 존재한다.

2) 미발표 박사학위 논문에서 발췌

이 연구에는 근거 이론 분석적 접근방법(grounded theory analytical approach) (Bryant & Charmaz, 2010; Charmaz, 2003, 2005, 2006; Glaser & Strauss, 1967; Strauss & Corbin, 1998a, 1998b)이 사용되었다. 이 프로젝트의 전 과정에서 네 개의 근거 이론이 생성되었다. 포토보이스 방법론의 목적 중 하나이며, 특히 이 연구의 목적 중 하나는 정책 입안자들의 마음을 움직여 변화에 영향을 미치도록 하는 것이었다. 참여적 행동 연구의 한 형태로서 포토보이스에 함축되어 있는 것은 행동이다. 생성되는 근거 이론은 결과에 밀접하게 연결된다. 스트로스와 코빈Strauss & Corbin(1998b)은 "근거 이론은 정책 입안자의 이해 또는 그들의 직접 행동과 관련이 있고 어쩌면 영향을 미칠 수 있다"(p. 175)고 지적했다. 포토보이스 방법론과 근거 이론 분석 프레임워크를 결합하면 참여자의 교육적 삶에 직접적인 영향을 줄 수 있는 결정권자에게 도달할 수 있는 강력한 수단(방법)을 제공할 수 있다. 그러나 많은 근거 이론가는 근거 이론은 이론이 근거가 되는 데이터와 참여자들의 영역 그 이상의 영향력과 관련성을 지닐 수 있고 또한 지니고 있는 것이 틀림없다는 점을 논쟁하고 있다는 것을 주목해야 한다. 스트로스와 코빈Strauss & Corbin(1998b)은 "근거 이론은 사용되기 쉬우며, 근거 이론은 우리 연구자/이론가들이 꿈꾸는 것 이외의 방식으로 우리의 헌신과 욕구를 훨씬 뛰어넘어 사용될 가능성이 있다"(p. 175)고 주장했다.

참여적 행동 연구와 근거 이론 등 이 두 가지 접근방식은 일반적으로 동일한 연구군의 구성원으로 간주되지 않지만(Dick, 2010), 상호 보완적일 수 있다. 실제로 "이 두 접근방식을 조합하면 매우 효과적일 수 있다"(Dick, 2010, p. 403). 참여적 행동 연구(Merriam & Simpson, 2000)는 일반적으로 이론을 생성하지 않는다. 더욱이, 참여적 행동 연구에 대한 문헌에는 어떻게 데이터를 분석하는지에 대한 충분한 설명이 없다. 반면, 근거 이론은 참여자가 연구 과정에 참여하는 것을 옹호하지 않는다. 또한, 근거 이론은 행동을 구체적인 목표로 삼지 않는다. 그러므로 두 접근방법을 혼합해서 사용하면 연구원들은 이론을 생성한 다음, 문제를 해결하기 위해 참여자들과 함께 정보에 입각한 행동을 취할 수 있다(Dick, 2010). 연구자들(Hergenrather, Rhodes, & Clark, 2006; Leipert, 2010; Lopez, Eng, Randall-Davis, & Robinson, 2005)은 포토보이스와 근거 이론을 함께 성공적으로 사용하고 있다. 로페즈 등Lopez et al.(2005)은 "참여자들에게 정책 및 의사 결정권자에게 결과를 보고하는 것 이상으로 그들의 사회적 상황에 적합한 개입을 개발하는 과정에 참여해서 전략을 제안하는 수단을 제공하기 위해 (p. 101)" 포토보이스와 근거 이론을 혼합했다.

(1) 연구자 특성

스트로스와 코빈Strauss & Corbin(1998a)은 근거 이론가가 되기 위한 필수 기술 목록을 제시했다. 연구자의 특성은 다음과 같은 능력을 포함한다. (a) 상황을 비판적으로 분석함, (b) 편향적인 경향을 인식함, (c) 추상적으로 생각함, (d) 비판에 개방적임, (e) 참여자의 행동과 말에 민감하게 반응을 함, (f) 업무 프로세스에 몰두하고 헌신한다. 또한 스트로스와 코빈Strauss & Corbin(1998a)은 연구자들이 근거 이론 접근방법을 완전히 이해하고 자신의 능력에 확신을 가지려면 "자신의 자료에 유연하고 창조적으로 근거 이론 절차를 적용할 수 있어야 한다"(p. 14)고 강조했다. 이러한 노력을 시작할 때, 나는 앞에 언급한 특징들을 반영해서 나 자신을 평가했다. 나는 근거 이론 접근방법을 사용해서 연구를 수행할 준비가 갖추어져 있다고 느꼈다. 포토보이스 방법의 유연성과 근거 이론 분석 프레임은 매력적이고 현재 연구에 적합하다. 내가 구성한 연구 프레임 내에서 유연성은 방법론적 학습(methodological learning)으로 이어졌는데, 이는 이 프로젝트의 부가적인 결과였다. 근거 이론을 창의적으로 응용할 수 있는 잠재력은 연구자인 나에게 커다란 매력이었다. 내가 분석과 표현에서 창의적일 수 있을 때, 연구자, 작가, 그리고 학자로서 최선을 다한 것으로 느낀다. 포토보이스와 근거 이론을 혼합하는 것은 이 프로젝트의 주제인 지역 커뮤니티 대학생들에게 뿐만 아니라 연구자인 나에게도 매우 적합하다.

(2) 구성주의 근거 이론

근거 이론은 확립된 이래 지속적으로 진화해 왔다. 원래는 글레이저와 스트로스Glaser & Strauss(1967)에 의해 1967년에 근거 이론이 개발되었지만, 시간이 지남에 따라 코빈Corbin(Strauss & Corbin, 1998a, 1998b), 샬마스Charmaz(2003, 2005, 2006), 클라크Clarke(2003, 2005), 브라이언트Bryant(2002, 2003), 그리고 실Seale(1999)과 같은 여러 연구자 뿐 아니라, 글레이저와 스트로스Glaser & Strauss에 의해 적용되어 일부 수정되었다. 현대 학자들은 근거 이론을 실증주의적(positivistic) 뿌리에서 구성주의적(constructivist) 프레임으로 이동시켰다. 샬마스Charmaz(2006)는 다음과 같이 기록했다.

> 나는 데이터도, 이론도 발견되지 않는다고 가정한다. 오히려 우리는 우리가 연구하는 세계와 우리가 수집하는 데이터의 일부이다. 우리의 과거와 현재의 참여와 사람들과의 상호작용, 관점, 그리고 연구 관행을 통해 우리의 근거 이론을 구축한다.
>
> *p. 10*

즉, "연구자가 수집한 데이터만으로는 이론을 생성하지 못한다"(Mintzberg, 1979, p. 584). 그래서 샬마스는 이론이 데이터에서 도출되지 않는다는 개념을 기반으로 그녀 자신의 근거 이론을 구축했다. 오히려 연구자들은 그들 자신만의 방식으로 데이터에서 근거 이론을 구성한다. 샬마스의 입장은 상징적인 상호작용주의자(interactionist)의 이론적 관점을 나타내는 예시이다.

상징적 상호작용주의(Becker & McCall, 1990; Blumer, 1969; Charon, 2010; Reynolds, Herman-Kinney, 2003)는 상호작용을 통해 사람들이 자신과 현실, 사회를 구성한다고 가정하는 이론적 관점이다. 상징적 상호작용주의자들은 인간을 매우 특정한 방식으로 바라본다. 첫째, 인간은 사회적이다. 개인은 사회와 마찬가지로 상호작용을 통해 만들어지며, 인간이 자신이 하는 일을 하도록 유도되는 것은 상호작용이다. 따라서 개인적 성향이나 사회력보다는 상호작용이 연구자의 주요 초점이 된다. 둘째, 인간은 생각하는 존재이다. 상호작용은 오직 인간들 사이에, 그리고 인간과 상징(symbol) 사이에서 발생될 뿐만 아니라 개별 인간들 내에서도 발생된다. 따라서 연구자들에게 사고(thinking)는 흥미로운 것이다. 셋째, 인간은 직접적으로 관찰한 상황과 대비해서 자신이 처한 상황을 정의한다. 상징적 상호작용주의자는 객관주의적 의미에서 실제 환경의 존재를 인정하겠지만, 그들은 또한 상호작용을 통해 구축된 개인의 정의(definition)가 실제 환경보다 더 중요하다고 주장할 것이다. 넷째, 인간 행동의 원인은 행동 시점에만 존재한다. 즉, 상황이 전개되면 개인은 주변의 다른 사람들과 과거의 기억, 그들 자신의 생각에 대한 상호작용을 한다. 다섯째, 인간은 그들의 환경 내에서 수동적이 아니라 능동적이다. 요약하면, 인간 행동을 이해하기 위해 상징적 상호작용주의자들은 "사회적 상호작용, 인간 사고(human thinking), 상황 정의(definition of the situation), 현재(present), 그리고 인간의 능동적 본질(active nature)에 초점을 맞추는 것"이 틀림없다(Charon, 2010, p. 29).

이러한 관점에서 모든 객체는 행동을 자극할 수 있는 사회적 객체(social object; 역주—추상 관념 따위를 구체화시키는 과정을 통해 의미를 얻는 객체)이다. 우리는 사회적 상호작용에서 객체의 의미를 배운다. 사회적 객체의 한 예는 바로 상징(symbol)이다. 단어, 몸짓(gestures), 그리고 물리적 객체(physical objects; 역주—보고 만질 수 있는 물건)가 상징이다. 모든 상징은 사회적 상호작용을 통해 만들어진 의미를 지니고 있다. 상징은 현실을 만들고, 사회를 복잡하게 만들 수 있다. 인간의 모든 행동은 상징으로 수행된다. 환경은 개인에게 그 자체를 강요하지 않지만, 개인은 상징을 통해 지속적으로 환경을 적극적으로 창조하고, 재창조하는 상태에 있다(Charon, 2010).

상징적인 상호주의 입장을 취하는 사회는 개인과 상호작용을 할 때 지속적으로 움직이면서 재정의된다. 인간이 협동적으로 문제를 해결할 때 인간과 자아와의 상호작용이 사회를 만든다. 각 개인은 현실과 자기인식(self-definition)에 대한 개념 측면에서 역할을 하는 사회 또는 문화의 일부이다. 개인 간의 사회적 상호 작용을 통해 개인이 변화되고, 형성되고, 정의될 수 있는 방식과 마찬가지로 문화도 그것이 가능하다 (Charon, 2010).

고프먼Goffman(1959)은 이러한 이론적 관점에 중요한 공헌을 했다. 그는 삶은 극적인 공연으로 이해될 수 있다고 제안했다. 그는 다음과 같이 기록했다.

> 개인이 다른 사람의 존재를 알게 되면 일반적으로 그 사람에 관한 정보를 입수하거나 그 사람이 이미 소유하고 있는 정보를 이용하려고 한다. 그러한 정보는 그 사람의 일반적인 사회-경제적 지위, 그 사람의 자아에 대한 개념, 타인에 대한 그 사람의 태도, 그 사람의 능력, 그 사람의 신뢰성 등을 이해하는 데 중요할 것이다. 이러한 정보 중 일부가 거의 끝까지 활용될 것 같기는 하지만, 일반적으로 그러한 정보를 입수하기 위한 상당히 실용적인 이유가 있다. 개인에 대한 정보는 상황을 정의하는 데 도움이 되며, 이 정보로 인해 사람들은 자신이 다른 사람에 대해 기대했던 것과 다른 사람들이 자신에 대해 기대할 수도 있는 것을 미리 알 수 있다. 이러한 방식으로 정보를 입수하면 사람들은 그 사람으로부터 원하는 답을 얻기 위해 최선을 다하는 방법을 알 것이다.

p. 1

개인들이 상호작용을 할 때 그들은 모두 행위자(actors)이며, 타인의 행동에 대한 청중(audience)이다. 사회적 행위자들은 사회적 실재(social realities)를 만들기 위해 원고, 어조(tone), 의상, 메이크업, 자세, 그리고 무대 디자인과 같은 공연 요소들을 사용한다. 공연은 개별적으로 또는 팀 단위로 진행된다. 상황에 따라 개인별로 다른 역할이 수행된다. 이러한 관점을 통해 모든 삶의 상호작용이 공연으로 간주된다. 이러한 집단 공연이 사회를 만드는 것이다.

구성주의 근거 이론은 이러한 관점을 취해서 자료 및 분석 과정이 연구자와 참여자, 연구자와 그 자신의 과거 경험, 그리고 참여자와 그들의 과거 경험 간의 복잡한 상호작용과의 관계에서 기인한다는 것을 인정한다. 따라서 구성주의 근거 이론가들은 "연구 과정과 그 산물에 대해서 숙고하는 입장을 취해서 그들의 이론이 어떻게 진전되는지 생각하며… 구성주의는 연구자 자신들의 해석뿐 아니라 연구 참여자들의 해석에 대한 연구자의 숙고를 촉진시킨다" (Charmaz, 2006, p. 131).

예를 들면, 스트로스와 코빈Strauss & Corbin(1998a)은 다음과 같이 기록했다.

> '제한된 실험(limited experimenting)'은 분석가들이 거의 대부분의 10대가 관여하고 있는 약물 사용 유형을 상기시키는 것이다. 10대 청소년들은 '단지 몇 가지 시도 중 하나' '여러분이 사용하는 약물'에 대해 주의를 기울이는 것, 사회적 행동의 일환으로 '친구'들과 함께 '파티'에서만 사용하는 것, '효력이 약한' 약물 등으로 약물 사용을 표현할 수도 있다. 즉, 그들은 우리에게 언제, 어떻게, 누구와, 그리고 어디에서 약물을 사용하는지 말해 준다. 이러한 상황에서 진행되는 것 또는 이 현상에 대한 우리의 해석과 정의는 10대 청소년들이 약물을 사용하는 '제한된 실험'에 관여된다는 것이다. 그것은 사건에 대한 우리의 해석이다.
>
> *pp. 126-127*

앞의 실험에서 10대 청소년들이 설명하는 약물 사용에 라벨을 붙이고 의미를 부여하는 것은 연구자들이라는 점을 여기서 지적하는 것은 중요하다. 구성주의 근거 이론은 이점을 인정하고 라벨과 의미가 데이터에서 도출된 것이라고 주장하지 않을 것이다. 오히려 라벨과 의미는 연구자들의 상호작용, 10대의 약물 사용에 대한 연구원들의 과거 경험과 지식, 그리고 데이터에서 도출되었다. 여기에는 구성주의 근거 이론과 상징적 상호작용주의자의 관점에 대한 구성주의자들의 토대에 중요한 교차점이 있다.

(3) 코딩(Coding)

참여자들과 인터뷰를 통해 이 연구에서 수집된 데이터인 모든 이야기는 3중으로 코딩되었다. 3중 코딩은 개방(open), 축(axial), 그리고 이론적(theoretical) 코딩으로 구성되었다. 코딩은 "데이터를 수집하는 것과 그 데이터를 설명하기 위한 창발적 이론을 개발하는 것 사이의 중추적인 연결고리"이기 때문에 분석 과정에서 중요한 단계이다(Charmaz, 2006, p. 46). 코딩 과정을 통해 "데이터의 개념적 추상화와 데이터의 재결합이 일어난다"(Holton, 2010, p. 265). 참여자가 찍은 사진이 데이터 소스로 간주되었지만 참여자는 면담을 통해 사진과 관련된 의미를 부여했다는 점을 여기서 주목하는 것은 중요하다. 이미지에 의미를 부여하는 것은 연구자로서 나의 역할이 아니었다. 따라서 그들의 사진에 분석이나 의미 부여를 한 것은 참여자들이었다.

개방 코딩(Open Coding)

먼저, 인터뷰/토론에 대한 필기록(transcript)이 개방 코딩되었다. 이 코딩 과정이 진행되는 동안, "데이터를 세부적으로 분리해서 조사한 다음 유사점과 차이점을 비교했다"(Strauss & Corbin, 1998a, p. 102). 데이터를 분석하는 것은 퍼즐 맞추기와 매우 유사하다. 퍼즐 맞추기를 시작하는 것은 일반적으로 색상과 모양을 기반으로 조각들을 분류하는 것을 포함하며, 이 과정은 어떤 모양이나 크기가 비슷하지만 상당히 다를 수도 있기 때문에 세심하게 관찰할 수 있는 안목이 필요하다. 개방 코딩은 퍼즐을 함께 배치하기 전에 퍼즐 조각들을 분류하는 것과 유사하다(Strauss & Corbin, 1998a). 이 과정을 진행하는 동안, 연구원들은 카테고리들을 개념화해서 초기 주제를 만들고, 이론에 대해 생각하기 시작한다.

질적 데이터 분석 소프트웨어는 사용되지 않았다. Microsoft Word로 사본을 만들었다. 결과적으로 코딩은 Word 내에서 전자 방식으로 수행되었다. 개방 코드는 대괄호로 묶은 텍스트에 삽입되었다. 개방 코딩 과정에 사전 코드(priori code)는 사용되지 않았다. 필요한 경우, 줄 단위로 또는 문장이나 단락별로 데이터 덩어리(Data chunks)를 코딩하거나 라벨을 붙였다. 예를 들면, 전체 단락이 공부하는 동안의 학생의 배경 소음 선호도에 관한 것이라면, 해당 특정 데이터 세그먼트(Segment)는 단락으로 코딩된다. "연구자는 라인별 코딩에서 나타날 수 있는 것들을 가능한 한 공개하고, 떠오르는 이론과 관련이 있다는 것을 결국 배제하거나 미리 결정할 위험을 감수하지 않기 때문에"(Holton, 2010, pp. 276-277) 이 과정에서 엄청난 수의 코드가 작성될 가능성이 있었다. 별도의 코드 키는 유지되었으며, 면담이 있을 때마다 추가되었다. 총 78개의 코드가 생성되었다. 8회의 면담이 코딩된 후 개방 코드 포화상태가 발생되었다. 즉, 8회의 면담을 코딩한 후 새로운 개방 코드가 생성되지 않았다. 총 13회의 면담이 실시되었다.

축 코딩(Axial Coding)

그 다음에 축 코딩이 생성되었다. 축 코딩은 개방 코딩 과정에서 해체된 언어 데이터의 조각을 다시 조합하는 과정이다. 퍼즐 조각이 함께 세그먼트에 삽입된다. 이 과정이 진행되는 동안, 카테고리와 하위 카테고리가 생성되었다. 카테고리별로 데이터에 라벨이 부여되었다. 개방 코드는 해체되고 카테고리 축을 중심으로 구성되기 때문에 이 과정을 축 코딩이라 한다. 여기서 나는 개방 코딩이 축 코딩보다 먼저 이루어졌다고 제안하지만, "이들은 필연적

〈 **04** 〉 (참여적) 데이터 분석

으로 순차적인 분석 단계는 아니다"(Strauss & Corbin, 1998a, p. 124). 여기서 내가 분명히 말하고 있는 코딩 과정은 유연했다. 초기 이론 구축은 실질적으로 즉시 발생하기 시작했다. 그러나 여기 설명된 분석 절차는 나의 지침으로 남아 있다.

스트로스Strauss(1987)는 축 방향 코딩을 위한 네 가지 절차 단계를 제시했다. (a) 카테고리의 특성과 크기(dimension) 배정하기, (b) 현상, 카테고리와 관련된 조건, 행동, 상호 작용 및 결과 확인하기, (c) 카테고리를 상위 카테고리와 연관시키기 (d) 주요 카테고리가 서로 어떻게 관련되어 있는지를 이해하기 위해 데이터에서 단서를 찾는 것이다. 축 코딩은 Word 문서 사본에 색상 코딩으로 표시되었다. 자유(적색 강조), 학업 통합(황색 강조), 역할(청색 강조), 성찰적 의식(녹색 강조) 등 4개의 주요 카테고리를 생성했다. 문서 사본을 축 코딩하는 동안, 참여자들의 사진도 카테고리별로 코딩되었다. 투명 비닐 재킷이 있는 3링 바인더에 사진을 배치했으며, 각 홀딩에는 6장의 사진을 담았다. 각 사진이 속한 카테고리를 나타내기 위해 투명 시트 위에 적색, 황색, 그리고 청색 스티커 메모를 붙였다. 성찰적 의식 카테고리와 관련된 사진은 없었다. 이러한 결정은 발생 순서에 따른 스트립트의 축 코딩을 기반으로 했다. 다시 참여자들은 이미지들에 의미를 부여했다. 그러나 나는 하지 않았다. 축 코딩 과정을 거치는 동안, 데이터는 조각나지 않고 퍼즐은 완성단계에 한 걸음 가까워졌다. 데이터 덩어리가 합쳐질 때 최종 그림은 더 명확해졌지만, 근거 이론이 완전히 완성되기 전에 코딩이 한 번 더 추가되었다.

이론적 코딩(Theoretical Coding)

최종 코딩 단계는 이론적 코딩으로, 즉 "분석 작업이 이론적 방향으로 이동되면서 마무리된다"(Charmaz, 2006, p. 63). 이 과정에서 연구자는 카테고리 간에 연결을 시키고 주제와 관련된 아이디어를 더욱 해체시키려고 노력한다. 이 코드는 연구자가 실질적인 카테고리가 연결되는 방법을 이해하는 데 도움이 되며, 이론화로 이어지는 통합되고 일관된 분석 그림을 그리는 데 도움이 된다. Word 문서 내에서 나는 논평 기능을 사용해서 이론적 코드를 삽입했다. 이 과정은 구성되는 주제를 구체화시키거나 해체시키기 위해 연구자가 문헌을 또 다른 데이터 소스로 조사하는 시점이다. 그러나 나는 전체 데이터 수집 및 분석 과정에서부터 문헌을 조사하고 있었다. 기존 문헌의 도움으로 이론적 코드를 명명(named)하고 확증할 수 있지만, 연구자는 사각형 마개(peg)를 둥근 구멍에 끼워 넣는 것에 주의해야 한다. "이론적 코드가 어떻게 지적으로 매력 있고, 유행을 따르거나, 훈계적으로 지시되든 관계없이 사전에 형성된 이론적 모델과 강제적으로 통합시키기 위해 이론적 탐구에서 선을 넘는 것은 근거 이론의 생성 본질을 훼손시킨다"(Holton, 2010, p. 283).

이 분석 과정을 통해 이론적 코딩은 나에게 축 코딩을 위해 생성된 카테고리 내에서 하위 카테고리를 구축하기 위한 방법으로 사용되었다. 논평 사용을 통해 데이터 덩어리를 코딩하였다. 그러나 나는 보다 완벽한 그림을 보기 위한 데이터를 재구성해야만 했다. 색으로 부호화된 스크립트 페이지는 깔끔하게 정돈된 것에서 복잡하고 압도적인 것으로 변했다. 이를 극복하기 위해 각 색상의 부호 데이터 덩어리를 복사해서 카테고리와 하위 카테고리별로 구성된 별도의 Word 문서에 붙여 넣었다. 이 문서는 참여자들로부터 직접 인용한 41개의 단일 간격 페이지(줄 간격이 한 줄로 된 페이지)로 구성되었다. 데이터를 더욱 세분화했을 때, 특정 근거 이론을 구축하기 위한 잠재력이 더욱 분명해져서 다루기가 쉬워졌다.

(4) 이론 구축(Building Theory)

앞에 설명된 개방, 축, 그리고 이론적 코딩은 근거 이론 구축에서 최고조에 달했다. 일정한 비교 분석을 통해(Dye, Schatz, Rosenberg, & Coleman, 2000; Glaser & Strauss, 1967) 데이터 수집과 분석이 동시에 발생되었다는 것을 여기서 표현하는 것이 중요하다. 나는 한 번에 한 학생을 면담했다. 첫 번째 인터뷰가 끝나면 분석 과정이 시작되었다. 각 면담은 코딩 과정에 다른 면담과 비교되었다. 공통 주제 사례는 축 코딩과 이론적 코딩을 통해, 그리고 메모 기록을 통해 추가로 해석되었다. 데이터 수집이 시작되자마자 메모를 기록하기 시작했으며, 이 메모 기록 과정을 통해 즉시 이론 생성에 대해 생각하기 시작했다. 따라서 첫 번째 면담과 함께 근거 이론 구축이 시작되었으며, 이론적 포화(Charmaz, 2006)가 달성되고 최종 근거 이론이 생성될 때까지 분석 과정의 각 단계를 통해 이론을 재구성해서 정교하게 다듬었다.

이 프로젝트의 목적과 참여자들이 소수였다는 점을 고려하면 실체 근거 이론(Glaser, 2010; Glaser & Strauss, 1967) 구성은 이러한 노력의 결과였다. 실체 이론(Substantive theory; 역주—과정보다는 당해 분야의 현상을 설명하고 예측하려는 대상의 영역)은 데이터와 그것을 만든 연구자의 손에 달려 있다. 형식 이론(formal theory)은 다양한 설정에 적용될 수 있다는 것을 의미하며, 여러 데이터 집합을 비교 분석해서 만들어진다. 글레이저와 스트로스Glaser & Strauss(1967)는 다음과 같이 설명했다.

> 실체 이론은 근거 형식 이론을 형성하고 생성하는 것과 전략적으로 연관이 있다. 형식 이론이 데이터를 통해 직접 생성될 수 있다 하더라도, 실체 이론에서 형식 이론을 시작하는 것이 가장 바람직하고 일반적으로 필요한 것으로 믿는다.
>
> *p. 79*

형식 이론을 구축하는 것이 나의 바람은 아니었다. 이 프로젝트의 목적을 고려하면 실체 이론은 지역 수준에서 정책 입안자에게 가장 잘 도달할 것이다. 또한, 글레이저와 스트로스Glaser & Strauss(1967)가 처음으로 근거 이론을 반복했던 접근방식은 실증주의적 관점(positivistic perspective)을 구체화시켰다. 현대 질적 연구자들은 질적 연구 결과가 다른 환경으로 일반화 될 수 없다고 주장한다. 그러나 그것은 일반화될 수 있으며(Lincoln & Guba, 1985), 따라서 문헌에 대한 그것의 중요성이 강조되고 있다. 그와 같이, 내가 구축한 실체 근거 이론은 앞에서 언급한 바와 같이, 지역 수준에서 정책 입안자에게 도달하는 데 필수적이다. 학술지, 회의 발표 자료, 그리고 어쩌면 도서에 다양한 기사 형태로 이 연구 결과와 근거 이론을 확산시키는 것이 나의 계획이다. 따라서 이 연구가 다른 유사한 연구를 유발시킨다면, 그리고 유발시킬 때 형식 이론을 구축할 수 있는 잠재력이 발휘될 가능성이 있다.

5. 요약

이 장의 목적은 포토보이스 내에서 데이터 분석의 복잡성과 이중(최소) 목적에 대한 통찰력을 제공하는 것이었다. 포토보이스 연구자들은 다음을 통해 종종 자신의 입장을 찾는다—참여적 행동 연구의 본질 때문에—연구자 자신의 전문 영역 내에서 지식을 발전시키는 학술장학금을 마련하기 위해 연구자들의 연구 위임자와 프로젝트를 시작할 때 확인된 정책 입안자들에게 연구가 '설명'되어야 한다. 후자의 확고한 관심을 위해 나는 본인의 미발표 박사학위 논문 중에서 내가 겪은 과정을 설명하는 방법론 장(chapter)에서 발췌한 것을 제시했다. 다음 장에서는 포토보이스를 둘러싼 윤리적 문제와 고려사항뿐 아니라, 기관 검토 위원회의 심의를 성공적으로 통과하는 방법을 다룬다.

>>> **참고문헌**

Becker, H. (1974). Photography and sociology. *Studies in the Anthropology of Visual Communication, 1*(1), 3-26.

Becker, H. S., & McCall, M. M. (Eds.). (1990). *Symbolic interaction and cultural studies.* Chicago, IL: University of Chicago Press.

Blumer, H. (1969). *Symbolic interactionism: Perspective and method.* Berkeley, CA: University of California Press.

Brunsden, V., & Goatcher, J. (2007). Reconfiguring photovoice for psychological research. *The Irish Journal of Psychology, 28,* 43-52. doi: 10.1080/03033910.2007.10446247

Bryant, A. (2002). Re-grounding grounded theory. *Journal of Information Technology Theory and Application, 4*(1), 25-42.

Bryant, A. (2003). A constructive/ist response to Glaser. *Forum: Qualitative Social Research, 4*(1). Retrieved from http://qualitative-research.net/index.php/fqs/article/view/ 757/1643

Bryant, A., & Charmaz, K. (Eds.). (2010). *The Sage handbook of grounded theory.* Thousand Oaks, CA: Sage. (Original work published in 2007)

Charmaz, K. (2003). Grounded theory: Objectivist and constructivist methods. In N. K. Denzin & Y. S. Lincoln (Eds.), *Strategies of qualitative inquiry* (2nd ed, pp. 249-291). Thousand Oaks, CA: Sage.

Charmaz, K. (2005). Grounded theory in the 21st century: Applications for advancing social justice studies. In N. K. Denzin & Y. S. Lincoln (Eds.), *The Sage handbook of qualitative research* (3rd ed., pp. 507-535). Thousand Oaks, CA: Sage.

Charmaz, K. (2006). *Constructing grounded theory: A practical guide through qualitative analysis.* Thousand Oaks, CA: Sage.

Charon, J. M. (2010). *Symbolic interactionism: An introduction, an interpretation, an integration* (10th ed). Boston, MA: Pearson.

Clarke, A. E. (2003). Situational analysis: Grounded theory mapping after the postmodern turn. *Symbolic Interactionism, 26,* 553-576.

Clarke, A. E. (2005). *Situational analysis: Grounded theory after the postmodern turn.* Thousand Oaks, CA: Sage.

Crilly, N. Blackwell, A. F., & Clarkson, P. J. (2006). Graphic elicitation: Using research diagrams as interview stimuli. *Qualitative Research, 6*, 341–366. doi: 10.1177/ 1468794106065007

Dick, B. (2010). What can grounded theorists and action researchers learn from each other? In A. Bryant & K. Charmaz (Eds.), *The Sage handbook of grounded theory* (pp. 398–416). Thousand Oaks, CA: Sage. (Original work published in 2007)

Dye, J. F., Schatz, I. M., Rosenberg, B. A., & Coleman, S. T. (2000). Constant comparison method: A kaleidoscope of data. *The Qualitative Report, 4*(1/2), 1–10. Retrieved from http://nsuworks. nova. edu/tqr/vol4/iss 1/8/

Glaser, B. G. (2010). Doing formal theory. In A. Bryant & K. Charmaz (Eds.), The Sage handbook of grounded theory (pp. 97–113). Thousand Oaks, CA: Sage. (Original work published in 2007)

Glaser, B. G., & Strauss, A. L. (1967). *The discovery of grounded theory*. Chicago, IL: Aldine.

Goffman, E. (1959). *The presentation of self in everyday life*. New York: Anchor Books.

Hergenrather, K. C., Rhodes, S. D., & Clark, G. (2006). Windows to work: Exploring employment-seeking benaviors of persons with HIV/AIDS through photovoice. *AIDS Education and Prevention*, 18, 243–258.

Hergenrather, K. C., Rhodes, S. D., Cowan, C. A., Bardhoshi, G., & Pula, S. (2009). Photovoice as community-based participatory research: A qualitative review. *American Journal of Health Behavior, 33*, 686–698.

Holton, J. A. (2010). The coding process and its challenges. In A. Bryant & K. Charmaz (Eds.), *The Sage handbook of grounded theory* (pp. 265–289). Thousand Oaks, CA: Sage. (Original work published in 2007)

Latz, A. O. (2011). *Understanding the educational lives of community college students through photovoice* (unpublished doctoral dissertation). Muncie,

IN: Ball State University.

Leipert, B. D. (2010). Rural and remote women and resilience: Grounded
theory and photovoice variations on a theme. In C. A. Winters & H. J. Lee
(Eds.), *Rural nursing: Concepts, theory, and practice* (3rd ed., pp. 105-
130). New York: Springer.

Lincoln, Y. S., & Guba, E. G. (1985). *Naturalistic inquiry.* Beverly Hills, CA:
Sage.

López, E. D. S., Eng, E., Randall-David, E., & Robinson, N. (2005). Quality-of-
life concerns of African American breast cancer survivors within rural North
Carolina: Blending the techniques of photovoice and grounded theory.
Qualitative Health Research, 15, 99-115.

Merriam, S. B., & Simpson, E. L. (2000). *A guide to research for educators and
trainers of adults* (2nd ed.). Malabar, FL: Krieger.

Mintzberg, H. (1979). An emerging strategy of direct research. *Administrative
Science Quarterly, 24*, 105-116.

Plunkett, R., Leipert, B. D., & Ray, S. L. (2013). Unspoken phenomena: Using
the photovoice method to enrich phenomenological inquiry. *Nursing
Inquiry, 20*, 156-164. doi: 10.1111/j.1440-1800.2012.00594.x

Reynolds, L. T., & Herman-Kinney, N. J. (Eds.). (2003). *Handbook of symbolic
interactionism.* Lanham, MD: AltaMira.

Seale, C. (1999). *The quality of qualitative research.* London: Sage.

Strauss, A. L. (1987). *Qualitative analysis for social scientists.* Cambridge
University Press, Cambridge.

Strauss, A. L., & Corbin, J. (1998a). *Basics of qualitative research: Techniques
and procedures for developing grounded theories* (2nd ed.). Thousand
Oaks, CA: Sage.

Strauss, A. L., & Corbin, J. (1998b). Grounded theory methodology: An
overview. In N. K. Denzin & Y. S. Lincoln (Eds.), *Strategies of qualitative*

inquiry (pp. 158-183). Thousand Oaks, CA: Sage.

Sutton-Brown, C. A. (2014). Photovoice: A methodological guide. *Photography & Culture, 7,* 169-186. doi: 10.2752/175145214X13999922103165

Tinkler, P. (2013). *Using photographs in social and historical research.* Thousand Oaks, CA: Sage.

Wang, C., & Burris, M. A. (1997). Photovoice: Concept, methodology, and use for participatory needs assessment. *Health Education & Behavior, 24,* 369-387.

05

포토보이스 연구 윤리
Photovoice Research In Education and Beyond

1. 비네트

03장에서의 비네트를 상기해 보라. 그 글에서 나는 포토보이스 프로젝트에 참여자를 모집하기 위한 최선책에 대한 내 생각의 변화 과정을 상술하였다. 나는 두 개의 교실 기반 프로젝트에 대해 간략히 설명했다. 내가 기획한 이 프로젝트에서는 대학원생들이 지역 커뮤니티 대학의 학생들과 함께 작업했다. 2014년 봄학기에 내 수업, *지역 커뮤니티 대학과 다양성(Community Colleges and Diversity)*을 듣는 학생들은 연방 TRIO 프로그램 중 하나인 지역 커뮤니티 대학에서의 학생지원서비스를 선택한 학생들과 함께 작업하였다. 이때 우리가 사용한 모집 접근법은 이메일이었으며, 우리는 금융이해력(경제 분야에 대한 지식과 능력), 가난, 그리고 캠퍼스 직원과의 관계에 있어 학생들의 인식과 경험에 대해 관심이 있었다. 프로그램 감독관은 참여하는 모든 학생에게 우리를 대표하여 이메일을 보냈다. 잠재적 참여자들에게 관심이 있다면 내게 답 메일을 보내도록 요청했다. 그리고 나면 내가 그 이메일을 내 학생들 중 한 명에게 전달하여 지역 커뮤니티 대학 학생과의 만남을 주선하여 프로젝트에 대한 개괄적 설명과 함께 일회용 카메라를 제공받고, 동의 및 양도 계약서 등에 대한 설명을 받도록 했다.

매년 가을과 봄 학기 동안, 나는 *지역 커뮤니티 대학(The Community College)*이라고 불리는 과정을 가르친다. 각 학기마다 나는 지역의 커뮤니티 대학의 캠퍼스를 방문하여 내 학생들(대다수가 지역 커뮤니티 대학 캠퍼스에 한 번도 들어서 본 적이 없는 학생들)이 캠퍼스 인사들과 대화할 기회를 갖고, 공간을 직접 살펴보며 지역 커뮤니티 대학 학생들과 소통할 수 있는 경험을 할 수 있도록 한다. 이들은 주로 오후 시간대에 만나는데, 전형적인 하루의 바쁜 일상들이 지나간 후에 캠퍼스 방문이 이루어질 수 있도록 하기 위함이다. 우리가 이 방문을 진행할 때에는 나는 거의 항상 마지막으로 자리를 뜨는 사람이 된다. 나는 우리를 맞아준 사람들에게 감사를 표하고, 내 소지품들을 챙겨 주차장으로 가서 차 안에서 그 날의 모임에 대해 되새기곤 한다. 학생들은 무슨 생각을 했는가? 어떤 질문들이 제기되었던가? 우리가 다시 만날 때 이 경험을 어떤 식으로 복기할 것인가?

이런 생각들로 가득 찬 채로 출구를 향해 가는 길에 내가 가르치던 교실들이 늘어선 익숙한 복도를 지나왔다. 학생 라운지 중 한 곳에서 나는 낯익은 사람을 보았다. 그는 몇 학기 전에 나의 *1학년 세미나(First Year Seminar)* 수업을 들었던 학생이었다. 그를 만난 반가움에 나는 인사를 했고, 우리는 사교적인 대화를 나누었다. 그리고 나서야 그녀가 혼자가 아님을 인식했다. 그 라운지에 아마도 시각 장애를 지닌 사람으로 보이는 다른 학생과 같이 있었던 것 같은데, 그녀는 시청각 장애인 소통전달기(DeafBlind Communicator)를 지니고 있었고 옆에는 하얀 지팡이를 두고 있었기 때문에 그렇게 추측했다. 내 수업을 수강했던 학생은 이 학생을 보조자로서 도움을 주고 있었던 것이다. 이 새로운 학생을 소개 받자마자 나는 그녀의 이름을 즉각 알아차릴 수 있었다. 그녀는 포토보이스 수업에 참여자로 지원했었던 것이다!

나는 그 순간 오만 가지 생각들이 머리를 가득 채웠다. 나는 자신을 소개하고 셋 사이의 연관성을 나머지 둘에게도 알린 다음—내가 마주친 수강생은 내 논문연구의 참여자로 지원을 하였지만 그녀는 첫 미팅에 나오지 못했었다—가벼운 대화를 나누며 시각장애를 지닌 사람들이 어떻게 포토보이스 연구에 참여할 수 있는지 그 역학구조에 대해 이야기했다. 나는 그녀가 참여를 원한다는 사실에 정말로 신이 났고, 이날 저녁에 그녀의 참여가 지닐 특성에 대해 확실한 결론을 내리거나 구체적인 계획을 만든 것은 아니지만, 나는 내 대학원 수업의 학생들 중 그녀와 짝이 지어진 학생에게 이야기를 하여 우리 모두 같이 이 일을 진행할 수 있도록 하겠다고 공언하였다.

포토보이스 프로젝트가 많은 사람을 포괄할 수 있는 방법에 대한 사고는 전체 과정을 다른 시각으로 바라보도록 하였다. 그리고 이러한 상황 여건은 나의 학생들과 나에게 능력과 관련된 편견을 해결하려고 노력할 기회를 주었으며, 이 경우가 아니었다면 접하지 못했을 질문을 우리에게 던져 주었다. 보조공학에 대한 접근성이 갖춰져 있는가? 이 참여자가 그녀를 대신하여 사진을 찍을 경우에 참여자의 도움은 무엇을 의미하는가? 포토보이스는 시각에 대한 의존성으로 인해 그 자체적으로 일부 사람들을 배제하는 성격을 지니는가? 불행히도, 우리 수업 구성원과의 첫 만남 이후로 이 특별한 참여자는 대화를 주고받는 일에 참여하지 않았으며, 연구에 대한 참여를 지속시키지 않았다. 우리는 확실히 실망이 컸지만, 참여는 완전한 자발적 의지로 이루어져야 하며, 어느 정도의 시간과 노력을 소모해야 하는 것이다. 그럼에도 불구하고, 이는 가치 있는 학습 경험이었으며 우리로 하여금 우리의 작업을 새롭게 바라보도록 하였다. 이 참여자가 참여를 지원하지 않았다면, 우리는 우리가 당면했던 윤리적 고려사항들에 대해 고민하지 못했을 것이다. 우리는 기발한 생각과 창의성, 풍부한 지력, 그리고 확고한 투지를 갖고 언제든 서로 다른 능력을 가진 다양한 사람을 포토보이스 프로젝트에 수용할 수 있도록 할 것이다. 그렇게 하는 것이 윤리적으로 한 걸음 나아가는 것이며, 물론 그것이 쉬운 길은 아닐 것이다.

2. 윤리적 고려사항

포토보이스 프로젝트 과정 동안에는 윤리적으로 고려해야 할 문제들이 많다. 그 과정은 대부분의 경우 매우 복잡하며, 연구자들은 이 복합성에 대해 논문을 쓰기 시작하였는데(Holtby, Klein, Cook, & Travers, 2015), 대다수는 윤리적인 차원의 문제들을 포함하고 있다. 자발적 참여 기반의 연구 접근법은 "연구자와 연구를 당하는 자 사이의 모든 권력관계를 없애지도 못하며, 그들을 윤리적 딜레마로부터 자유롭게 만들지도 못한다"(Kesby, 2000, p. 432). 어떤 점에서는 참여적 연구 접근법이 오히려 더 확연한 권력관계를 나타낼 수도 있으며, 특히 매우 골치 아픈 윤리적 딜레마를 내포할 수도 있다. 이 장에서 나는 다음의 사항들을 다룰 것이다. (a) 대표자로서의 부담감과 사회적 소외의 가능성, (b) 소유권과 편익/혜택, (c) 사생활 침해, (d) 비밀 보장성, 노출, '폭로(outing)', (e) 위험성, 안전, 법 규정 및 문화적 규범의 위반, 그리고 전방위 감시체계(panopticon), (f) 카타르시스(촉매) 타당도, (g) 정책결정자들과의 관계, (h) 장착된/무게가 실린(loaded), 선두의(leading), 그리고/또는 가정과 추정으로 점철된 사진촬영 촉발제, (i) 이미지 조작과 검열, (j) 다양한 능력과 수용성(inclusion)이다.

헤일리^{Harley}(2012)의 지적에 따르면, 대부분의 출판, 게재된 포토보이스 연구에는 윤리와 관련된 특정한 정보가 포함되지 않는다— 적어도 방법론 절(section)에서 윤리적 고려사항에 관한 왕과 레드우드 존스^{Wang & Redwood-Jones}(2001)의 작업에 대한 언급 이상이 제시되지는 않는다. 그 결과, 우리는 대개 이 중대한 작업에서 들여다볼 수 있는 윤리적 문제들을 고려하도록 촉발되는 경우가 흔치 않다. 연구윤리위원회(Research Ethics Board: REB)/임상시험심사위원회(Institutional Review Board: IRB)의 승인을 얻고, 왕과 레드우드 존스가 앞서 설정한 윤리적 최소한도를 따르는 것은 모든 윤리적 고려사항들이 해결되었음을 의미하지는 않는다. 각각의 포토보이스 연구는 연구팀 구성원들에게 새롭고 독자적인, 그리고 미묘한 차이를 갖는 문제들을 제기할 것이다. 위험요소들은 항상 존재하며, 포토보이스 과정 동안 문제는 불가피하게 제기될 것인데, 이것들을 감춰 둘 수는 없다. 우리는 방법론에 있어 낭만적이거나 뜬 구름 잡듯 하면 안 되며, 사실적이고 현실적이어야 한다. 포토보이스는 그 자체로 기념비적이거나, 협력적이거나, 평등주의적이지 않으며, 내재적으로 유용하지도 않다. 방법론의 성공 여부는 그것이 어떻게 수행되는가, 그리고 그 과정에서 결정들이 어떻게 이루어지는지에 따라 좌우된다. 포토보이스가 새롭고 독창적이며, 재미있고 창의적이고, 참여를 독려하는 방식이긴 하지만, 이것이 전부는 아니며, 그 이상이다. 인간을 대상으로 하는 연구는 항상 위해를 가할 가능성을 지니고 있다. 포토보이스 또한 예외는 아니다.

1) 대표자로서의 부담감과 사회적 소외의 가능성

고려해야 할 과정상 윤리적 문제 중 하나는 이 작업이 참여자에게 가할 수 있는 부담의 정도이다. 사회적 변화를 촉진한다는 것은 간단하거나 쉬운 일이 아니다. 변화 작업의 공정한 배분에 대해 고려해야 한다. 숙지해야 할 또 하나의 현실적인 문제는 포토보이스 참여자들이 혼자서 정책을 결정하고 만들거나 수정할 수 있는 권한이나 힘을 소지하고 있지 않다는 것이다. 이 때문에 포토보이스 연구자들과 참여자들은 이 과정을 통해 남들과 연대함으로써 정책에 영향을 미칠 수 있기를 의도하는 것이다. 포토보이스 참여자들이 자신 이야기와 사진들 모두가 자신이 속한 집단 전체를 대표하는 결정적 목소리로 간주될 것이라는 생각이 부담으로 작용될 가능성이 있다. 포토보이스 연구자들은 이 잠재적 부담감에 대해 참여자들과 논의하여 그들이 최대한 자유롭고 얽매이지 않도록 해야 한다.

홀트비, 클라인, 쿡과 트래버스Holtby, Klein, Cook, & Travers(2015)는 특히 소외되고 억압받는 자들의 인생사를 맥락에서 꺼내 이해와 공감, 연대와 결속의 촉진과 상반되게 정반대의 방식으로 사용되곤 하는 신자유주의에 직면하여 연구팀이 포토보이스의 참여적 특성을 적극 활용하여 대표성에 대한 솔직하고 열린 대화를 위한 공간을 마련할 것을 권유했다. 그럼에도 불구하고, 심화적인 소외의 가능성을 줄이는 것은 매우 어렵다. 윌슨과 플리커Wilson & Flicker (2015)에 따르면, 그들은 "[연구 발견점을] 어떻게 맥락화해야 그것이 젊은 흑인 여성에 대한 고정관념을 강화시키지 않은 채 그 근본적인 문제들에 접근하고 자기결정권과 건강의 촉진을 이룰 수 있을지에 대해 고민을 많이 했다"(p. 84). 하지만 포토보이스 연구자들은 "참여자들의 목소리가 실제로 참여자가 속한 보다 포괄적인 단체를 대표하는 것으로 간주될 것이라는 현실적인 문제를 완전히 배제할 수는 없다"(Holtby et al., 2015, p. 333)고 한다. 우리가 할 수 있는 최선은 그들의 이야기가 어떻게 세상에 비추어질 것인지에 대해 참여자들과 논의하고, 가장 최선의 방식에 대해 그들과 상의를 하는 것이다. 이야기화된 이미지가 정확(accurate)하지만 그것이 대표적인 것(representative)이 아닐 때에는 어떤 일이 발생하는가? 우리는 그 차이를 어떻게 알 수 있는가? 상황을 앞서서 사전대책을 강구하는 것은 이와 같은 가능성을 완화시킬 수 있다. "우리는 참여자들에게 정확하긴 하지만 반영적(reflective)이진 않은 사람들이나 집단을 사진에 담는 것을 피하도록 독려했다"(Wang & Redwood-Jones, 2001, p. 568).

2) 소유권과 편익/혜택

미첼, 드랭과 응우옌Mitchell, de Lange, & Nguyen(2016)의 연구에 참여한 소녀들과 여성들은 기록 과정에서 프로젝트의 카메라를 사용하는 모습을 자신의 휴대 전화로 서로 찍어 주었고, 이는 메타포토그래피로 간주할 수도 있다. 이 이미지들은 이후 페이스북에 포스팅되었다. 이와 같은 상황을 완화시키는 것이 연구자의 역할인가? 그것이 문제가 될 것인가? 추가적으로, 만약 참여자가 참여는 하고 싶지만 실제로 사진을 찍는 것에는 관여하고 싶지 않다면 어떡할 것인가? 한 참여자가 다른 참여자를 대신해서 사진을 찍을 경우 어떡할 것인가? 이것 또한 유효할 것인가? 누가 사진을 찍은 자가 될 것인가? 포토보이스 프로젝트의 기록단계에서 찍힌 사진들은 일반적으로 참여자─사진가에게 속한다. 하지만 이 사진들의 사용은 또한 전형적으로 동의 및 양도 계약 과정을 통해 연구자에게 인도된다. 우리는 또한 작업의 결과물이 많은 주목을 받거나 이윤을 남기게 될 경우 누가 혜택을 받을지를 고려해야 한다. 소수의 예외를 제외하고, 연구 과정에서 발생된 이득은 참여자들과 그들의 커뮤니티에게 직접적으로 혜택을 주어야 할 것이다. 대안적으로는, 연구 과정에서 발생한 추진력(momentum)이나 지원금은 프로젝트를 지속시키거나 관련된 추가작업을 용이하게 하기 위해 사용될 수도 있다.

3) 사생활 침해

사진에 찍힌 사람들이 경험할 수도 있는 사생활 침해의 유형과 관련된 그로스, 카츠와 루비Gross, Katz & Ruby(1988)의 연구를 인용하여 왕과 레드우드 존스Wang & Redwood-Jones(2001)는 각 유형을 다루었는데, 여기서 더 나아가 포토보이스 방법론에서 각 유형이 어떠한 의미를 갖는지 다루었다. 첫 번째는 사적 공간에 대한 침해이다. 동의서 양식을 통해 이 유형의 침해를 부분적으로 짚어 볼 수 있겠다. 세 유형의 동의서 양식이 제시되었다. (연구자가 결과물을 수집하는) 연구에 참여한다는 동의, (참여자가 수집하는) 사진촬영에 응하겠다는 개인의 동의서, 그리고 (연구자가 수집하는) 사진을 출판하거나 게재한다는 동의이다. 이에 대한 예시는 부록에 제시되어 있다. 둘째는 개인의 난처한 사실의 공개이다. 세 번째 유형은 이미지에 의해 왜곡된 시각을 갖도록 한다. 네 번째는 상업적 이익을 위해 개인의 초상을 사용하는 것이다. 이러한 잠재적 침해는 기록단계와 교육단계에서 고려되어야 할 것이다.

4) 비밀 보장성, 노출, '폭로'

스펜스Spence(1995)는 영국 내에서 활발해지기 시작하는 커뮤니티 포토그래피(즉, 참여적 기록 사진촬영) 관행에 대해 언급했다. "[커뮤니티 포토그래피의] 주된 목적은 사람들로 하여금 자기 생활에 대한 어느 정도의 자율권을 확보하고 자신을 더 수월하게 표현할 수 있도록, 그럼으로써 서로 간의 연대를 이룰 수 있도록 하기 위함이다"(p. 35). 하지만 이는 쉬운 과제가 아니다. 스펜스는 이어서 말했다. "동네 생활에 깊이 뿌리를 내리고 있는 사람들은 사람들을 단순한 '사물'로써 사진 찍기가 어렵다. 그들은 사진이 공개되고 나서도 여전히 서로 얼굴을 맞대고 살아야 한다"(p. 35). 이 진술은 윤리적이면서도 실제적인 문제들을 지적한다. 참여자들에게 기록 포토그래피에 대해 소개할 때, 우리는 그들이 자신의 작업물이 갖는 모든 결과적 영향을 면밀히 살피도록 알려주어야 한다. 특정 유형의 사진들이 타인에게 어떻게 그리고 어느 정도로 큰 영향을 끼칠 수 있는가?

때때로, 자신의 이야기를 말하고 보여 주는 것은 어렵거나 고통스러운 일이 될 수 있다. 이 이야기가 알지 못하는 타인에 의해 소비, 검수, 평가, 심문, 그리고 도용될 수 있는 가능성은 숨 막히게 할 수 있으며, 그로 인해 침묵할 수도 있다. 홀트비, 클라인, 쿡과 트래버스Holtby, Klein, Cook, & Travers(2015)는 "억압의 경험을 그것을 소비할 힘을 가진 대중들에게 공개하는 것은 스토리텔러에게 매우 파격적이고 균형이 맞지 않는 위험으로 점철된 선택이다"(p. 319)라고 설명했다. 많은 동성애 또는 트랜스 청소년들이 이 대표성의 문제와 공개성의 문제 사이에서 매일매일 절충해 가며 산다. 그리고 이 절충 과정은 권력 불균형을 경험하는 동안에 펼쳐진다. 나아가, "바라보아지는 것(공개되는 것)은 많은 소외된 개인에게 있어 간단한 욕구/욕망이 아니다. 자신과 자신이 속한 커뮤니티를 대변하는 것은 긴장 투성이의 일이다(Holtby et al., 2015, pp. 317-318)."

5) 위험성, 안전, 법 규정 및 문화적 규범의 위반, 그리고 전방위 감시체계

다음에 대해 고려해 보라. "플린드(Flint)에서 두 명의 어린 포토보이스 참여자들이 자신의 친구 두 명을 사진 찍었다. 한 명은 7세이고, 다른 한 명은 14세로, 갱(범죄조직) 표시를 하고 마약을 하는 모습이 포착되었다. 그들은 포토보이스의 규정을 무시하고 사진을 찍기 전에 승인을 받는 것을 생략하였다"(Wang & Redwood-Jones, 2001, p. 565). 연구자, 참여자, 그리고 사진에 찍힌 개인들에게 가할 수 있는 위험성이 이 접근법에 내재되어 있다. 일부 사례에서는 이 위험이 포토보이스 연구자들이 함께 작업하는 특정 인구집단 또는 커뮤니티와 관계된다. 로젠, 굿카인드와 스미스[Rosen, Goodkind, & Smith](2011)의 연구의 목적은 메타돈(methadone) 보건소에서 치료를 받는 흑인 미국인들이 직면하는 치료 관련의 문제들에 대해 알아보는 것이었다. 이 프로젝트는 대학 연구자들과 메타돈 보건소 직원들 사이의 합동 연구로 수행되었다. 총 10명의 참여자들이 관여되었으며, 8주 동안의 프로젝트 기간 동안 35mm 카메라가 사용되었다. 저자들에 의하면, "이 모집단과 관련된 내재적 위험이 존재하는데, 그들이 불법적 행위(마약 복용이나 거래 같은)를 목격하거나 사진 찍을 수 있기 때문이다. 참여자들의 안전을 보장하기 위한 각고의 노력이 필요했다(p. 529)." 포토보이스 연구자로서 우리는 항상 참여자들이 불법적 행위를 목격하거나 사진 찍을 수 있는 가능성을 염두에 두어야 한다. 때때로 모집 기준/규준에는 높은 수위의 위험성이 불가피하게 내포되기도 한다. 이것이 바로 로젠 등Rosen et al.의 연구의 사례였다.

프린스Prins(2010)는 성인 소양교육 프로그램에 참여하고 있는 엘사보드로 (El Salvador) 지역 사람들과 함께 수행한 참여적 사진촬영 프로그램 과정 중 예기치 못한 문제들을 관찰하게 되었다. 프린스는 참여적 사진촬영에 수반된 잠재적 위해성과 예기치 못한 결과에 대비해 비판적으로 사고할 것을 미리 주의했다. 참여적 사진촬영이 이 연구에 사용되었으나, 이 연구는 포토보이스 프로젝트는 아니었음을 지적할 필요가 있겠다. 프린스는 자신의 논문을 예시로 들면서 참여적 사진촬영이 어떻게 참여자들의 학습과 행동하기에 영향을 미치는 한편, 사회적 통제와 감시의 기술로도 작용할 수 있는지를 설명했다(Foucault, 1995). 우리는 포토보이스 연구자로서 참여적 사진촬영에 대한 지나치게 낙관적인 관점을 주의해야만 한다. 이와 마찬가지로, 우리는 카메라가 그 자체로 자유를 가져다준다고 추정해서는 안 된다. 참여적 사진촬영은 명확히 잠재적인 이점이 있지만, 연구자들은 또한 "그것이 어떻게 특정 사회문화적 환경을 구성하고, 또 그로 인해 구성되는지를 인지해야 한다(Prins, 2010, p. 427)." 그럼에도 불구하고, 모든 잠재 위험요소가 예측 가능하지는 않다.

프린스Prins(2010)는 푸코Foucault(1995)의 연구를 두 가지 방식으로 인용하여 자신의 참여자들이 사진촬영에 참여하는 동안에 직면했던 문제들을 설명했다. 첫째, 참여자들이 사진촬영 활동 중에 사회규범을 위반하여 그들이 더욱 눈에 띄어 쉽게 감시당하게 되었다. 이는 참여자들에게 주저와 망설임을 야기할 수 있다. 둘째, 개인이 극심한 감시 하에 놓이며 체제에 대한 불신을 지니게 되는 사회문화적 맥락에서는 카메라가 사회통제라는 위협적인 물체로 간주될 수 있으며, 감시를 당해야 했던 사건에 대한 기억을 부추길 수도 있다. 프린스Prins(2010)의 연구에서 성인 참여자는 소양교육 참여에 대한 사진촬영, 특히 수업이 그들의 삶에 어떤 영향을 미치는지를 기록하고 수업의 개선에 유용할 수 있도록 자기 생활의 여러 측면을 공유하고 자신의 세계관을 표현하도록 요청받았다.

프로젝트 수행 기간 동안에 세 가지 문제가 부상했다. 첫째, 한 참여자가 사탕수수 밭을 사진 찍었는데 밭의 소유주가 접근해 참여자에게 질문을 했다. 참여자는 프로젝트를 설명해 주었지만, 소유주는 프로젝트 대표인 프린스가 후에 자신의 밭에 불을 지르기 위해 참여자에게 사진을 찍도록 했다고 주장했다. 프린스Prins(2010)는 이 비난에 화가 나고 충격을 받았으나 자신이 연구를 진행하고 있는 환경적 맥락에 대해 더 잘 이해할 수 있게 되었다고 설명했다. 푸코Foucault(1995)의 연구를 거울 삼아 참고하는 것이 확실히 유용했다. 둘째, 일부 참여자들은 무엇을 사진 찍어야 할지 결정하기 어려워하거나 부끄러워했다. 나아가, 어떤 이들은 카메라를 사용하는 것에 대해 조롱을 받았는데, 동료들이 참여자가 카메라를 어떻게 사용하는지 모를 것이라 여겼기 때문이다. 셋째, 일부 사례에서는 다른 사람들이 참여자를 대신해 사진을 찍었다. 세 번째 문제는 아마도 확실히 두 번째 문제로부터 비롯되었을 것인데, 일부 참여자들은 그들에게 조언을 구하며 카메라를 조언자의 손에 넘기기도 했을 것이다.

사회문화적 맥락이라는 요인은 이 연구에 앞서 언급한 문제들에 독특성과 미묘한 차이를 부가시킨다. 하지만 유사한 문제들은 어떠한 사회문화적 맥락에서든 발생할 수 있으며, 모든 포토보이스 연구자가 이와 유사한 문제를 참여자들과 작업하면서 겪었거나 겪을 것이다. 커뮤니티에 대해 최대한 많이 아는 것이 윤리적 측면이 내포된 이 유형의 문제들을 완화함에 있어 핵심적이다.

프린스Prins(2010)는 솔직하게 다음과 같이 말했다. "나는 사진촬영을 무해한 기술로 바라보았기 때문에 그것이 이 설정에서 어떻게 받아들여질 것인지를 오판한 것이다"(p. 439). 그렇다면, 우리는 프린스로부터 무엇을 학습할 수 있는가? 그녀는 몇 가지 조언을 해 주었다. 첫째, 사진촬영은 지역 맥락에 맞추라. 참여자들에게 이와 관련하여 도움을 요청하라. 참여자들이 덜 노출될 수 있는 방법에 대해 생각해 보라. 진행이 시작되었다면, 그 과정을 자주 논의하라. 참여자들에게 어떻게 사진을 찍고 있는지에 대해 질문하라—단순히 그들이 특정 사진을 찍은 이유나 사진에 무엇이 담겨 있는지에 대한 질문이 아니라. 다시 말하지만, 사진의 사회문화적 맥락을 이해하기 위해 상당한 주의를 기울이며 진행하라.

프린스Prins(2010)는 자신의 작업을 매우 훌륭히 간추려 표현했다. "사진촬영을 문화적으로 권력에 깊게 뿌리내린 기술, 사회통제와 예속된 피지배 지식의 회복(recovery of subjugated knowledge)이 가능한 것으로 이해하는 것은 참여적 사진촬영 프로젝트가 불신이나 곤혹이 아닌 신뢰, 학습, 그리고 행동을 생성시킬 수 있음을 보장해 준다"(p. 441).

6) 카타르시스(촉매) 타당도

래어Lather(1986)는 자신의 에세이의 목적은 "해방적(emancipatory) 이론 정립을 발전시킴과 동시에 피연구자의 권리를 강화시키는(자율권을 주는) 실증연구에 대한 접근법을 형성하기"(p. 64) 위함이라고 명시했다. 이것이 바로 포토보이스의 가장 중요한 요소이다. 해방적 이론 정립은 "평등주의적 사회구조"(p. 64)에 기여할 수 있는 '정책 변화를 위한 제안'에 비유할 수 있다. 유사하게, 보다 평등한 사회구조를 향해 나아가는 것은—포토보이스 프로젝트의 참여자들이 전형적으로 소외된 사람들을 상징하거나 소외집단의 구성원들이기 때문에 아마도 권한부여, 또는 비판적 의식 형성을 필연적으로 지지하는 것이다. 래어는 이 유형의 연구—"과감한 이데올로기적인 연구(unabashedly ideological research)"(p. 67)—가 현재의 (권력)상황에 도전을 하기 위해 활용되어야 한다고 주장했다.

래어Lather(1986)는 프레이리에게서 영감을 받은 페미니스트 연구 관행은 흔히 자기반영성이 부족하다고 지적했다. 그렇다면 연구자들은 어떻게 자기 연구의 신뢰성을 강화하는 자기반영적 수행(자신의 성향을 공언하는 것을 넘어서서)에 참여하는가? 이 질문에 대한 답으로 래어는 유효성/타당성에 대한 재개념화를 제안했다. 그녀가 내세우는 타당성의 한 유형은 카타르시스 타당도이다(p. 67). 윤리적 차원에서 우리는 포토보이스 연구 프로젝트의 카타르시스 타당도의 중요성을 고려할 필요가 있다(Lather, 1986). 그리고 이 유형의 타당성이 그녀가 제시한 다른 유형과 비교하여 "연구자 중립성이라는 매우 중요한 실증주의적 신조에 정면으로 반대된다는 점에서" "단연코 가장 비정통적인"(Lather, 1986) 것임에도 불구하고, 이는 포토보이스 연구 내에서는 잠재적으로 아마도 가장 강력한 유형일 것이다. 우리는 스스로에게 물어야 한다. 참여자들이 비판의식을 형성하고 사회적 악을 해결하고자 하는 이 연구 과정으로 인해 움직이고, 변하고, 학습하고, 행위하고, 열기를 돋우고, 영향을 받았는가? 카타르시스 타당성은 참여자들이 사회 변화에 참여하고자 하는 의지로 인해 사회적 풍경을 보다 잘 이해하는 것으로 정의될 수 있겠다.

래어Lather(1986)는 페미니스트 연구의 목적에 대해 "여성의 불평등한 사회적 위치를 타파하는 방식으로 여성의 경험이 갖는 비가시성과 왜곡을 모두 바로잡기"(p. 68)라고 쓴 적이 있다. 포토보이스는 이 목적들에 주의를 기울인다. 그 방법론은 비가시적인 것을 가시적으로 드러나도록 하며, 참여자들에게 자신의 생활을 기록할 것을 요청함으로써 그들 경험의 왜곡은 없어지거나 제한적이게 된다. 래어Lather(1986)는 또한 프레이리 연구의 목적에 대해서도 쓴 적이 있는데, 사회 조건에 대해 이해하고 사회 대리인으로서의 자신을 인식하고, 형성하고, 그에 따라 행동함으로써 사회 조건의 개선에 참여자들의 능동적 참여를 이끌기 위해 노력해야 한다고 하였다. 우리는 포토보이스 연구 설계에 우리가 의식적으로 카타르시스 타당성을 어떻게 형성할 수 있는지 스스로 물어야 한다.

7) 정책결정자들과의 관계

이 연구 과정에서 옹호/주장(advocacy)의 특성은 무엇인가? 우리는 "포토보이스가 정책을 결정하기 위해 반드시 권력(정권) 교체를 시도하는 것은 아님"(Wang & Redwood-Jones, 2001, p. 569)을 인지해야 한다. 명확하게는, 포토보이스는 대다수의 참여자가 정책을 결정할 힘을 갖고 있지 않음을 알고 있다. 그럼에도, 포토보이스 참여자들은 어떠한 연구 과정 동안 관여한 주제에 대해 정책결정자들에게 영향을 미치기 위해 능동적으로 관여한다.

왕과 레드우드 존스^{Wang & Redwood-Jones}(2001) 또한 정책결정자들과의 관여를 윤리적 관심으로서 제기하였다. 프로젝트 팀 구성원들이 어떤 정책결정자들에게 접근할 것인지, 그리고 어떻게 접근할 것인지 선택하는 방식을 눈여겨보아야 한다. 정책결정자들은 어느 정도로 이 과정에 관여해야 할 것인가? 교육기관 내에서 작업할 경우, 연구 프로젝트를 수행하기 위해서는 흔히 승인을 필요로 한다. 허가를 요청하는 것은 파트너십에 대한 대화로 시작될 수 있다. 나의 연구들 중 많은 작업이 지역 커뮤니티 대학의 맥락에서 이루어졌다. 대학 기반의 연구자로서, 그리고 4년제 기관에 고용되고 IRB 과정을 수행할 윤리적인 의무를 지닌 자로서 나는 항상 나의 연구를 수행하기 위해 먼저 허가를 요청함으로써 프로젝트를 시작했다. 이는 사람들과 만나 아이디어를 설명하고, 나의 소속기관의 IRB(이와 동등한 파트너 기관도 포함)에 제공하기 위한 허가서를 요청하는 것을 의미한다. 기관의 대리인과 만나고 솔직한 대화를 갖는 것은 이해와 동의, 지원을 키울 수 있다. 이는 탐구 조사를 어디로 향할 것인지, 그리고 조사 발견점을 논의하기 위한 대상이 어디인지를 확인함에 있어 중요한 첫 발이 될 수도 있다.

존스톤^{Johnston}(2016)은 포토보이스 방법론의 이른바 세 번째 목적인 정책 변화에 질문을 제기했다. 그녀는 대부분의 포토보이스 프로젝트가 정책이 연구에 의해 영향을 받는지 여부를 보고하는 것에는 관심을 적게 둔다고 지적하며, 이를 윤리적 문제로 틀 지웠다. 참여자들을 사회적 변화의 결정권자로 위치 잡는 것은 몇 가지 윤리적 문제를 야기할 수 있다. 예를 들어, 만약 참여자들이 그러한 위치를 원하지 않을 경우에는 어떡할 것인가? 참여자들은 사회 변화를 위한 대리인이라는 잠재적인 부담을 짊어져야만 하는가? 이에 대해 존스톤은 포토보이스 연구자들에게 사회 운동 이론에 관한 문헌을 연구할 것을 권했다.

존스톤Johnston(2016)은 "특히, 정책에서의 변화를 일으키기 위해서는 [포토보이스] 참여자들에게는 여론의 형성과 정치적 동맹이 필요할 것이다."(p. 804)라고 주장했다. 일부 사례에서는 포토보이스 프로젝트가 존스톤Johnston이 미시사회운동(micro-social movement)(pp. 804-805)이라고 부른 것으로 간주될 수도 있다. 하지만 포토보이스 연구자들은 연구의 정책적 영향에 관해서 너무 거창한 주장을 해서는 안 된다. 포부가 큰 것은 나쁜 것이 아니지만, 우리는 현실적이어야 한다. 참여자들에게 실현이 되지 않을 희망의 씨앗을 심는 것은 윤리적으로 문제가 있다. 기대감은 책임감 있게 다루어져야 한다. 포토보이스 프로젝트 하나가 정책 변화를 생성할 가능성은 매우 적다. 하지만 포토보이스 프로젝트가 정책에 영향을 미칠 가능성은 매우 크다.

8) 장착된/무게가 실린, 선두의, 그리고/또는 가정과 추정으로 점철된 사진촬영 촉발제

무게가 실린(loaded), 선두의(leading), 그리고/또는 가정과 추정으로 점철된 사진촬영의 질문들/촉매(prompts)와 인터뷰/포커스 그룹의 질문들/촉매에 관심을 기울이는 것은 매우 중요한데, 왕과 레드우드 존스Wang & Redwood-Jones(2001)는 이를 윤리적 고려사항으로 간주하기도 했다. 사진촬영의 질문들/촉매는 프로젝트에 관여된 사람들(연구 팀의 구성원들, 참여자들, 정책결정자들, 협업자들)과 상의하여, 그리고 관련 문헌을 참조하여 만들어져야 한다. 프로젝트가 진행되는 곳의 맥락에 대한 예리한 이해 또한 무엇보다 중요하다. 이에 더해, 참여자들의 연령, 능력, 그리고 관심사에 대한 고려도 중요하다. 사진촬영의 질문들/촉매가 이해하기 어렵거나 참여자들의 삶과 무관한지 여부를 물어보라. 가능하다면 언제든 참여자들과 촉매 질문에 대해 이야기하라. 프로젝트가 어떻게 펼쳐지는지에 따라, 그리고 사진촬영 모임의 횟수에 따라 변화가 과정에 따라 이루어질 수 있다. 참여자들이 질문에 직접 관여를 할 수 있고, 그에 따라 사진을 찍을 수 있다는 것은 전체 과정에서 매우 핵심적인 요소가 된다. 예를 들어, 2014년 봄 학기에 대학원생 집단과 나는 지역 커뮤니티 대학 학생들과 함께 가난, 금융이해력, 그리고 캠퍼스 직원들과의 관계에 대한 포토보이스 프로젝트를 진행했다. 우리는 다음의 질문을 설정했다. [지역 커뮤니티 대학에] 사회 계급이 어떻게 작용하는 것으로 보는가? 내 연구의 대학원생들과 나는 이것을 매우 적절한 질문으로 생각했다. 그렇지만 우리는 잘못 알았던 것이다. 참여자들은 이 질문이 의미하는 것이 무엇인지 이해하는데 어려움이 컸으며, 이는 개별 인터뷰를 하는 동안에서야 확인된 사실이다. 우리는 사진촬영 모임 이전에 참여자들과 이 질문들을 미리 따져 보지 못했는데, 그렇게 했어야만 했다.

9) 이미지 조작과 검열

팅클러Tinkler(2013)는 연구 결과에 포함시킬 가치가 상실되기 전까지 "우리 [연구자들]가 사진을 어느 정도로 조정하는 것이 좋을까?"라고 질문했다. 위원회에 순순히 따르기 위해 참여자들의 사진의 범위를 제한하는 것이 어떤 식으로 그들의 대표성을 훼손시키는가? 미첼, 드랭과 응우옌Mitchell, de Lange, & Nguyen (2016)은 참여자들에게 얼굴 사진을 찍는 것을 금지시켰다. 하지만 "몸의 익명성은 어디에 있는 것일까? …… 참여자들은 누군가의 얼굴을 사진 찍는 것을 피할지 몰라도, 휠체어가 훨씬 더 인지 가능하고 식별 가능한 표지가 될 수도 있다"(p. 252). 당신의 소속기관이 참여자의 사진에 사람이 찍힐 경우, 모두 공적으로 공개되기에 앞서 수정되어야 한다는 입장을 취한다고 가정해 보라. 당신에게는 두 개의 선택지가 있다. 당신은 사람들의 얼굴을 희미하게 처리하거나(Mamary & McCright, 2007), 얼굴을 완전히 검게 가릴 수 있다(Strack, Magill, & McDonagh, 2004, p. 53). 이렇게 함으로써 이미지가 바뀌게 되는 방식을 고려해 보라. 이 이미지들이 다른 사람들에게 어떻게 받아들여질지를 고려해 보라. 참여자들은 이 수정을 어떻게 여길지에 대해서도 고려해 보라. 사진에 찍힌 사람들은 이 수정된 이미지에 대해 처음 봤을 때 어떻게 느낄지에 대해 고려해 보라. 이미지를 수정하는 것이 포토보이스 프로젝트의 특성과 본질을 어떻게 바꾸는지에 대해 고려해 보라. 내 개인 경험 상, IRB 허가를 신속히 받기 위해 나는 때때로 사람이 찍힌 이미지를 모두 금지하였다. 이것은 이 과정에 어떠한 영향을 미쳤을까?

때때로 기관들이나 전시 주최기관은 이미지나 이미지에 대한 글을 공개하기 전에 미리 볼 수 있는지 요청한다. 이는 반드시 나쁜 일은 아니다. 왕, 위, 토아와 카로바노^{Wang, Yi, Toa, & Carovano}(1998)는 때로는 이미지를 관계자들에게 공개하기(뉴스 기사, 전시) 전에 검사를 받도록 하는 것이 유용할 수 있다고 지적했다. 하지만 이미지/글의 검열은 참여자들의 작품을 왜곡시킬 수 있으며, 그에 따라 연구에서 의도한 의미가 퇴색될 수 있다. 어떤 메시지들은 전반적인 작품의 제시에 있어 핵심적으로 중요한 것들이 있으며, 이것들은 지켜 낼 만한 가치가 있다. 하지만 검열이 낮은 수준이라면, 그리고 전시의 본질을 바꾸는 것이 아니라면 요청에 따를 것을 권한다.

10) 다양한 능력과 수용성

미첼 등Mitchell et al.(2016)은 시각 연구(즉, 포토보이스)를 할 때, 특히 장애를 지닌 여자 아이들과 함께할 때 주의해야 할 몇 가지 윤리적 문제들을 제시했다. 이 고려사항들은 그들의 경험을 바탕으로 만들어진 것이지만, 이는 포괄적으로 적용될 필요가 있다. 첫째, 우리는 방법론이 포괄적인지 여부를 염두에 두어야 한다. 사진촬영이 시각능력이 있는 사람들을 위해서만 유용한 것인가? 물론 아니다. 최근의 기술발전으로 포토보이스 연구자들은 이 접근법의 각막 안구-의존적인 특성을 극복할 수 있게 되었다. 포토보이스 위원회는 시각적으로 장애를 지닌 참여자들과 감각적 사진촬영의 사용을 돕는 매뉴얼을 출판했다. 이에 더해, 사진촬영이 촉각적으로 느껴지도록 제작될 수 있어 시각적 장애를 지닌 사람도 서술단계나 발표단계를 같이 경험할 수 있게 되었다. 둘째, 소외되거나 체제적으로 그들의 목소리가 들리지 않게 되어 버린 개인들이 다시 목소리를 회복한다는 것은 윤리적으로 어떤 의미가 있는가? 이 질문은 장애를 지닌 사람들과 함께 작업할 때 특히나 더 중요하게 고려해야 할 것이다.

11) 포토보이스 윤리의 맥락적 특성

포토보이스 방법론에 대한 엄격한 윤리적 가이드라인은 확정적일 수도 없고, 확정적이어서도 안 된다. 그보다는 윤리적인 고려가 반영된 의사결정이 구체적인 포토보이스 연구 사례들 내에서 일어나야 한다. 다시 말하자면, 맥락이 중요하며, 한 맥락에서 윤리적인 것이 다른 맥락에서는 그렇지 않을 수 있다.

3. 검토위원회와 함께 작업하기

　기관의 검토 과정에 있어 성공적인 항해의 가장 중요한 두 가지 요소는 다음과 같다. 첫째, 여러분은 늦지 않게 조기에 명확히 그리고 지속적으로 여러분의 검토위원회와 소통을 시도해야 한다. 그들의 기대를 정확히 알고, 그들 작업의 지향성을 아는 것이 핵심이다. 둘째, 여러분은 자신의 연구에 대해 종합적인 그림을 보여 줄 수 있어야 하며, 참조목록이 풍부해야 한다. 이는 여러분이 계획하고 있는 작업의 견고함을 입증하기 위함이다. 포토보이스 연구 프로젝트를 완료함에 있어서 가장 어려운 점 중 하나는 기관의 검토를 완수하는 것이다. 초보 연구자에게 있어서 IRB를 수행하는 것은 상당한 난제가 될 것이다. 참여자의 사진촬영이 갖는 복합성을 연구 초안에 더하면, 안 그래도 어려운 과정이 더욱더 난해해진다. 기관의 직원이 인간을 '대상'으로 한 연구를 능동적으로 수행하는 기관 환경에서는 연구가 윤리적인 방식으로 수행될 것을 보장하기 위해 IRBs가 만들어졌다.

　대개 REBs 또는 IRBs의 구성원들은 참여적 행동 연구 및 커뮤니티 기반의 참여적 연구(CBPR)를 포함해 참여적 연구 접근법을 잘 모르는 경우가 많다. 따라서 포토보이스 연구자들은 IRBs를 거치면서 난관에 직면할 수 있다. 링컨과 티어니 Lincoln & Tierney(2004)의 말에 따르면, "몇몇 기관들에서는… 페미니스트, 행동 연구, 그리고 참여적 행동 연구 프로젝트가 즉석에서 '비과학적이며' '보편화가 불가능하고' '충분한 이론화가 부족'하다는 이유에서 거부되었다"(p. 222). IRBs의 요청에 따르기 위해 많은 경우, 연구자들은 연구 설계를 굽히고 접근법을 질적 연구에서 양적 연구로 바꾸기도 하였는데, 질적 접근법은 중요한 통찰력을 가져다주는 다양한 분야에 있어 치명적일 수 있다. 행동 연구의 형태는 IRBs에게 있어 특히 더 풀기 어려운 문제이다. 링컨과 티어니 Lincoln & Tierney 에 따르면, "IRBs는 [행동] 연구를… 이해하거나 지지함에 있어 상당한 어려움을 겪고 있는 듯 보인다. 행동 연구 모델이… 관계자들에게 큰 가능성을 보여 줌에도 불구하고 말이다"(p. 228). 나아가, 연구 참여자들에 대한 보호보다는 기관의 보호에 대한 고려가 더 큰 것으로 보인다. 이는 중대한 문제인데, 연구 참여자에 대한 보호가 기관에 대한 관심사보다 앞서야 하기 때문이다. 질적 연구자들이 일반적으로 자신의 연구 결과를 보편화시키고자 하지는 않기 때문에 무엇이 연구를 구성하는지에 대한 정의에 있어 보수적인 관념을 고수하는 많은 IRBs는 위험신호(red flag)를 들게 된다. 불행히도, "규정이 보편가능성을 연구에 대한 정의의 일부로 정하는 한 질적 연구들은 지나친 검토의 요구로 인해 곤혹을 치를 것이며, 때로는 부적절한 수정 또는 전면적인 거부를 겪어야만 할 것이다"(Lincoln & Tierney, 2004, p. 231). IRB의 검토가 지연되거나 순조롭지 못할 경우, 가장 좋은 방어책은 대화와 소통이다. 여러분이 위원회의 구성원이 될 수 있다면, 또는 단순히 구성원과 연구의 이점 및 특성에 대해 이야기할 수만 있다면, 적절한 검토와 승인을 받을 가능성은 높아진다.

구타, 닉슨, 가헤이건과 필든Guta, Nixon, Gahagan, & Fielden(2012)은 24명의 "캐나다인 REB/IRB 구성원, 직원, 그리고 CBPR에 특화된 지식을 지녔으며 윤리적 검토 과정을 잘 아는 핵심 정보제공자들"을 대상으로 인터뷰를 수행했다(p. 18). 몇 사례의 예외를 제외하고는 발견된 바에 따르면, 이 연구의 참여자들은 CBPR를 이해하기 위해 많은 시도를 하고 있으며, 심사를 받는 작업의 특성에 대해 적절한 윤리적 문제를 제기하기 위해 노력하고 있다. 이에 더해, 참여자들은 "REBs/IRBs의 인식을 비밀스럽고 호응적이지 않은(secretive and nonresponsive) 것으로 반박했으며, [연구자와] 함께 작업하는 것이 연구 초안/프로토콜을 발전시키고 개선시킨다고 설명했다"(Guta et al., 2012, p. 22). REBs/IRBs를 장애물로 간주하기보다는 참여적 작업에 관여하는 포토보이스 연구자들로서 우리는 검토 과정을 책임지고 해야 할 단계, 적절한 윤리적 체계 내에서 연구를 기획하고 작업할 수 있도록 하는 단계로 보는 것이 필요하다. 나아가, 검토위원회를 구성하는 사람들은 연구 파트너(문지기/검문관이 아니라)로서 뒷받침을 해 주는 사람들, 윤리적으로 올바른 관행을 촉진하고자 하는 사람들로 보아야 한다. 구타 등Guta et al. 의 연구는 명확한 제한점을 지니며, 보편화가 불가능하다. 그럼에도 불구하고, 그것은 CBPR에 대한 이해의 증가가 REBs/IRBs 구성원들 사이에서 이루어지고 있음을 보여 준다(적어도 캐나다의 국가적 차원에서는 말이다.). 이는 확실히 올바른 방향으로 한 발자국 더 나아가는 변화이다.

어떤 경우에는 포토보이스 연구를 진행함에 있어 발생하는 윤리적 딜레마가 프로젝트가 시작하기도 전에 구상단계에서 좌절시킬 수도 있다. 우리는 참여자들이 사람들을 사진 찍지 않도록 해야 할까? 이는 내가 IRB 과정을 보다 신속하게 처리하기 위해 선택했던 방법이다. 우리는 참여자들에게 미성년자들을 사진 찍을 수 있도록 할 것인가? 미성년자들의 보호자로부터 동의를 얻어야 하는 것은 참여자들의 몫이 될 것임을 뻔히 알면서도 말이다.

참여자들의 정체성을 숨기고 보호하는 것은 "바라지 않은 결과를 사전에 방지"하는 매우 중요한 이유이다(Pauwels, 2008, p. 244). 하지만 포토보이스 프로젝트에서 익명성과 비밀보장은 때로 불가능하거나 바람직하지 않을 수도 있다. 합당한 이유에서 참여자들이 자신의 정체성을 드러내기를 바랄 수도 있다. 그들은 자신의 참여를 기념하고 알리고자 할 수도 있으며, 정책결정자들에게 면대면으로 소통하여 자신의 프로젝트 관여를 알리고자 할 수도 있다. 대다수의 참여자에게 있어 이러한 프로젝트에 참여하는 것은 자랑스러운 일이며, 개인적 반영과 성장을 위한 수단이 되기도 한다.

때때로 IRBs는 사진들 속에 참여자의 정체성의 비밀보장을 지키도록 엄중히 단속할 수도 있다. 나아가, "디지털 이미지 프로세싱은… 얼굴이나 회사 로고 등의 이미지 속의 요소들을 인식 불가능하게 만들거나 읽을 수 없게 처리하는 것을 가능케 한다… 이러한 개입방식은 또한 유의미한 데이터의 손실을 가져오기도 한다"(Pauwels, 2008, p. 245). 파웰Pauwels은 개인이 임의로 찍은 사진에 포착되는 것은 놀이공원, 콘서트 또는 야외파티에 놀러 갔을 때에는 전적으로 가능하다고 지적했다. 이는 "사적인 이미지 생산의 민주화"(p. 245)가 갖는 불가피한 결과이다. 하지만 사진촬영에 대한 또 다른 관점이 잠재적인 공적 지출(public disbursement) 또는 공개적 표현(display)을 위해 사적 행위 또는 친교적 행동을 사진 찍을 때 제기된다. 정치인, 배우 또는 가수들과는 달리, 일반 시민들은 사진촬영의 대상이 되는 것에 익숙하지 않다. 그렇기 때문에 그들은 사진 찍히는 것에 대하여 내성이 약할 것이다. 더불어, 공적인 공간과 사적인 공간의 구분에 대한 문제도 논쟁이 많다. 때로는 그 경계를 명확히 짓는 것이 어렵다. 우리가 연구자로서 참여자들에게 사람을 사진에 담지 말라고 지시하여도, 때로는 특정 물체를 사진 찍는 것 또한 부정적인 영향을 초래할 수 있다. 초등학교 교사가 자기 학생들의 책상이나 학습공간을 사진 찍기로 한다면 어떡할 것인가(Pauwels, 2008, p. 248)? 그 이미지와 그 이미지에 대한 해석은 학생들에게 잠재적으로 어떤 부정적인 영향을 미칠 수 있는가?

파웰Pauwels(2008)은 계약상의 동의가 일반적으로 대부분의 IRBs에 충족됨에도 불구하고, 시각적 연구 과정 내에서의 동의는 항상 지속적으로 진행되는 과정이다. 포토보이스 내에서 연구자−참여자의 접촉 수준이 높은 것을 고려할 때, 대화를 통한 지속적인 언어적 동의가 중요하다. 연구자들은 참여자들에게 "그들이 이해할 수 있는 방식으로 최대한 솔직하고 포괄적으로" (Pauwels, 2008, p. 249) 정보를 주어야 한다. IRBs에 관하여 파웰은 구성원들이 대개 질적 사회과학 연구에 친숙하지 못하다고 말했다. 따라서 "시각적 방법론이 비표준적이고 질적인 연구로 인식되는 이중의 부담을 짊어지게 된다" (p. 251). 따라서 IRB 검토를 준비하는 과정에 있다면, 설명과 참조로 문서를 가득 채우며 지나치다 싶을 정도로 과다하게 정보를 갖추라.

4. 요약

이 장에서는 포토보이스 연구와 관련된 10가지 윤리적 고려사항들을 개괄적으로 제시하였다. 이 목록을 충분히 다 다루지도 못하였으며 자명하지도 않지만, 미래의 포토보이스 연구자들이 윤리적 차원을 고려할 때 생각할 거리를 충분히 제공하기는 할 것이다. 나아가, 나는 기관의 검토 과정을 어떻게 성공적으로 거쳐 갈 것인지에 대해 두 가지 행동방침에 구체적인 초점을 두며 많은 정보와 조언을 포함했다. 그것은 (a) IRB/REB 인사들과의 소통, (b) 검토 후 과정에 대해 남아 있는 질문에 답을 적도록 지원하는 문서에 충분한 정보를 제공하는 것이다. 다음 장은 포토보이스의 장점과 단점, 그리고 미래의 방향성에 대해 다룬다.

>>> 참고문헌

Foucault, M. (1995). *Discipline and punish: The birth of the prison* (2nd ed.). (A. Sheridan, Trans.). New York: Random House. (Original work published in 1975)

Gross, L., Katz, J. S., & Ruby, J. (1988). Introduction: A moral pause. In L. Gross, J. S. Katz, & Ruby, J. (Eds.), *Image ethics: The moral rights of subjects in photographs, films, and television* (pp. 3-33). New York: Oxford University Press.

Guta, A., Nixon, S., Gahagan, J., & Fielden, S. (2012). "Walking along beside the researcher": How Canadian ERBs/IRBs are responding to the needs of community-based participatory research. *Journal of Empirical Research on Human Research Ethics: An International Journal, 7*(1), 15-25. doi:

10.1525/jer.2012.7.1.17

Harley, A. (2012). Picturing reality: Power, ethics, and politics using photovoice. *International Journal of Qualitative Methods, 11*, 320-339. Retrieved from https:// ejournals.library.ualberta.ca/index.php/IJQM/article/view/6030/14341

Holtby, A., Klein, K., Cook, K., & Travers, R. (2015). To be seen or not to be seen: Photovoice, queer and trans youth, and the dilemma of representation. *Action Research, 13*, 317-335. doi: 10.1177/1476750314566414

Johnston, G. (2016). Champions for social change: Photovoice ethics in practice and 'false hopes' for policy and social change. *Global Public Health: An International Journal for Research, Policy, and Practice, 11*, 799-811. doi: 10.1080/17441692.2016.1170176

Kesby, M. (2000). Participatory diagramming: Deploying qualitative methods through an action research epistemology. *Royal Geographical Society (with the Institute of British Geographers), 32*, 423-435.

Lather, P. (1986). Issues of validity in openly ideological research: Between a rock and a soft place. *Interchange, 17*(4), 63-84.

Lincoln, Y. S., & Tierney, W. G. (2004). Qualitative research and institutional review boards. *Qualitative Inquiry, 10*, 219-234. doi: 10.1177/1077800403262361

Mamary, E., & McCright, J. (2007). *Slow down and enjoy life… slow down and enjoy life.* Retrieved from http://ourlivesphotos.com/gallery/main.php?g2_itemld=41

Mitchell, C., de Lange, N., & Nguyen, X. T. (2016). Visual ethics with and through the body: The participation of girls with disabilities in Vietnam in a photovoice project. In J. Coffey, S. Budgeon, & H. Cahill (Eds.), *Learning bodies: The body in youth and childhood studies* (pp. 241-257). New York: Springer Science+Business Media.

Pauwels, L. (2008). Taking and using: Ethical issues of photographs for research purposes. *Visual Communication Quarterly, 15*, 243-257.

PhotoVoice. (n.d.). *Sensory photography: Photography for blind and visually impaired people.* Retrieved from https://photovoice.org/methodologyseries/method_04/report.pdf

Prins, E. (2010). Participatory photography: A tool for empowerment or surveillance?. *Action Research, 8*, 426-443. doi: 10.1177/1476750310374502

Rosen, D., Goodkind, S., & Smith, M. L. (2011). Using photovoice to identify service needs of older African American methadone clients. *Journal of Social Service Research, 37*, 526-538. doi: 10.1080/01488376.2011.607369

Spence, J. (1995). Cultural snipping: The art of transgression. New York: Routledge.

Strack, R. W., Magill, C., & McDonagh, K. (2004). Engaging youth through photovoice. *Health Promotion Practice, 5*, 49-53. doi: 10.1177/1524839903258015

Tinkler, P. (2013). Using photographs in social and historical research. Thousand Oaks, CA: Sage.

Wang, C. C., & Redwood-Jones, Y. A. (2001). Photovoice ethics: Perspectives from Flint photovoice. *Health Education & Behavior, 28*, 560-572.

Wang, C. C., Yi, W. K., Toa, Z. W., & Carovano, K. (1998). Photovoice as a participatory health promotion strategy. *Health Promotion International, 13*, 75-86.

Wilson, C., & Flicker, S. (2015). Picturing transactional $ex: Ethics, challenges, and possibilities. In A. Gubrium, K. Harper, & M. Otañez (Eds.), *Participatory visual and digital research in action* (pp. 73-86). Walnut Creek, CA: Left Coast Press.

06

포토보이스 전시와 출판
Photovoice Research in Education and Beyond

아만다 O. 라츠와 탈리아 M. 멀비힐[1] Amanda O. Latz, & Thalia M. Mulvihill

1. 7단계: 발표-연구 현장으로서의 전시

이 장에서는 전시에 참석하는 자들의 경험에 초점을 두고 어떻게 포토보이스 전시를 평가, 심문할 것인지에 대한 예시를 제공한다.

지역 커뮤니티 대학생들의 교육적 생활에 초점을 둔 포토보이스 프로젝트 (Latz, 2011, 2012b, 2015)를 완료한 후에 두 번의 포토보이스 전시회가 열렸다. 포토보이스(Wang & Burris, 1994, 1997)는 참여적 행동 연구(Whyte, 1991)의 한 형태로, 질적 연구체계에 속한다. 포토보이스 프로젝트의 목적 중 하나는 정책결정자들은 물론 그 과정에서 상호작용하는 사람들에게 영향을 미치기 위함인데, 이는 대개 전시단계에서 이루어진다. 사진은 연구 결과를 전시하기에 강력한 수단이며, 보는 이로 하여금 강한 감정을 느끼게 한다. 참석자들이 전시를 경험하고 인지하는 방식을 이해함으로써 포토보이스 프로젝트가 그 목적을 달성했는지 여부에 대한 평가가 가능해진다. 다르게 말하자면, 참여적 행동 연구라는 표현에서 의미하는 참여적 행동의 형태들은 포토보이스 프로젝트의 결과를 전시하는 직접적인 결과로서 발생할 수 있으며, 전시가 진행되는 동안 싹틀 수도 있다. 이 가능성은 포토보이스 연구자들의 주의집중을 보장한다. 하지만 현존하는 포토보이스 문헌은 그러한 주의집중을 나타내고 있지 않다.

미첼Mitchell(2011)은 "아마도 시각적 참여적 연구[포토보이스] 분야 중에서 지난 십 년간 카메라의 손쉬운(보고 찍기만 하면 되는) 활용만큼 커뮤니티 포토그래프들로부터 주목을 받은 것도 없을 것이다"(p. 51)라고 지적했다. 다시 말하지만, 이 주목에도 불구하고 포토보이스 연구자들은 포토보이스 전시회를 연구 현장으로서 인식하지 못했다. 참석자들이 포토보이스 전시회를 어떻게 경험하는지에 대한 조사는 필수적이다. 그럼에도, 포토보이스 과정에서 이 측면은 놀라울 정도로 연구가 되지 않고 있으며 이론도 정립되지 않았다.

이번 장을 통해 우리는 앞서 언급한 문헌 사이의 간극을 강조하고, 그것을 어떻게 다룰 것인지에 대한 예시를 제공하고자 한다. 내용은 다음과 같이 네 부분으로 구성된다. (a) 포토보이스 프로젝트에 대한 개괄과 결과 발표로서의 전시회, (b) 전시 참석자들의 경험에 대한 관찰 설명과 연구 결과의 의미 도출에 사용된 이론적 틀, (c) 관찰 결과의 제시, (d) 논의 및 함의점이다.

1) 지역 커뮤니티 대학생의 교육적 생활에 대한 포토보이스 프로젝트 및 전시회

결과 발표 전시회를 주최한 이번 포토보이스 프로젝트는 지역 커뮤니티 대학생들의 교육적 생활을 이해하는 것에 초점을 두었다. 내(Amanda)가 프로젝트를 진두지휘했으며, 이는 나의 박사학위 논문에 대한 연구였다. 내 박사연구 기간 동안(총 5년), 나는 외부 교수진으로 지역 커뮤니티 대학에서 교수했다. 일곱 명의 기존 학생들이 표본을 구성했다. 그들은 지역 커뮤니티 대학에서의 자신의 교육적 여정과 관련된 내용을 포착해 달라는 요청에 따라 사진을 찍었다. 참여자들이 사진을 다 찍고 나면, 각각은 나와의 면담시간을 가졌다. 사진촬영은 2회에 걸쳐 진행되었고, 그에 따라 각 참여자는 인터뷰를 두 번 했다(일정 조정이 어려워 두 번째 회차가 불가능했던 한 명의 참여자를 제외하고). 최종 프로젝트에는 총 246장의 사진과 13번의 인터뷰가 포함되었다. 이 프로젝트에 대한 상세한 보고는 본고의 지면을 넘어서는 범위이지만, 추가적인 세부정보는 다른 곳에서 참조 가능하다(Latz, 2011, 2012a, 2012b, 2015). 연구에서 발전시킨 주된 발견점은 다음과 같다. 자유(참여자들은 지역 커뮤니티 대학을 넓은 의미에서 보다 자유로운 삶을 누리기 위한 방편으로서 바라보았다), 학문적 통합(참여자들은 사회적 수단에 반하여 거의 전적으로 학문적 수단을 통해 기관의 체계 안에 통합되었다), 그리고 역할(학생으로서의 역할에 더하여 참여자들은 다양한 역할을 맡았다)이다.

앞서 언급했듯이, 논문의 완성에 뒤이어 두 번의 포토보이스 전시가 주최되었다. 첫 번째 전시는 내가 이전에 고용되었던 곳이자 참여자들이 모집된 지역 커뮤니티 대학 캠퍼스에서 열렸다. 이 이벤트는 2011년 4월에 이루어졌다. 두 번째 전시는 지역의 공공 도서관에서 2012년 2월에 열렸다. 두 전시회 모두 나와 일부 연구 참여자들 사이의 협동적 노력으로 개최되었다. 각 전시에 대한 상세한 정보는 뒤이어 제공된다.

(1) 포토보이스 전시 1

첫 번째 포토보이스 전시는 연구 현장이기도 한 지역 커뮤니티 대학 캠퍼스에서 열렸다. 전시 개막식은 2011년 4월 22일 오후 4시에서 6시까지였다. 이 이벤트에 앞서 나는 일곱 명의 참석자 중 세 명을 만나 계획에 대한 회의를 했다. 포토보이스가 참여적 행동 연구 형태이기 때문에 이 협업적 접근법은 핵심적이었다. 우리는 개막식을 위해 캠퍼스 교실 중 하나를 사용할 수 있도록 허가 받았으며, 개막식에 이어 전시는 메인 캠퍼스 건물의 대형 복도를 따라 두 개의 진열 상자에 담겨졌다. 개막식이 두 시간밖에 지속되지 않았지만, 전시는 약 9개월 동안 보존되었다—2011년 4월 말부터 2012년 1월 초까지. 전시 내용은 참여자들의 사진과 글로 구성되었다. 이미지와 이미지에 대한 글은 사진 인화지에 찍혀 판에 전시되었다—대다수는 8인치×11인치 사이즈였다. 몇 개는 큰 포스터에 인화되기도 했다—3피트×3피트만큼 큰 크기였다.

개막식이 다가옴에 따라, 그리고 참여자 세 명을 개별적으로 각각 만나 아이디어를 나눔에 따라 나는 지역 커뮤니티 대학의 참여자들과 두 번의 집단 기획 회의를 열었다. 첫 번째 회의는 개막식 일주일 전이었고, 두 명의 참여자들이 참석하여 우리는 교실의 배치에 대해 계획을 짰다. 그리고 두 번째 회의에서는 오직 한 명의 참여자만이 참석하여 우리는 다음날 개막식에 맞추어 교실을 배치하였다. 개막식이 시작될 즈음에 교실은 분위기가 완전히 전환되었다. 이 전환을 위해 형광등을 더 부드러운 램프 빛으로 바꾸었고, 백색 스트링 전등도 달았다. 테마별로 사진의 위치를 배열해 달았고, 프로그램 안내책자와 다과를 올려놓을 탁자를 배치했다. 책상과 의자를 배치하거나 들어내어 방문자가 지나갈 경로와 앉을 공간을 만들었다. 휴대용 컴퓨터, 프로젝터, 그리고 반복 재생되는 슬라이드 쇼와 추가적인 이미지 및 이미지에 대한 글을 투사할 스크린을 달았다.

일곱 명의 포토보이스 프로젝트의 참여자 중 네 명은 개막식을 위해 자리에 참석했다. 이 이벤트에는 참여자들의 가족, 친구, 지역 커뮤니티 대학 인사들, 그리고 나의 소속기관의 인사들(예를 들어, 박사위원회의 구성원들)이 참석했다. 다섯 시에 네 명의 참여자들이 연구에 참여한 자신의 경험에 대해 짧은 소견을 발표했다. 개막식이 여섯 시에 종료되고 나서, 교실은 다시 원위치로 정리되었고 전시 내용물은 인근의 사무실에 보관되었다. 곧 이어 대부분의 전시 내용물은 전시용 진열상자에 담겨 옮겨졌다.

(2) 포토보이스 전시 2

첫 번째 전시의 성공적인 개최 후에 나는 이 프로젝트에 계속해서 참여하고 싶어 하는 참여자들과 함께 두 번째 전시를 기획했다. 이 이벤트는 지역 내 공공 도서관에서 한 달 간의 전시로 이루어졌으며, 프로젝트에 대한 공개 강연을 열었다. 설치는 2012년 2월 4일에서 29일까지 도서관에 계속해서 전시되었다. 공개 강연회는 2월 26일 2시에서 3시 반까지 개최되었다. 도서관에는 순회 예술전시를 주최할 수 있는 공간이 이미 존재했으므로 이 전시를 배치, 배열하는 것은 원래의 전시에서 선정된 내용물을 걸기만 하면 되었다.

약 25명의 사람들이 강연에 참석하였고, 도서관에서의 설치 기간 동안에 정확한 수는 모르지만 상당수의 사람들이 방문하였다. 강연은 포토보이스 프로젝트에 대한 개괄로 이루어졌으며, 내가 강연하였다. 두 명의 참여자가 이 강연에 참석할 수 있었으며, 둘 모두 내 강연에 뒤이어 짧은 견해를 밝혔다. 마지막으로, 발표 말미에 참석자들에게 질문을 받는 시간을 가졌다. 강연이 전시가 설치된 도서관 복도가 아닌 교실에서 이루어졌기 때문에 참석자들에게 강연 후에 전시장을 방문할 것을 권하기도 했다. 또한 간단한 다과가 준비되었다.

2) 조사 및 방법론

첫 번째 전시 후에 우리는 참석자들의 경험이 어떠했는지 알고 싶었는데, 참석자들이 사진에 대해 새로운 이야기를 만드는 것을 관찰하며, 그들이 비판적 연구조사를 위한 새로운 현장을 생성하고 있음을 알 수 있었다 (Swaminathan & Mulvihill, 2013). 따라서 두 번째 전시와 그에 뒤이은 강연은 심화적인 조사를 의도하여 기획한 연구 현장이 되었다. 조사를 위한 연구 문제는 다음과 같았다. 관람자들은 포토보이스 전시를 어떻게 경험하고 인식하는가? 2012년 3월 2일에서 5월 25일 사이에 나는 반구조적 인터뷰 프로토콜을 사용해(Spradley, 1979) 전시를 관람한 개인들을 대상으로 여섯 번의 인터뷰를 수행했다. 이들 중 다섯 명은 공개 강연도 참석했다. 참여자 모집은 강연을 끝마치면서 공지를 함으로써 이루어졌다. 인터뷰에 관심 있는 참석자들에게 이메일을 보내도록 요청하였다. 이메일을 보내오지 않았지만 인터뷰에 구두로 관심을 보인 참석자들에게 내가 직접 이메일을 보내기도 했다. 강연과 전시를 개최한 당시에 내가 대학원 과정의 수업을 4년제 대학기관에서 수업하고 있었음을 알릴 필요가 있었다. 내가 인터뷰한 개인들 중 세 명은 2012년 봄학기에 내 수업을 들었던 대학원 학생들로, 고등교육과 관련된 분야에서 학위를 따기 위해 재학 중이었다.

(1) 자료 분석

이 연구 자료의 주된 정보원은 인터뷰였다. 하지만 각 이벤트와 전시에 대한 사진촬영 이후에 쓰인 연구자 일지 또한 참석자들의 전시에 대한 인식과 경험을 이해하기에 충분했기에 자료로 사용되었다. 각각의 인터뷰는 축어적으로 기록했다. 모든 인터뷰 내용을 대대적으로 확인한 후에 전체론적 개방형 코딩 과정을 도입했다(Dey, 1993). 전반적으로, 인터뷰 내용에 부여된 의미로부터 21개의 개방형 코드가 생성되었다. 모든 인터뷰 자료를 코드화한 후에 데이터 덩어리(chunks)가 포크와 디어킹Falk & Deirking의 작업(Falk, 2009; Falk & Dierking, 2000, 2013)에서 박물관 방문자들의 경험과 관련해 도출된 네 개의 선험적 카테고리로 분류되었다. 개인적 맥락, 사회문화적 맥락, 물리적 맥락, 그리고 정체성이 그것이다. 본질적으로, 선험적 축 코딩 과정(Charmaz, 2006)이 이루어졌다. 궁극적으로, 각 네 개의 분류 내에 개방형 코드가 하위 카테고리로 집어넣어져 명명되었으며, 연구 결과가 되었다. 코딩 과정 및 분석 과정을 위해서는 〈표 6-1〉을 참조하라. 제2 저자의 역할로 전시에 참석자로서 참여한 것(참여자 관찰의 형태), 인터뷰 및 연구자 일지의 기초 데이터 검토, 신뢰성과 신용을 강화하기 위한 동료와의 의견교환(Lincoln & Guba,

1985), 자료 분석의 보조 및 원고 작성 등이 있었음을 주목해야 한다.

〈표 6-1〉 코딩 과정 및 분석 과정에 대한 시각화

개방코드	선험적 코드	연구 결과
E = 공감 Em = 감정적 Ins = 영감 WM = 더 원함 (wanting more) Con = (참여자와의)연결 Enj = 즐거움 Intr = 흥미로움 L = 학습 M = 경이로움	개인적 맥락	공감
P = 인식 T = 텍스트 문자 I = 이미지 V = 음성 Int = 해석 CM = 맥락적 내용 QP = 과정에 대한 질문 EC = 시선을 끄는 Intmc = 친밀성	사회문화적 맥락 물리적 맥락	인식 친밀성 맥락
S = 프로젝트 지원 C = 호기심 Exp = 답사자/탐험가(정체성, 전 시를 관람하는 이유)	정체성	참석자 정체성

참고: 개방형 코딩 과정이 완료된 후에 개방형 코드는 선험적 코드로 분류되었다. 분류된 개방형 코드는 이후 하위 카테고리에 집어넣어져 명명되었다. 이 하위 카테고리들은 연구 결과가 되었으며, 선험적 코드에 의해 틀 지워졌다.

(2) 이론적 틀

다음 단계로 넘어가기 전에 자료를 파악하고, 연구 결과를 도출하기 위해 사용된 이론적 틀에 대한 정보를 제공하는 것이 중요하겠다. 앞서 언급했듯이, 자료 분석의 두 번째 단계는 박물관 방문자들의 경험과 관련된 포크와 디어킹의 작업(Falk, 2009; Falk & Dierking, 2011, 2013)에서 도출된 선험적 구조를 이용해 틀 지워졌다. 포토보이스 전시 참석자들의 경험에 대한 연구는 매우 부족하기 때문에 자료를 검토하고 해석하기 위한 관점을 찾고자 한 것이 박물관에 관한 문헌을 살펴보는 것으로 이어졌다. 포크와 디어킹 Falk & Dierking(2011)이 내세운 원래의 상호작용 경험 모델(Interactive Experience Model: IEM)은 이 연구에서 생성된 자료를 분석하고 틀 짓기 위해 유용한 방식을 제시했다. IEM은 또한 이 연구 결과를 파악하기 위한 방법을 제공하기도 한다. 이 모델은 [그림 6-1]에 나타나 있다.

개인적 맥락

참석자들은 지난 경험, 지식, 판단과 이해의 준거 틀을 포함해 각자 자신의 개인적 맥락을 지닌 채 포토보이스 전시에 도착한다. 이 맥락은 또한 "방문자의 관심사, 동기, 그리고 이해 관계를 포함한다"(Falk, & Dierking, 2011, p. 2). 참석자들의 개인적 맥락 사이의 차이는 자신의 참석으로 인해 무엇을 그리고 어떻게 습득하는지에 영향을 끼친다. 개인적 맥락 사이의 차이는 또한 전시

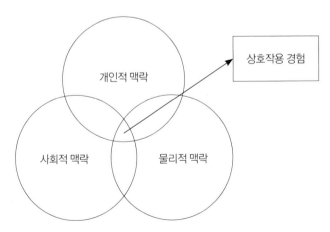

[그림 6-1] 포크와 디어킹Falk & Dierking(2011, p. 5)이 도입한 상호작용 경험 모델에 대한 시각적 그림

의 다양한 측면과 관계해 접속하는 정도의 차이에도 영향을 미친다. 예를 들어, 아이들이 있는 한 참석자는 전시에서 아이들의 이미지에 더 큰 연대감을 느낄 것이다. 그리고 대학을 다니고 있는 참석자는 학습, 목표달성, 또는 희생 등의 이미지-글 결합체에 더 큰 연대감을 느낄 수 있다.

사회적 맥락

포토보이스 전시를 누구와 함께 경험했는지 또한 중요하다. 포크와 디어킹에 따르면(2011),

> 방문의 사회적 맥락을 이해함으로써 우리는 예를 들면 가족 집단에서 성인들의 행동과 성인 집단에서 성인들의 행동, 또는 학교 현장학습에서 아이들의 행동과 가족들 사이에서의 아이들의 행동 간의 차이에 대해 파악할 수 있다.
>
> *p. 3*

이 연구에서 제시한 두 포토보이스 전시회의 경우, 여러 다른 사회적 맥락이 구성되었다—각 이벤트 사이에도 차이가 있으며, 모든 참석자 사이에도 차이가 있다. 일부 참석자들은 집단으로 방문했으며(예를 들어, 학생 집단, 가족, 또는 커플), 몇몇 경우에는 개인 단독으로 방문했다. 연구 참여자의 포함으로 인해 사회적 맥락은 상당히 독특하게 조성되었다. 나아가, 사회적 맥락은 두 이벤트 모두 유동적이었다. 여러 개인이 전시 기간 동안 오갔다.

물리적 맥락

물리적 맥락에는 전시의 배열 및 전시의 진열이 포함된다. 이 맥락에서는 인간의 모든 감각, 즉 시각, 청각, 촉각, 후각, 그리고 미각이 중요하다. 두 전시는 서로 상당히 달랐는데, 모든 감각의 활용과 관계되기 때문이다. 인간의 모든 감각이 이 전시에서 사용되었다. 사진의 진열은 시각적이다. 강연과 소견의 표명은 청각적이다. 진열된 것 중 일부를 직접 만질 수 있도록 한 것은 촉각적이다. 이 두 환경—지역 커뮤니티 대학의 교실과 공공 도서관—은 각각 독자적인 향을 지니고 있으므로 후각적 차이를 지닌다. 그리고 두 전시회 모두 간단한 다과가 주어졌으므로 미각 또한 포함된다. 포크와 디어킹Falk & Dierking(2011)은 "방문자들이 어떻게 행동하고, 그들이 무엇을 관찰하는지, 그리고 무엇을 기억하는지는 물리적 맥락에 의해 크게 좌우된다"(p. 3)라고 지적했다. 그들은 또한 다음과 같이 지적했다. "각각의 맥락은 방문자에 의해 계속적으로 형성되어 가며, 이들 사이의 상호작용이 방문자의 경험을 이룬다. 이렇게 만들어진 실제 상황은 개인마다 독자적이다. 어떤 두 명의 사람도 세계를 완전히 동일한 방식으로 바라볼 수 없다"(pp. 3-4).

박물관 방문자 경험 모델

그 시작부터 IEM이 형성되었다. 이 모델은 후에 학습에 대한 개념적 모델(The Conceptual Model of Learning)로 재구성되는데(Falk & Dierking, 2000), 여기서 사회적 맥락은 사회문화적 맥락으로 재개념화되었다. 박물관의 행동유도성에 대한 인식 이후에 박물관 방문자 경험 모델(Museum Uisitor Experience Model: MVEM)은 포크에 의해 제시되었으며(2009), 이 모델은 [그림 6-2]에 나타나 있다. 여기서 포크와 디어킹이 원래의 작업(2011)에 대한 두 번째 편집본을 발간했음을 주목하자. MVEM에 관련해 포크Falk(2009)는 다음과 같이 말했다. "박물관 방문자 경험은 손에 잡히는 것도 아니고, 불변의 것도 아니다. 그것은 사라지는 성질의 것이며, 매번 방문자가 박물관과 상호작용할 때 독자적으로 발생하여 구축되는 관계이다"(p. 158). 이 새로운 모델은 방문자의 정체성-관련의 방문 동기를 포함한다.

앞에서 지적했듯이, MVEM은 박물관을 찾는 개인적 정체성-관련 이유를 고려해 넣는다. 개인은 "두 가지 사고의 흐름이 만날 때" 박물관을 관람할 결정을 내린다(Falk, 2009, p. 158). 이는 [그림 6-2]에서 오른쪽 방향 화살표에

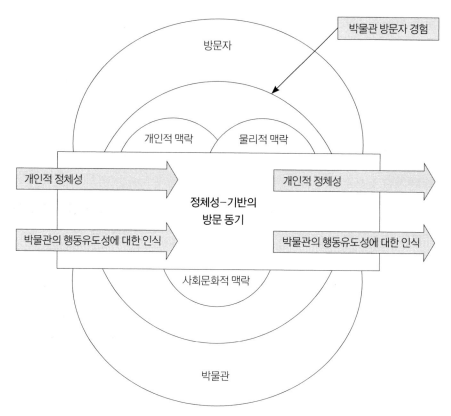

개인적 맥락

물리적 맥락

방문자

박물관 방문자 경험

개인적 정체성

개인적 정체성

정체성-기반의
방문 동기

박물관의 행동유도성에 대한 인식

박물관의 행동유도성에 대한 인식

사회문화적 맥락

박물관

[그림 6-2] 박물관 방문자 경험 모델에 대한 시각화로, 포크에 의해 만들어졌다(2009, p. 161).

의해 묘사된다. 개인은 박물관의 행동유도성을 그의 특정한 필요나 요구를 특정한 시간에 충족시키는 것으로써 인식해야 한다. 포크는 "이 의사결정 과정은 정체성-관련의 방문 동기의 형태로 이어진다"(p. 158)고 지적했다. 박물관 행동유도성에는 무한한 조합이 이루어질 수 있으며(예를 들어, 타이타닉 전시, 독립영화, 교육적 프로그램), 무한한 정체성-관련 요구(예를 들어, 영감을 받고자 하는 요구, 무언가 새로운 것을 학습하고자 하는 요구)가 있을 수 있다.

다섯 가지 일반적인 박물관 관람 정체성들이 포크[Falk](2009)에 의해 지목되었다. 답사자/탐험가, 조력자(facilitator), 전문가/취미 애호가, 경험 추구자, 그리고 재충전을 원하는 자가 그것이다. 답사자는 호기심에 의해 무언가 새로운 것을 학습하고자 하는 열망에서 박물관을 방문한다. 조력자는 사회적으로 추동되어 박물관을 방문한다. 그들은 무엇보다도 다른 이들이 박물관을 경험하는 것을 돕고자 한다. 전문가/취미 애호가는 즐겁기 때문에 박물관을 방문하거나 자신의 직업 또는 취미와 관계된 전시이기 때문에 방문한다. 경험 추구자는 박물관을 매우 중요한 곳으로 간주한다. 이 방문은 그들에게 매우 중요한 경험이다. 재충전자는 박물관을 휴식과 사색, 명상, 그리고 정신성과 관계된 곳으로 여긴다.

앞서 지적했듯이, 사회적 맥락에서 사회문화적 맥락으로의 전환이 있었으며(Falk & Dierking, 2000), 맥락을 "방문자의 문화적 경험과 가치관"(Falk, 2009, p. 159)을 포함하는 것으로 확장시킨다. 처음에는 맥락이란 것이 오직 박물관 방문자들—즉, 개인이 박물관을 같이 방문하고자 하는 이들(예를 들어, 친구, 가족, 학교 동기생)과 개인이 박물관에 있는 동안 상호작용하는 사람들(개인에게 낯선 다른 박물관 방문객들. 우연히 같은 순간에 박물관을 방문한 타인들) 사이의 상호작용을 의미했다. 이 확장은 방문자의 전체 경험에 대한 보다 전체론적인 관점을 가져다주며, 새로운 뉘앙스를 더해 준다.

3) 발견점

이 연구의 주된 발견점은 [그림 6-3]에 묘사되어 있다. 이 모델에서 발견점은 MVEM에 의해 체계화된다(Falk, 2009).

(1) 개인적 맥락(공감)

포토보이스 전시가 지역 커뮤니티 대학생들의 교육적 생활에 초점을 두고 있었음을 상기해 보자. 일곱 개 지역 대학교 학생들이 특정한 요청에 의해 사진을 찍고 나와의 인터뷰 환경에서 그 이미지들에 대해 설명했다. 참여자들은 공공 도서관 전시에 대해 강한 공감의 반응을 설명했으며, 이는 이 연구조

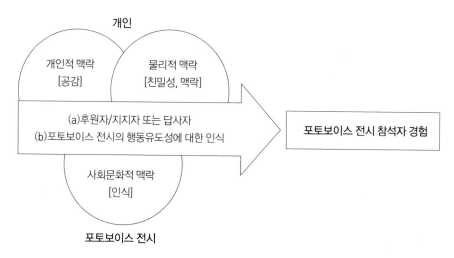

[그림 6-3] 이 새 모델에서 이 연구의 발견점들은 MVEM 맥락(Falk, 2009)에 의해 체계화되었다.

사의 초점이었다. "[박물관 방문자들은] 자신들이 보는 것을 개인적인 것으로 만들어 이해하고자 함"(Falk & Dierking, 2011, p. 67)을 주목하는 것이 중요하겠다. 이는 포토보이스 참석자들의 소견에서도 명확히 드러났다. 예를 들어, 참여자 2는 다음과 같이 말했다.

> [전시를 관람하면서 보고 읽으며, 그것을 나 자신의 삶과 비교하는 것이 흥미로웠다. 관람을 하는 동안, 비교·대조를 하면서 내 개인적인 기억이나 생각, 또는 무언가 당연하게 생각했던 것, 공감할 수 있는 어떤 것, 그리고 개인적으로 힘겹게 싸워왔던 무언가를 촉발하기 때문에, 그리고 다른 사람들도 당신과 똑같은 과정을 거쳐 오고 있었음을 보면서 여러 감정을 겪게 되었다.

이 참여자는 학생이었고, 포토보이스 참여자들의 대학생으로서의 승리와 투쟁을 보며 공감할 수 있었다. 참여자 5는 지역 커뮤니티 대학생과 공감할 수 있었다.

나는 내가 풀타임으로 일하던 때를 돌아보았다. 주당 50, 60시간이었고, 여기에 대학원 과정 수업을 수강하고 있었다. 그리고 정말 모든 것이, 물론 전부는 아니지만 그들이 말한 대부분이 현실 그대로였다. 너무 힘들고, 힘들었다. 그 모든 걸 다할 시간이 도저히 없었다. 건조기를 바라보며 건조기에 겨우 옷가지를 집어넣고 시작 버튼을 누른다. 그리고 그때에서야 내 아이들이 빳빳한 옷을 원한다면, 건조기 안을 들여다보아야 한다는 사실을 배운다.

참여자 3도 진열된 이미지 및 이미지에 대한 글에 공감을 느꼈다. 하지만 그녀의 공감적 반응은 독특했다.

나는 아이들의 사진에 눈이 갔다. 내가 엄마이기 때문에 그런 것 같은데, 그 사진 들 중 하나는 "내 아이들이 내 곁에 꼭 붙어 있도록 노력하고 있어요."라고 말하는 것이 있었고, 옆에는 두 개의 이미지가 있었다. 한 아이는 저기 멀리 있고, 한 아이는 가까이에서 뛰어다니고 있었다. 나는 그 사진이 정말 마음에 들었다. 그 이미지 말이다. 당신의 아이들과 당신은 아주 짧은 순간 동안만 함께 손을 잡고 있을 수 있다는 생각이 들었다. 나는 엄마로서 그 사진이 특히 더 감정적으로 다가왔다.

그녀는 포토보이스 참여자들 중 한 하위 집단에 대해 공감을 느낄 수 있었다―지역 커뮤니티 대학생이면서 동시에 아이를 가진 부모들. 포토보이스 전시는 참석자로 하여금 이미지와 이야기를 거울 삼아 그것이 전달하는 주제에 자신의 관련성을 비추어 보도록 했고, 그럼으로써 그들은 공감적 반응을 형성할 수 있었다.

(2) 사회문화적 맥락(인식)

박물관 관람의 사회문화적 맥락에는 사회적 환경―방문자가 누구와 함께 왔는지, 그리고 박물관에 또 다른 누가 있었는지―도 포함된다. 이는 방문자의 문화적 배경도 포함한다. 인터뷰에 따르면, 전시가 그들의 지역 커뮤니티 대학에 대한 인식과 지역 커뮤니티 대학에 다니는 학생들에 대한 인식에 영향을 미치는 다양한 방식이 보고되었다. 지역 커뮤니티 대학은 오랫동안 고정관념과 편견에 시달려 왔다. 리드Reed(2013)가 지적하기를, "지역 커뮤니티 대학은 많은 존중을 받지 못한다. 우리는 그에 얽힌 편견─13학년(유급생), '재떨이가 있는 고등학교,' 다른 어떤 곳도 받아 주지 않을 때 가는 대학─을 너무나 잘 알고 있다. 재떨이에 대한 편견은 대부분 없어졌지만, 다른 고정관념은 여전히 있다"(p. 13). 일부 사람들에게 포토보이스 전시는 그들이 지니고 있었던 부정적인 편견에 물음표를 던지는 계기가 되었다. 참여자 1의 예시는 다음과 같다.

> 그것[전시 경험]은 사고를 위한 연료라고 표현할 수 있는 것을 제공해 주었다. 내가 다녔던 유형의 고등학교에서 졸업하는 것(대학 예비 아카데미였다.)은, 그리고 학생들이 4년제 교육기관에 입학한다는 사실을 모른 채 졸업하는 것은 내게 있어 내가 왜 이 고등학교에 왔는지 의문을 품게 되는 그런 종류의 경험이었다. 그리고 그들이 그 지역 커뮤니티 대학이라는 환경 속으로 들어가는 것을 보면서 나는 그들이 그저 자신의 고등학교 경험을 연장하고 싶어 한다는 생각, 또는 관점을 갖게 되었다. 그래서 이것, 이 전시회 발표는 정말로 내게 있어 이러한 다른 관점을 제공해 준 것 같다.

참여자 1 또한 강의에서 포토보이스 프로젝트의 참여자들의 존재에 대해 지적했다. 포토보이스 참여자들을 볼 수 있고, 그들의 이야기를 듣고 그들과 대화할 수 있는 기회를 줌으로써 전시회는 실제적인 것이 될 수 있었다. 그들의 참석/존재에는 무언가 감정적인 요소도 있었다. 포토보이스 프로젝트 참여자들이 전시에 참석함으로써 독특한 요소가 그 방문의 사회적 맥락에 더해졌다. 참여자 1은 다음과 같이 말했다.

[포토보이스 프로젝트 참여자로부터] 이야기를 듣는 것이 실제로 가장 감동적인 부분이었다. 나는 A의 이야기가 정말이지 너무나도 내게 크게 다가왔다. 나는 멈춰서서 속으로 생각했다. 그녀에게 힘들고 불리한 일이 많았을 것이다. 이것은 단지 내 해석에 근거한 것이지만, 내 생각에는 그녀가 그 역경에 굴복하지 않기 위해 싸워왔다는 생각이 들었다. 그녀는 그 어려움에 쓰러지지 않았다. 그녀의 의욕과 포부를 보면 나 자신도 약간의 동기를 얻는 듯했다. 그리고 그것은 매우 경이로웠는데, 왜냐하면 이 경험 이전에 나는 지역 커뮤니티 대학을 나온 누군가로부터 동기부여를 받는 경험을 할 것이리라고는 생각하지 못했기 때문이다.

앞의 언급에서 우리는 포토보이스 프로젝트 참여자의 존재와 전시 참석자의 문화적 배경 사이의 접점이 이루어져 참여자 1의 고정관념의 타파라는 변형적(transformative) 순간으로 이어진다—이 모든 것이 전체 전시 경험의 사회문화적 맥락 내에서 이루어진다.

참여자 2의 언급은 앞의 진술을 상기시켜 준다. 다음의 발췌 글은 주목할 만한데, 참여자 2에 따르면 전시로 인해 기관이 추상적인 것에서 개인적인 것으로 다가왔다. 그녀가 말하기를,

이 전시로 인해 저는 제가 기존에 가졌던 모든 편견을 밀쳐 내고 기관과 그 기관에 재학 중인 학생들을 개인으로서 바라볼 수 있었어요. 어떻게 해서 제가 그 지점에 도달했는지는 몰라요. 왜냐하면 고등학교 시절에 제 지도교사조차도 알다시피 특정한 이유 때문에 지역 커뮤니티 대학에 보내기로 예정한 학생 집단이 있었어요. 그 학생들이 갖는 특성이 있었고, 그것으로 인해 제 편견이 형성되었던 것 같아요. 저는 그것 말고는 다르게 생각할 이유가 없었던 거죠.

앞의 언급에서 인식의 변화가 명확해 보이며, 이는 참여자의 교육적·문화적 배경과 연결된다. 이 인식의 변화는 전시의 맥락 내에 학습 해소(누가 다양

한 이유에서 지역 커뮤니티 대학에 '보내질 것인지'에 관련해 고등학교 지도교사의 행동에서 유추된 것)는 물론 학습(다양한 범주의 개인이 다양한 이유에서 지역 커뮤니티 대학을 수강한다.) 또한 수반된다.

참여자 3은 전시로 인해 그녀가 이미 지역 커뮤니티 대학에 대해 전반적으로 가지고 있었던 긍정적인 인식이 강화되었다고 밝혔다. 그녀는 "포토보이스 전시는 지역 커뮤니티 대학이 좋은 일을 하고 있다는 사실을 뒷받침하고 있었다"라고 진술했다. 참여자 4에게 있어서 전시는 그것이 개최된 특정한 역사적 · 경제적 · 사회적 · 정치적 순간에 지역 커뮤니티 대학이 갖는 위치와 중요성을 공고히 했다고 말했다. 그가 말하기를,

> 글쎄, 제가 조금 전에 언급했던 지역 커뮤니티 대학은 우리 사회에서 너무나 중요한 것 같아요. 특히나 오늘날에 있어서 말이죠. 그리고 이 학생들이 대학에 갈 수 있는 기회도 중요하고요. 커뮤니티 대학이 아니었다면 이들에게 그럴 기회가 없었을지도 모르고, 우리는 문화적으로나 사회적으로 모든 사람에게 그 기회를 부여할 필요가 있으니까요.

따라서 어떤 의미에서는 이 경험이 참여자에게 그가 갖고 있는 지역 커뮤니티 대학에 대한 관점, 그리고 교육체계에서 그것의 역할에 대한 관점을 확고히 할 수 있는 기회를 주었다.

(3) 물리적 맥락(친밀성)

박물관 방문의 물리적 맥락에는 전시, 물체, 라벨, 공간, 그리고 방문자가 보게 되는 프로그램이 포함된다. 참석자들은 통상적으로 포토보이스 전시의 친밀성에 대해 언급했다. 포토보이스 참여자들은 자신의 일상생활의 한 측면을 기록하여 지역 커뮤니티 대학생으로서의 자신의 교육적 생활을 세부적으로 묘사하고자 했다. 이 사진들에는 자신의 집, 사랑하는 사람들, 자기 자신의

이미지들이 포함되었다. 사진은 물리적인 형태로 진열되었으며(예를 들어, 스크린에 투사하는 방식이 아니라), 대다수의 이미지가 포스터 사이즈로 확대되었음을 알리는 것이 중요하겠다. 에드워즈Edawrds(2002)는, "따라서 물체(objects)들은 단순히 인간의 행동과 의미를 위한 무대 설정이 아니라, 그것들에 매우 필요불가결한 것이다"(p. 69)라고 지적했다. 이미지와 글의 결합물의 물체성/대상성(objecthood)은 중요하다. 그것은 참여자의 특정한 경험을 나타내는 아주 구체적인 물체로, 참석자의 상호작용을 위한 연료가 된다. 나아가, 사진-글은 사적인 것이며, 비포토보이스 방법론을 통해서는 쉽게 접하기 어려운 내용이다.

참여자 5는 다음과 같이 말했다. "저는 그들이 정말로 스스로를 열어서 내면적인 모습을 보여 줬다고 생각합니다. 그들은 보통의 사람들이 세상에 보이고자 하지 않는 모습을 드러내 보였어요." 또한, 참여자 6은 지적했다. "나는 내게 일종의 특별한 허가가 주어진 것 같았고, 그들이 스스로를 열어젖혀 외부 세계를 그들의 생활 속으로 초대했다는 것에 존경을 표합니다." 예술가들의 취약성이 자인되었고 또한 높이 평가되었는데, 기쁨과 슬픔이 모두 내포된 그들의 일상생활에 대한 정확한 묘사를 가능케 하였기 때문이다. 참여자 4는 다음과 같이 말했다. "그 사진들은 시각적으로 그들의 삶—학생들의 사적인 삶—을 드러내 보인다는 점에서 매우 큰 중요성을 띱니다. 그리고 글은 사진들에 의미를 부여하고 감정을 더욱 살렸습니다."

맥락

전시의 물리적 맥락이 갖는 또 하나의 중요한 측면은 참석자가 자신이 사진 전시회를 관람하는 것이 아니라, 포토보이스 전시에서 상호작용하고 있음을 인식했다는 것이다. 이 둘은 매우 다르다. 포토보이스 전시는 사진의 미적인 측면만을 다루는 것이 아니다. 그것은 사진-글의 결합물이 들려주는 이야기에 대한 것이다. 이 맥락에서 사진은 이야기 없이는 의미가 없다. 나아가, 사진의 의미는 관객의 임의대로 부여되는 것이 아니다. 포토보이스 전시에서는 서술이 명시적으로 사진의 의미를 지정한다. 참여자 1이 이를 설명했다.

저는 미술 갤러리 환경에 있는 것처럼 느껴졌어요–그게 설정된 방식이라든가, 제목만 있는 게 아니라, 그 이야기들이 말하자면 사진의 의도나 목적처럼 느껴졌어요. 그래서 사진으로부터 우리가 의미를 만들어 내고자 시도를 할 수 있겠지만, 그 의미는 이미 해석이 되어 있고, 매우 사적이고 개인적인 의미인 거예요. 어떤 사진을 보고는 아, 이거 정말 흥미롭네 라고 생각했어요. 여기서 무슨 일이 벌어지고 있는 걸까 하고 이야기를 읽기 전에 상상을 해 보려고 했어요. 그러나 십중팔구 저는 부정확했죠… 하지만 그들의 이야기를 듣는 것이나 그에 대한 이야기를 보는 것은 알다시피 그들의 관점이 중요한 거잖아요. 미술에서는 관점이 전부라서 예술가가 자신의 작업에 대해 무언가를 말해도 내가 그에 대해 동의하지 않을 권리를 갖고 있잖아요. 하지만 이 전시환경에서는 나는 동의하지 않을 수 없었어요. 그들의 이야기가 더 많은 무게를 가지며, 내 이야기보다 더 큰 가치를 갖고 있었어요.

참여자 3의 진술은 포토보이스 전시의 전체적인 목적에 대한 그녀의 인지를 나타낸다.

나였다면 [내레이션이 붙은 사진을] 인쇄하기 전에 문법이나 철자를 먼저 수정했을 거예요. 하지만 더 면밀히 관찰하면서, 나는 말하기 프로젝트가 무엇인지를 알 수 있게 되었죠. 그것은 쓰기 프로젝트가 아니었어요—말하기 프로젝트였지. 그러고 나자 더 잘 이해할 수 있었어요. 그리고 그게 아주 훌륭하다고 느꼈죠. 아주 마음에 들었어요.

참여자 2의 이 두드러진 언급은 참석자가 포토보이스 전시의 특성을 어떻게 인지해 나가는지, 그리고 그것이 사진 전시회와 어떻게 다른지에 대한 묘사를 단적으로 그려 준다. "그러니까 이것은 단순히 하나의 사진이 아닌 거죠. 그건 누군가의 삶이에요." 그녀는 계속해서 설명했다. "그들은 자기 이야기를 당신 손에 맡겨 두고 세계가 그들이 원하는 대로 해석하도록 내버려 두는 것이 아니에요. 그들은 그 전체 과정에서 능동적인 역할을 차지하고 있어요."

(4) 참석자 정체성

이 절의 시작에서 지적했듯이, 박물관 방문자 경험의 세 가지 맥락이 이 연구의 발견점을 정리하기 위한 틀로 사용되었다. 각각의 세 맥락은 조합되어 방문자의 전체 경험을 형성해 나갔으며, 이는 방문자의 정체성과 박물관의 행동유도성을 통해 매개되기도 한다(Falk, 2009). 인터뷰 대상자들이 지닌 정체성에 대해서는 이 장에서 앞서 제시된 다섯 가지 카테고리로는 충분히 다루어질 수 없다. 하지만 전문가/취미 애호가 정체성에 관해서는 인터뷰 면담자들이 전시내용이 그들의 작업이나 교육적 관심사에 부합했기 때문에 전시를 방문하고 강연에 참석했음을 제시하며 어떤 주장을 할 수 있겠다. 그러나 포토보이스 전시의 경우에는 후원자/지지자 정체성의 개념이 적용될 수 있겠다. 전시에 관련된 내 일지와 인터뷰를 토대로 참석한 많은 사람(예를 들어, 참여자의 가족 및 친구들)이 포토보이스 참여자들에게, 그리고 나와 프로젝트 수행자들에게(예를 들어, 내 대학 동기들 및 학생들), 포토보이스 참여자들이 모집되었던 지역 커뮤니티 대학(예를 들어, 대학 인사들)에, 그리고 두 번째 전시가 개최된 공공 도서관에(예를 들어, 도서관 관계자들) 지지와 지원을 표시하기 위해 자리에 참석했다. 이에 더해, 몇몇 참석자들은 전시에 대한 궁금증을 표시했는데, 이는 답사자/탐험가 정체성을 나타내는 상징이 될 것이다. 예를 들어, 참여자 6은 다음과 같이 말했다. "나는 포토보이스가 무엇인지 아무것도 몰랐고, 그래서 아주 멋진 생각인 듯 보였다. 그래서 그게 무엇인지, 어떻게 전시되는지 직접 보고 싶었다." 포토보이스 전시에 참석하는 동기를 구분하기 위해 정체성 분류체계를 사용하는 것은 심화적인 탐구를 필요로 하는 분야이다.

(5) 연구 결과 요약

종합해 보자면, 이 연구의 결과는 다음과 같이 요약될 수 있다. 포토보이스 전시의 친밀성(물리적 맥락)은 참석자들의 공감적 반응(개인적 맥락)으로 이어졌으며, 이는 지역 커뮤니티 대학생에 대한 고정관념을 바꾸거나 견고하게 만들었다(사회문화적 맥락). 이에 더해, 포토보이스 전시 참석과 관련해 두 개의 정체성이 이 연구에서 관찰되었다. 지지자와 답사자가 그것이다. 이 정체성들은 참석자들이 인식한 행동유도성에 의해 매개되었다. [그림 6-3]이 포토보이스 전시 참석자들의 경험에 대한 모델을 제공한다.

4) 논의 및 함의점

박물관 방문자 경험에 대한 문헌은 이 연구에서 생성된 자료를 검토, 분석하고 의미를 도출하기 위한 표본으로 그 유용성이 검증되었다. 해당 문헌이 포토보이스 전시의 참석자들이 겪는 경험과 인식에 대해서는 다루지 않기 때문에 관련 분야 내에서 심화적인 연구조사가 필요한 것으로 보인다. 더불어, 이 연구는 향후 유사한 연구들이 구성될 수 있는 구조적 틀을 제공한다. 이 연구는 여러 함의점을 지니며, 이들은 다음과 같이 요약될 수 있겠다.

(1) 함의점

이 연구의 함의점은 최소한 세 가지로 구분될 수 있겠다. 첫째, 포토보이스 프로젝트의 파급효과를 이해하기 위한 지속적이고 계속적인 탐구가 핵심적이었다. 이 연구는 방법론에 있어 핵심적으로 한 부분을 차지하는 참석자의 경험 및 인식 측면은 포토보이스 전시의 영향을 이해하기 위해 매우 필수적이었다. 둘째, 포토보이스 전시는 대부분의 미술 전시와 구분된다—맥락이 중요하며, 참석자들이 뉘앙스에 대해서 명시적으로 인지할 수 있도록 해야 한다. 포토보이스 프로젝트에 관계된 자들, 그리고 그에 수반되는 전시는 해당 전시의 특성과 의도를 명확히 해야 할 것이다. 사진 전시와는 명확히 구별된다는 것이 중요하다. 이는 라벨, 플래카드, 프로그램지, 여러 가지 다양한 수단을 통해 전달될 수 있다. 셋째, 포토보이스 프로젝트 전시가 지니는 교육적·변혁적 가능성이 매우 중요하다. 향후 연구들은 변혁적 학습의 렌즈를 통해 포토보이스 전시에 참석하는 것이 미치는 영향에 대해 체계적인 조사를 포함해야 할 것이다(Taylor, Cranton, & Associates, 2012). 이 연구의 참여자들은 전시가 어떻게 지역 커뮤니티 대학생에 대한 자신들의 관점을 변화시키거나 견고히 만들었는지에 대해 언급했으며, 이는 행동 연구의 본질적으로 중요한 결과이자—행동 연구라는 별칭 속에 가득 찬 행동—이 분야에 대한 지속적인 연구를 위한 신호이다. 참석자들은 포토보이스 전시에 의해 매우 불편할 수도 있으며 큰 영향을 받을 수 있는데, 이는 혼란스러운 딜레마인 동시에 학습과 변환을 촉발할 수 있는 계기로 볼 수 있다. 시각적 이미지가 갖는 힘은 본능적인 반응을 이끌어 낼 수 있다. 이 이미지에 대한 강한 감정적·공감적 반응은 고정관념적 개념에 대한 질문 제기로 이어질 수 있다. 포토보이스 방법론의 목표 중 하나는 정책결정권자들—그리고 정치적 변화를 좌우할 수 있는 능력을 지닌 사람들에게 가 닿는 것이다. 포토보이스 전시는 이 특정한 대상들에게 접근하기 위한 한 가지 방법이다. 이는 또한 변혁적 학습(transformative learning)이 더 포괄적인 분야에서 관심이 있거나 관련된 개인에 대한 접근성을 높이기 위한 수단이기도 하다.

5) 결론

이 연구의 목적은 포토보이스 프로젝트에서 전시라는 구성요소의 역할을 살펴보는 것에 있었다. 프로젝트의 목적이 지역 커뮤니티 대학생들이 어떻게 자신의 교육적 삶을 구성하는지를 조명하는 것이었던 포토보이스 전시에 참석한 개인들의 경험 및 인식들이 조사되었다. 생성된 자료는 박물관 방문자 경험에 대한 문헌들을 토대로 검토, 분석되었다. 연구 결과는 포크Falk(2009)의 MVEM을 사용하여 제시되었다. 포토보이스에 대한 현재의 방법론적 문헌은 해당 연구조사를 어떻게 수행하는지에 대한 정보는 충분하지만, 그에 수반되는 포토보이스 전시의 역할, 목적, 그리고 결과에 대한 검토는 전무하다. 오히려 이러한 전시는 흔히 포토보이스 프로젝트의 보편적이고도 당연한 폐막 행사 정도로만 간주된다. 포토보이스 프로젝트의 교육적 잠재 가능성과 성취 가능성을 완전히 이해하기 위해서는 전시단계가 단순히 프로젝트의 최종 결과를 보여 주는 것에 있다고 단정 짓지 말고, 포토보이스의 전체 과정에서 이어지는 지속적인 의미 만들기의 또 하나의 단계로서 이론화되어야 할 것이다.

2. 비네트

포토보이스 전시를 어떻게 탐구 조사할 것인지에 대한 이 예시는 과정에 대한 질적 연구 프로젝트를 구성함으로써 포토보이스 프로젝트가 사회 변화를 촉발할 수 있는 잠재 가능성을 심화적으로 이론화한다. 이 과정의 첫 번째 단계는 연구자가 전시 직후에 해당 이벤트에 대한 이해를 형성하는 과정에서 분석적 메모를 적음으로써 시작될 수 있다. 제시된 예시 사례의 경우, 나는 다음과 같이 전시-후 분석 메모를 만들었으며, 이는 이후에 비네트로서 활용되었다.

1) 분석적 메모, 논문-후, 사진전-후(2011년 5월 19∼27일)

나(Amanda)는 내 논문을 성공적으로 발표, 통과시키고, 첫 포토보이스 전시를 개최하고 박사학위를 딴 후에 다음과 같이 분석적 메모를 만들었다. 기관명과 참여자들의 이름은 가명으로 제시되었다.

이 프로젝트에서 가장 중요한 순간은 2011년 4월 22일에 발생했다. 이 날 우리는 중서부에서 사진 전시회를 개최했다. 그것은 엄청난 일이었다. 내 논문을 수정하고 발표하여 통과한 후에 나는 사진 전시회의 기획 과정을 시작했다. 이는 프로젝트 과정 중에서 참여자들이 훨씬 더 협동적으로 같이 작업할 수 있었던 부분이었다. 사진 전시회까지 이어지는 몇 주간, 나는 각 참여자들에게 연락을 취해 그들로부터 아이디어와 도움을 얻었다. 나는 이전에 한 번도 사진전을 개최한 적이 없었다. 나는 여섯 명의 참여자 중 세 명을 만날 수 있었고, 그들의 자료는 실제 논문에 포함되었다(그 후 나는 한 명의 어린 소녀 참여자를 더했다). 나는 크리스피, 마리, 루이스를 만나 식사를 하며 아이디어를 논의했다. 이 만남은 매우 좋았지만, 나는 각기 다른 여러 아이디어가 넘쳐나는 바람에 약간 벅찬 듯이 느껴졌다. 나는 이 전시에 상당히 독특하고 비전형적인 접근을 하고 있었다. 나는 그것이 내 것이 아니라 참여자들의 것이기를 바랐다.

이 접근법은 내 기준에서 확실하게 큰 전환이었다. 어느 날 아침, 학기 후반에 나는 크리스피와 우연히 만났다. 나는 그녀와 첫 미팅을 가지고 첫 기획회의(그녀와 루이스가 참석했던)를 한 후에 만난 것이었다. 우리가 나눈 대화의 대부분은 내가 어떻게 행동했는지에 대한 그녀의 인식이었다. 그녀는 내가 전시에 대해 일상적이고 캐주얼한 태도를 취하는 것에 놀랐다―너무나도 놀라서 우리가 복도에서 만났을 때 그녀가 했던 첫마디는 그것에 대한 것이었다. 나는 그녀에게 내가 의도적으로 주도적이지 않으려고 절제하고 있음을 설명해 주었다―나는 정말로 전시가 그들의 것이 되기를 바랐다. 그리고 사실대로 말하자면, 나는 정말로 모든 것이 잘 맞추어져 원활히 돌아가리라 믿었다. 하지만 크리스피와의 이 대화에 적잖이 놀랐고, 그녀에게 있어서 이 일이 상당히 많은 부분을 차지했던 것으로 여겨지는데, 그녀가 나를 보자마자 바로 전시에 대해 언급했기 때문이다. 종국에는 내 접근법에 대해 나는 만족스러웠는데, 이유는 내가 일을 처리하는 방식이 매우 놀랍도록 훌륭한 이벤트로 이어졌기 때문이다. 참여자들, 특히 크리스피와 루이스는 일을 훌륭히 해냈고, 일의 '주도권'을 쥐었다.

요점으로 돌아와서, 나는 마리, 크리스피, 그리고 루이스와 만나 전시를 어떻게 개최할 것인지 논의하면서 좋은 시간을 가졌다. 그들은 각각 훌륭한 아이디어를 제시했고, 나는 전체 참여자 집단에 몇 차례의 이메일로 요약하여 전달했다. 나는 그 내용을 여기에 서술하진 않겠다. 중요한 것은 이 아이디어들이 매우 훌륭한 것이었다는 점이다. 여기에 요약을 하자면 다음과 같다.

크리스피: 사진을 걸기 위해 드레이프(drapes; 본인의 침실 장롱을 가리기 위해 사용하는 개인적인 천들)와 같이 다양한 매체의 사용에 관심이 많음. 다양한 크기의 이미지를 사용하는 것.

루이스: 조명을 어떻게 사용할 것인지에 관심이 많음. '자유' 이미지를 허공에 달고 싶어 했음—자유롭게. '역할(roles)' 사진을 혼돈의 상태로 배치하고 싶어 했음.

마리: 정적인 이미지 옆에 슬라이드 쇼를 사용하고 싶어 했음. 프로젝트에 대해 이야기를 하는 시간을 가지길 원했음.

다른 이들은 개인 미팅이나 단체 회의를 하지 못했지만, 여기서 나는 그것이 전혀 나쁜 일이 아님을 밝혀 두고자 한다—이는 곧 역할이라는 주제에 대한 또 하나의 관점이며, 참여자들의 삶 속에 존재하는 고난도의 예측 불가능성을 고려해야한다는 것을 의미한다. 나는 그들이 올 수 있었다면 왔을 것이라 믿는다. 하지만 그들은 단순히 관심이 그만큼 없었을 수도 있다. 무어라 단정 짓기는 어려운 것 같다.

근본적으로, 우리는 두 번의 단체회의(적어도 단체라는 것을 의도했었다.)를 통해 전시를 준비하고자 했다. 하나는 전시 일주일 전에 소집했고, 다른 하나는 전시 전날 저녁에 소집했다. 크리스피와 루이스만 이벤트 일주일 전의 기획회의에 올 수 있었다. 이 회의는 중서부에서 우리가 전시할 교실에서 오후 5시에 가졌다. 가장 전형적인 지역 커뮤니티 대학 교실을 상상해 보라—바로 거기에 우리가 있었다. 아니, 그렇게까지 나쁘지는 않았다. 벽은 하얗고, 빈 면적이 많았으며, 청소보급품들 냄새가 나는 듯했다—이 냄새는 지난 5년간 매주 한 두 번씩 거쳐 지나갔던 공간, 그 복도를 떠올리게 한다. 탁자와 의자가 열을 지어 있었고, 상당히 깔끔하게 정돈되어 있었다. 이 배치는 교실 앞부분, 강연 단상을 향해 점차 높아졌고, 나는 이 구도를 가장 피하고 싶었다. 칠판과 화이트보드가 있다. 오래된 종이, 인쇄물들, 시험용지들이 교실 뒤편 상자에 어질러진 채 있었다. 데스크탑 컴퓨터와 프로젝터, 그리고 스크린이 있었다. 서너 개의 길고 좁은 창문들이 한쪽 벽에 블라인드와 함께 있었다. 그 창문들은 오래된 헛간이나 감옥에서 봐 온 길고 좁은 창문들을 상기시켰다.

그 교실은 변신이 필요했다. 솔직히 말하자면, 나는 어떻게 그것을 변화시켜야 할지 전혀 생각이 떠오르지 않았다. 그래서 그들에게 주도권을 주었다. 첫 번째 기획회의는 엉망이었고, 조직화되지 않았으며, 비지시적이었다. 그것은 어느 정도 의도된 설계였다. 모든 이에게 다소 불편한 순간들이 있었다고 여겨지는데, 그럼에도 불구하고 전반적으로는 좋았다고 생각된다. 나는 여러 조합의 이미지 및 이미지에 대한 글을 만들었다. 몇 가지는 판넬(8인치×10인치, 11인치×14인치)에 붙여졌고, 몇 가지는 대형 합판 포스터(36인치×36인치, 36인치×24인치)에 진열되었다. 나는 또한 물체를 [벽과 탁자에, 천장에서 또는 면에 매달도록] 달고 배치하기 위해 여러 도구를 가져갔다. 나는 압정, 이젤, 끈, 바인더 클립 등도 가져갔다.

첫 기획회의가 끝날 때쯤에는 개략적인 기획안을 만들었다. 여전히 해야 할 일이 더 많이 있었다. 우리 각자(나, 크리스피, 루이스)는 책임진 항목들이 있었고, 그래서 첫 기획회의와 두 번째 회의 사이에 행동 계획과 시간적 여유가 어느 정도 있었다. 나는 몇 가지 추가적인 포스터를 인쇄(내가 그것을 만들어야 했다.)해야 했다. 또한 프로젝트의 모든 물류적인 측면을 계획하고 조정해 나가야 했다. 교실의 배치 설정에 관계해 보다 확실한 의사결정이 필요했기 때문에, 그리고 금요일 마지막 수업과 전시 개막식 사이의 시간이 적기 때문에 우리는 최대한 많이 미리 배치를 해 두기 위해 전날 밤에 교실에서 만났다.

첫 기획회의 후에 나는 금요일에 해당 교실에서 수업을 하는 두 명의 강사에게 이메일을 보내 놓았다. 나는 그들에게 이미지들을 벽에 걸어두고 조명을 천장에 매달아 두는 것이 괜찮은지 물어볼 필요가 있었다. 나는 이에 대해 약간 걱정스러웠다. 그들이 이 일에 대해 냉소적이거나 부정적이면 어떻게 해야 할까? 내 사전계획의 부족으로 인해 무언가가 잘못 된다면, 나는 아주 많이 속상했을 것이다. 논문을 완성한 후에 나는 힘이 빠져 긴 휴식이 절실했다. 나는 사막에서 오랜 기간의 여정을 마친 후 시원한 물을 오래도록 마시고 싶은 심정이었다. 너무 지쳐서 프로젝트를 기획하거나 그에 대해 생각이나 감정을 쏟기에 힘이 부친 적도 있었다. 하지만 결국 그 계획을 밀고 나갔고, 그것은 매우 만족스럽게 치러졌다. 강사들은 매우 친절했고, 어떤 작은 문제도 발생하지 않았다.

실제 전시 개막식의 전날 밤, 우리는 만나서 진열 배치 과정을 시작했다. 포스터를 벽에 붙이고 작은 물체들을 벽에 달았다. 또한 하얀 조명기를 천장을 따라 매달았다. 크리스피는 드레이프 천을 가져와 '자유'의 벽에 달았고, 이는 그 이미지의 배경막 역할을 했다. 우리는 드레이프를 전날 밤에 달았다. 일부 이미지들은 와이어로 천장에 매달았고, 어두운 초록 패턴의 드레이프를 배경으로 매우 돋보였다. 또한 우리는 슬라이드 쇼가 제대로 작동하는지 시험해 보았고, 추가적인 배치의 필요성과 전시 개막식 날에 해야 할 일에 대해 짧게 토의했다.

안타깝게도, 달아놓았던 포스터 중 많은 것이 밤새 떨어졌다. 나는 그 교실에서 수업을 하는 동료로부터 이 사실을 전해 들었다. 그녀는 전날 밤에 설치를 도와주었다. 이는 약간 걱정스러운 일이었는데, 여분의 물품을 미리 많이 사 두었기 때문에 괜찮을 것이라 여겼다. 나는 그날 하루 동안 일을 빼고 오전에 최종 잔일 처리를 맡았다. 커피를 만들고, 주문한 쿠키를 받으러 가야 했다. 또한 '가져올 것들'의 목록을 몇 번이고 다시 확인해야만 했다.

언뜻 보기에 흥미도가 가장 떨어졌던 참여자(루이스)가 반대로 이 이벤트에서는 가장 많은 참여를 했다. 나는 그녀가 논문에 참여하길 원한다는 사실에 놀랐다. 우리의 인터뷰가 얼마나 풍부한 대화를 담았는지에 대해서도 놀랐다. 나는 그녀가 인터뷰 약속을 몇 차례 어기는 바람에 많이 속상했다. 그녀가 이 전시에 믿기 어려울 정도로 너무나 적극적으로 참여해서 놀랐다. 그녀는 모든 회의에 참석하여 활발히 논의를 했고, 한 번도 늦지 않았다. 나는 너무도 놀랐다.

나는 중서부 거리에 이른 시간에 도착했다. 전시회는 오후 4시에 시작될 계획이었다. 나는 우리가 교실에 오후 2시 20분 가량에 들어갈 수 있다는 것을 알고 있었다. 나는 오후 1시가 조금 안 되어 도착했다. 나는 루이스가 2시나 2시 30분 즈음에 도착할 것이라고 예상했다. 그러나 그녀는 그곳에 한참 더 일찍 도착했다! 나는 그녀가 나보다 더 긴장하고 있다고 여겼다. 어찌되었든 그녀가 거기에 있어서 다행이었다-우리는 진열 배치 과정에 대해 이야기할 수 있었다. 당시에 나는 설치하는 사람이 오직 그녀와 나 뿐일 것이라고 생각했다. 하지만 크리스피가 근무시간을 일찍 끝마치게 되면서 우리를 도와줄 수 있게 되었다. 전시 교실의 설치작업은 상당히 원활하게 진행되었다. 루이스와 나는 우리 각자가 어떤 순서로 무엇을 할 것인지 미리 생각해 왔다. 그녀는 교실 내 탁자와 의자의 배치를 맡았다(우리는 많은 물품과 물체를 교실 밖으로 이동시켰다). 또한 그녀는 사진 구역의 실제 배열을 도맡았는데, 배열을 통해 테마가 의미하는 것이 무엇인지 설명하는 글과 사진이 '헐겁게(loose)'이어져 있었기 때문에 특히 더 많은 설치시간이 필요한 '역할' 부분의 배치를 책임졌다. 나는 프로그램지, 다과, 그리고 소감문 작성 상자에 할당된 구역의 설치를 맡았다. 또한 나는 탁자와 의자의 이동을 돕기도 했다. 모든 것이 적시에 갖추어졌다. 아주 훌륭히 진행되었다.

우리는 명확히 입구와 출구를 구분하여 교실을 배치했다. 또한 흐름을 고려하여 교실을 배치했다. 따라갈 수 있는 경로가 만들어졌는데, 이는 참석자들을 'U'자 형태로 움직이게끔 했다. 참석자들은 교실 앞문으로 들어와 좌편으로 향하도록 안내받았다. 바로 왼편에는 말굽 판자 모양의 탁자 위에 프로그램지(전시를 설명하는), 관람 신청서, 간단한 다과, 그리고 소감문 상자가 놓여져 있었다. 풍선도 있었다-모두 검은색과 흰색으로, 여덟 개의 풍선은 참여자와 나 자신을 대표한다. 나는 교실 밖에도 두 개의 풍선을 설치해 사람들에게 맞게 찾아왔음을 알렸다. 우리는 은은한 조명만을 사용했다. 천장의 형광등은 모두 껐다. 앞서 언급했듯이, 우리는 천장을 따라 조명을 매달았고, 한 개의 탁상용 램프와 플로어 스탠드 램프를 사용했다. 사진을 보기에도, 슬라이드쇼를 보기에도 분위기가 아주 안성맞춤이었다.

참석자들이 'U'자 형태로 지나가고 나면, 학교의 주제 이미지가 그들의 왼편에

'U'자 같은 벽에 있다. 포스터와 이젤에 붙인 영상들이 탁자 위에 놓여졌다. 뒷벽에는 역할 이미지가 있었다. 이 이미지들은 혼란스럽게 배치되었으며, 포스터 및 벽에 붙여진 이미지들, 이젤 위의 사진들이 임의적으로 탁자 위에 흩어져 있게끔 했다. 'U'자 형태의 반대편 벽에는 자유의 이미지들이 놓여졌다. 이들은 의도적으로 창문이 있는 벽에 설치되었으며, 천장에 매달아 놓아 자유롭게 보이게끔 하였다. 이는 또한 매체의 혼합이기도 했다. 교실 앞에는 스크린이 있어 프레지를 가지고 내가 만든 슬라이드 쇼가 틀어졌다. 우리는 탁자와 의자를 교실 중간에 배치해 사람들이 원한다면 앉을 수 있도록 했다. 많은 사람이 실제로 탁자에 앉기도 했는데, 앉기 편하도록 만든 공간이었다.

일곱 명의 참여자 중 네 명이 전시에 참석했다. 그들은 루이스, 크리스피, 마리 그리고 리트리아였다. 루이스와 크리스피는 기획단계에서 서로 만났었다. 그것이 실제 이벤트 전에 있었던 참여자들 사이의 유일한 상호작용이었다. 이로 인해 모든 일이 흥미롭게 진행되었으며, 아주 만족스러웠다. 앞서 언급했듯이, 루이스가 가장 먼저 도착했다. 이어서 크리스피가 왔는데, 진료 스케줄 때문에 아마도 늦어지리라 생각했었기 때문에 이는 놀라운 일이었다. 그 다음으로 마리가 왔고, 이어서 리트리아가 도착했다.

연구와 관계되었지만 직접적으로 연구에 포함되지 않은 많은 것이 연구 결과의 많은 것을 구체화하였다. 예를 들어, 크리스피는 그녀나 내가 예상했던 것보다 훨씬 빨리 도착했다. 그래서 실제로 설치의 마지막 손질과 다른 사람들(참여자들 및 손님들)의 도착 사이에 어느 정도의 한가한 시간이 생겨 버렸다. 이 시간 동안, 수술복을 입고 있어 그녀가 찍었던 사진들 속의 모습과 정확히 일치했던 크리스피가 숙제를 꺼내어 공부를 하기 시작했다. 처음에 나는 깜짝 놀랐다. 하지만 나는 이것이 연구 결과와 정확히 맞아떨어짐을 곧 알아차렸다―낭비할 시간이 없다. 특히, 다섯 명의 아이들과 남편이 있는 간호 학생의 경우에는 더욱더 말이다. 그녀가 이벤트/순간/사람들로부터 한 걸음 물러서서 자신의 일에 집중하는 것(우리의 첫 번째 관람객이 도착한 후에도 계속되었던 그녀의 공부)을 보는 것은 정말로 흥미로웠다. 그녀의 공부시간은 그다지 길게 지속되지 못했다.

이벤트를 마친 후 약간의 공백을 가지고 나서야(한 달이 지난 지금에서야) 나는 이 이벤트에 대한 다른 사람들의 관점이 내게 있어 연구하고 관찰하기에 중요함을 인식하게 되었다. 전시를 개최하고 자신이 분석한 자료를 진열하는 것과 참여자가 되어 자신의 이미지와 이미지에 대한 글이 진열되는 것은 매우 다르다. 참석자가 되는 것 또한 매우 다르며, 그 경험도 다양하다. 거기에는 내가 속한 위원회의 동료들의 경험, 중서부의 다양한 고용인들의 경험, 참여자들의 가족 구성원, 그리고 내가 초대한 다양한 사람의 경험이 있다. 이 모든 사람은 이 전시를 서로 다르게 경험했다. 이는 내가 살펴보아야 할 탐구 지점이다.

참여자들 사이에는 거의 즉각적인 유대가 형성되었다. 나는 이들 모두가 다른 참여자들의 이미지와 글들에 강한 호기심과 관심을 가졌으리라 생각된다. 특히, 자신의 노력이 정상화되거나 확증되길 바라는 열망 말이다. 나는 그런 일이 발생했다고 생각된다. 각 참여자들은 시간을 들여 진열된 이미지들을 면밀히 살펴보았다. 그들은 개최자와 참석자 사이를 오갔다.

이 전시회 전체가 내게는 즐거움이었다. 내가 느낀 가장 큰 감정은 자랑스러움이었다. 나는 정말로 자부심으로 가슴이 터질 것 같은 마음이었다. 나는 이 학생들이, 나의 참여자들이 자랑스러웠다. 자랑스러움은 미소와 웃음, 그리고 행복이란 형태로 내게서 터져 나왔다. 나는 이 이벤트가 '성공적으로 진행되고 있다'는 사실이 자랑스러웠다. 두 시간 동안 나는 참여자들이 서로와의 대화, 참석자 또는 중서부 협회의 구성원, 박사학위 동료들, 그리고 나와의 대화에 참여하는 것을 즐겁게 바라보았다. 나는 그들이 그 환경 속에 있는 것을 너무나도 기쁘게 바라보았다.

첫 1시간 동안, 몇몇 사람들이 전시장 안을 돌았다. 루이스는 슬라이드쇼를 켜고 올바르게 작동시켰다. 나는 아무리 해도 프레이즈를 20초 단위로 자동 재생시키는 방법을 알아낼 수 없었다. 루이스가 슬라이드쇼를 '고치자' 나는 모든 것이 정말 더할 나위 없이 완벽하다고 느꼈다. 모든 것이 만족스럽고 원활하고 검은색과 흰색의 쿠키까지도 완벽했다.

〈 06 〉 포토보이스 전시와 출판

2011년 봄학기에 내 1학년 세미나 수업을 들었던 학생들 중 한 명이 이벤트에 참석했다. 그녀가 참석했다는 사실 중 가장 멋진 것은 그녀가 자신의 남편과 막내 아들(그녀에게는 서너 명의 아들이 있는 것으로 안다.)을 함께 데리고 왔다는 것이다. 이 아들은 부활절 주말을 맞아 집에 있었다. 전시회는 성금요일(Good Friday)에 열렸다. 그들 셋은 정말로 전시회로부터 많은 영향을 받았다. 나는 그들과 한 동안 전시회에 대해 이야기를 나눴다. 그녀의 남편은 내게 몇 가지 질문을 던졌고, 그가 이미지, 글, 그리고 이벤트 전체에 대해 갖는 관여도의 정도가 매우 인상 깊었다. 나는 전시회로 인해 그가 자신의 아내가 무엇을 경험하고 있는지에 대해 더 많은 이해를 구했다고 믿는다. 이건 엄청난 일인 것이다. 내 수업의 수강생인 제시카는 전시가 이루어졌던 학기 동안 물리보조요법(Physical Therapy Assisting: PTA)에 관심이 있었다. 그녀는 마리(마찬가지로 PTA 학생)와 이야기를 나눌 기회를 가졌다. 이는 그녀에게도, 마리에게도 좋은 일이었다. 참여자들은(적어도 마리는) 다른 학생들을 돕는 것을 좋아했다. 바로 이 일이 이루어진 것이다.

나는 전시 중 어느 한 순간 참여자들 중 한 명이 내게 다가와 '사람들'이 이미지 앞으로 다가가 "음!"이라고 내뱉고 있음을 알려 줬다. 달리 말하자면, 그녀는 내게 우리의 의도가 '제대로 작용'하고 있음을 알리고 싶었던 것이다. 많은 사람이 전시에 의해 큰 영향을 받고 있었고, 이는 그들의 비언어적 표현을 통해 드러났다. 그것은 그들의 몸짓과 표정에서 나타났다.

또 하나의 재미있는 점(적어도 내게는 재미있는)은 많은 사람이 이 전시가 내 학위 수여와 관계되었다고 생각한 것이다. 하지만 어쩌면 외부인들에게는 그렇게 보이는 것이 당연할지도 모른다. 그 전시에는 나의 논문 참여자들과 상당수의 대학 관계자들이 참석하였고, 나의 논문 출판본이 탁자 위에 있었기 때문이다. 내 생각에는 아마도 참여자들조차도 이 이벤트가 내 학위 수여에 필요한 어떤 것으로 생각되었을 듯하다.

오후 5시, 전시의 중반 즈음에 우리는 비공식적인 발표/이야기에 10에서 15분을 할애했다. 나는 모든 사람의 주의를 끌고 난 후 프로젝트를 설명하며 이 모든 것이 대체 무엇을 위한 것인가라는 질문을 던졌다. 나는 사전 준비 없이 즉흥적으로 중서부에서의 내 경험에 대해, 그리고 내가 학생들과 얼마나 즐거운 시간을 보냈는지에 대해 이야기했다. 그러고 나서 내 논문 헌정사를 읽었다. 그 글을 다른 사람들 앞에서 내 참여자들(적어도 그 자리에 있었던 네 명에게만이라도)에게 읽어 주는 것이 내게는 정말로 중요했다. 말을 마치고 나서, 나는 참여자들에게 자신의 경험에 대해 이야기할 수 있도록 권했다. 나는 그들에게 이메일을 보내어 이를 제안했고, 그들이 다룰 만한 몇 가지 질문들을 제시하기도 했다. 세상에나! 그들은 정말 훌륭했다. 리트리아, 마리, 크리스피, 루이스 순서로 발표를 했다. 나는 정확히 기억나지 않지만, 내가 권유를 하고 첫 번째 참여자가 이야기를 하기 전에 짧은 순간의 기다림이 있었다. 내가 속한 위원회의 구성원 중 한 명은 이 멈춤이 긴장이나 어색함으로 인한 것으로 여겼다. 하지만 나는 그것이 누가 먼저 발언대에 설 것인지에 대해 참여자들끼리 무언으로 조율하는 비언어적 협상이었다고 믿는다. 그들은 훌륭했다. 그들은 프로젝트에 참여한 경험에 대해서도 말했지만, 내 수업을 들은 것이 연구에 참여하는 것에 대한 자신의 결정에 어떤 영향을 미쳤는지에 대해서도 이야기했다. 정말 단언컨대, 너무나도 감동적이었고 경이로웠다. 각각의 참여자는 관객들의 주의를 사로잡았다. 리트리아는 나로 인해 목소리를 낼 수 있는 공간을 가질 수 있었던 점에 대해, 그리고 자신의 목소리가 사람들에게 들려질 수 있게 된 것에 대해 이야기했다. 그녀의 말에 따르면, 이는 자신의 인생에서 처음 있는 일이었다. 마리는 수업에서 그녀가 헌혈을 한 후 거의 기절할 뻔한 일에 대해 이야기했다. 그때 내가 그녀가 괜찮은지 확인하러 들렀고, 그녀에게 그것은 많은 힘이 되었다. 전시의 모든 참여자가 얼마나 많은 학생이 너무도 싫어하는 1학년 세미나 과정을 즐거이 수강했는지에 대해 말했다. 크리스피는 학기 중반 즈음에야 졸업을 하기 위해서는 1학년 세미나 과정을 반드시 수강해야만 하는 것이 아님을 알게 되었다고 말했다. 하지만 그녀는 내 수업을 즐겁게 들었기 때문에 그럼에도 불구하고 계속 수강했다고 말했다. 루이스도 비슷하게 말했다. 청중은 모두 그들을 바라봤다. 그 시간 동안 내 감정은 매우 강렬했다. 이 학생들은 실로 엄청나다. 그들은 나보다 훨씬 대단하다.

나는 황홀경에 빠졌다. 이때가 그들에 대한 내 자부심의 절정이었고, 내 논문 경험 전체의 절정이기도 했다.

나는 이 학생들의 말이 어떻게 받아들여졌는지, 그리고 그들에 대한 인식이 어떠했는지에 대해 다른 사람들의 시점을 다시 되짚어 보고 싶었다. 전시가 개최되는 동안에는 여념이 없었고, 한 달이 지나서야 이에 대해 글을 쓸 힘을 찾았기 때문에 그 동안 많은 세부사항이 잊혀지기도 했다. 향후 심화적인 연구를 위한 시작점으로 네 명의 참여자 및 참석자들(특히, 위원회의 구성원들)을 인터뷰하는 것과 나머지 참석자들(그들의 이메일은 참석자 명단에 받아두었다)을 대상으로 온라인 설문조사를 수행하는 것이 좋을 듯하다. 아마도 이것이 다음 연구단계가 될 것이며, 나는 연구와 이 프로젝트에 관계된 다른 여러 선택지를 탐구할 필요가 있다고 본다. IRB로 돌아갈 수도 있을 것이다(IRB 심의를 받아야 할 수도 있다). 다음번에는 내가 하고자 하는 프로젝트가 프로그램 평가로 간주될 수도 있으며, 그에 따라 초안/프로토콜이 면제될 수도 있겠다.

우리들의 발언을 위한 짧은 휴식 이후에 전시는 오후 6시에 종결되기 전까지 쭉 이어졌다. 대부분의 참여자들은 참석자들과 대화를 나눌 기회가 있었다. 이 모든 경험은 그곳에 있었던 참여자들에게 어떠한 변환점이 되었다. 전시는 참여자들의 비판적 의식보다는 그들의 반성적 의식 발전에 대한 내 주장에 상당한 확실성을 더해 주었다. 그럼에도, 나는 여전히 스스로에게 묻는다. 그 두 시간 동안 무슨 일이 벌어졌는가? 그 이벤트 동안 무엇이 벌어졌는가? 이 질문들이 이제 다루어져야 할 것이다.

전시가 끝나고 나서 우리는 설치된 것들을 치우고 몇 가지 물품을 내 차에 옮겨 놓았다. 비가 내렸고, 그래서 나는 많은 물건을 차 안에 두었다. 나는 참여자들에게 인사를 하며 다음에는 뉴욕에 가자고 계속해서 농담을 했다. 이것은 농담이기는 하지만, 정말로 이루어진다면 좋을 것이다. 지난 월요일(내가 이 메모를 쓰고 있는 날은 수요일이다.)에 나는 이미지/글을 정리하여 400-level 복도에 진열해 두었다. 나는 그것이 학생들에게 많은 영향을 줄 것으로 생각된다. 완벽한 시점이었는데, 나는 여름 학기가 시작하기 직전에 그 진열 상자들을 되돌려 받고 싶었고, 그것은 때마침 월요일이었다. 나는 또 다른 전시를 개최하게 되거나 그만 버려야만 할 때가 오기 전까지는 이 진열 상자들을 보관할 계획이다.

이런 유형의 분석적 메모를 다 쓴 후에 그 다음 분석 과정의 단계는 전시의 문답적(대화체적)인 성격이 어떻게 해야 가장 효과적으로 제시될 수 있을지 고민하는 것이다. 이 장에서는 작업을 어떻게 정책결정자와 학계 인사들에게 제시해야 하는지에 대해 몇 가지 조언을 해 주었다. 발표단계는 정치적 의제가 전면에 놓여질 수 있는 공간을 만들어 준다. 나아가, 에드워즈Edwards(2002)에 따르면, "사진은 단순히 지표적 내용을 담는 도구가 아니라, 의미 있는 경험을 나타내는 시각적 전시가 되기도 한다"(p. 67). 포토보이스 전시를 통해 참여자들은 자신의 이미지와 그 이미지에 대한 이야기를 가치 있는 방식으로 선보일 수 있는 기회를 얻게 된다. 포토보이스를 통한 탐구는 거기에 관계된 모든 사람의 이해를 가져다주며, 동시에 포토보이스 프로젝트 연구 결과의 확산은 인간의 삶에 대한 공감적 이해를 형성시킬 수 있다. 전시는 전형적으로 포토보이스 프로젝트의 종결점이며, 포토보이스를 다른 유사한 방법론으로부터 구별시키는 특이점이기도 하다. 서턴-브라운Sutton-Brown(2014)은 다음과 같이 지적했다. "포토보이스는 명시적인 정책적 의제를 포함한다. 바로 이 사회적 행동에 대한 의지가 다른 사진 기반의 방법론들과 구별되는 특징이다"(p. 70).

2) 포토보이스와 학술지 논문

이 책은 학문적 연구원들을 대상으로 만들어졌기 때문에 우리는 다음의 질문을 고려해야 한다. "우리는 어떻게 정책적으로 참여하며, 실제 활용을 지향하는 연구를 추구하는 동시에 평가와 감사 지향적인 학계의 목표를 충족시킬 수 있는가?"(Kesby, 2000, p. 423). 포토보이스 프로젝트들은 학술대회에서도 발표하기에 좋으며, 특히 시각적인 자료(예를 들어, 파워포인트)로 발표를 추가적으로 보충할 수 있다. 이에 반해, 학술지 논문들은 전혀 다른 이야기이다. 저자가 포토보이스 방법론을 사용한 학술지 논문을 검토할 때에는 논문의 절반 정도만이 사진을 담고 있음이 두드러지게 보인다. 정신장애에 초점을 둔 포토보이스 연구에 대한 메타 분석에서 한과 올리프Han & Oliffe(2016)는 동일한 점을 발견했다. 오직 아홉 개의 연구 중 네 개의 논문에만 참여자들의 이미지를 내포하고 있었다. 왜 이런 경우가 발생하는가? 하퍼Harper(2012)는 "교육적 연구자들이 이미지를 사용하기 시작했지만, 여전히 그것을 연구 보고서에 포함시키는 것에 대해서는 조심스러워 한다"(p. 183)고 지적했다. 교육적 연구자들이 이미지를 원고에 게재하지 않는 것에 대해서 여러 가지 원인이 있을 수 있다.

(1) 편집 지침과 출판 비용

사진을 학술지에 출판하는 것은 비용이 많이 들며, 그 비용은 흔히 저자들이 부담하게 된다. 논문과 관계된 글들을 출판하려고 하는 과정에서 나는 이와 같은 예측하지 못했던 현실에 직면했다. 고등교육 분야에서 상당히 영향력 있는 학술지 몇 곳은 사진을 포함시키려면 한 장당 몇 백 달러의 비용을 요구하기도 했다. 이러한 재정적 제한으로 인해 출판되는 범위는 줄어든다. 하지만 몇 가지 대안적인 해결책이 있다. 몇몇 연구자들은 자신의 사진을 온라인에 게재한 후 URL을 학술지에 추가해 넣었다. 또한 온라인 학술지의 출현으로 인해 출판 과정이 훨씬 저렴해졌으며, 다양한 방식의 시각적 자료(예를 들어, 사진, 비디오, 인터렉티브 미디어)를 포함할 수 있게 되었다.

(2) 익명성과 비밀유지의 체제 전복

추가적으로, 기관을 기반으로 하는 일부 연구자들(학계)은 IRB와 관계된 장애에 직면할 수도 있다. 참여자들이 사진 동의서와 양도 계약서에 서명을 했음에도 불구하고, 일부 IRB는 식별 가능한 사람들이 찍힌 이미지들을 출판하도록 허가하지 않을 수 있다. 그리고 이는 일부 참여자들이 자신의 이미지에 대한 정확도를 지키기 위해 요지부동일 수 있기 때문에 미약한 부분일 수 있다. 일부 사례에서는 참여자들이 자신의 정체성이 가려지는 것을 원하지 않을 수 있다. 사실, 신원을 은폐시키는 것이 참여자들의 목소리를 죽이거나 손상을 가하는 것처럼 느껴질 수도 있다. 이러한 경우, IRB 인사와 솔직한 대화를 갖는 것이 권유되는데, 참여자들의 정체성을 완전히 드러낸다는 개념이 연구 프로젝트 내에서 전형적인 윤리적 관행을 완전히 전복시키기 때문이다. 관련된 또 다른 딜레마는 기초 데이터로 사진을 분류하는 것인데, 대부분의 IRB 면제 프로젝트는 여전히 기초 데이터의 공유를 제한적인 방식으로 허가하고 있다.

3. 전시 준비하기

포토보이스 전시에 대해서나 정책결정자들에게 접근할 수 있는 방법들에 대해 고려할 때, 우리는 박물관 학습과 관련된 문헌과 어떤 연결점을 찾을 수 있다. 앞에서 전달된 내용들 중 대부분은 포토보이스 전시의 기획, 준비, 실행 과정에서 무엇이 필요한지를 전한다. [그림 6-4]와 [그림 6-5]는 설명된 내용들 중 일부를 나타낸다.

[그림 6-4] 개별 인터뷰에서 도출된 참여자들의 이미지와 그 이미지에 대한 글들은 판자에 인쇄하여 붙여졌고, 전시 동안에 진열되었다.

1) 전시에 대한 고려점들

사진을 찍는 것은 어떤 면에서 이야기를 하는 것과 같은 행위이다. 사진은 확실히 사회에 대한 이야기에 사용될 수 있다. 사진작가들은 흔히 "관람자가 사물을 특정한 배열로 바라보게끔 하여 그들이 특정한 차원을 따라 어떤 비교를 하도록 만들고, 그로 인해 어떤 무드(기분)가 생성되도록 하고 싶어 한다" (Becker, 2007, p. 37). 이는 포토보이스 전시 동안에도 마찬가지이다. 구체적으로, 사진에 붙인 설명이나 목소리는 다른 해석의 여지를 아주 적게 남겨 둔다. 하지만 물론 전체 프로젝트를 이끌어 낸 사람들과 함께 사용자들은 사진과 목소리를 해석할 수 있다. 래키^{Lackey}(2008)는 예술 전시가 "소통을 하기 위한 시도를 포함하고, 동시에 타인이 반응을 하고 학습을 할 수 있도록 하는 환경을 조성하도록 그 의도를 면밀하게 고려하여 발전되어야 한다"(p. 34)고 지적했다. 포토보이스 전시에서도 마찬가지이다.

포토보이스 전시를 고려할 때, 우리는 몽타주, 시리즈, 시퀀스 또한 고려해

[그림 6-5] 이 사진은 우리가 최초의 전시를 개최했던 지역 커뮤니티 대학교 교실에서 찍었다. 우리는 참석자들이 특정한 구도로 전시를 관람하도록 교실을 물리적으로 배치시켰다. 어떤 이미지 및 서술은 큰 포스터에 인쇄되어 벽에 걸려졌다. 우리는 이미지들을 다양한 방식으로 전달하고 싶었다.

야 한다. "어떤 순서이든… 우리가 본 모든 이미지는 어떤 단일한 이미지에 대한 우리의 이해에 영향을 미친다"(Becker, 2007, p. 39). 하지만 포토보이스에서는 전시 참석자들이 사진을 설명글/목소리/서술(내레이션)과 별개로 해석하지 않도록 유도된다. 참석자들은 전체 제시물(presentation)에 의해 영향을 받고 해석을 하도록 유도된다. 사용자들이 전체 제시물을 해석하는 방식은 생산자들(즉, 참여자, 기획자)의 머릿속에서 가장 선두에 있다. 이는 행동을 향한 갈망으로 인한 것인데, 이는 참여적 행동 연구 접근법에 내포되어 있다.

사회에 대한 어떤 구체적인 이야기가 사용자들에게 해석하기 어려울 경우에는 어떡할 것인가? 대부분의 사람들은 적어도 몇몇 사회적 표상은 해석할 줄 안다—우리는 어린 시절부터 이를 학습한다. 그것은 문화화 과정의 일부분이다. 베커Becker(2007)에 따르면, "우리는 우리가 배운 방식대로 표상에 주의를 기울인다"(p. 54). 사용자들이 예측하지 못한, 어쩌면 부정적인 방식으로 해석을 할 경우 어떡할 것인가? 포토보이스 연구자들은 자신의 작업이 부정적인 편견이나 인식을 구체화할 수도 있는 가능성에 대해 논의를 해 왔다. 우리는 이를 고려해야 하며, 미리 그에 대한 대비를 해야 한다. 나아가, 포토보이스 전시(즉, 사회적 표상)를 준비할 때, 우리는 '사용자'들이 얼마만큼의 작업량을 했으면 하는지 고려해야 한다. 베커의 이 생각은 맥킴McKim(1980)의 작업과 유사하다. 우리는 참석자들에게 작업을 하기 위한 도구를 어떻게 줄 것인가? 우리는 대부분이 그 도구를 소지하고 있지 않다고 가정해야 할까? 또한 사용자들이 사진이 갖는 시각적 언어를 이해하지 못할 경우, 또는 포토보이스 전시가 사진 전시와는 매우 다름을 이해하지 못할 경우 어떡할 것인가? 우리는 전시 내에서 전시를 통해 공통된 언어를 어떻게 형성할 것인가? 베커Becker(2007)는 주의를 줬다. "사용자들은 그들에게 주어진 일을 하지 않을 수도 있다"(p. 59). 나아가, "우리는 우리가 누구에게 전달하고 싶은지를 알고 이해해야 한다"(Becker, p. 67). 포토보이스 결과물(예를 들어, 전시, 보고서, 포스터)은 모든 연구가 그렇듯이 항상 축소적(환원주의적)일 수밖에 없다. "사회적 현실에 대한 모든 표상은 엄청나게 많은 것으로부터 아주 작은 것을 만들어 내야만 한다"(Becker, p. 96). 완전히 모든 것을 전달하기에는 너무도 많다. 하지만 요약은 아주 미묘한 문제이다. 어떤 것이 과다한 것이고, 어떤 것이 부족한 것인가?

포토보이스 프로젝트 결과물의 전시와 전파는 가능한 한 항상 연구자와 참여자 사이의 협업적 기획이 요구된다. 전시는 형식상의 절차와 목표 측면에서 매우 다양하다. 예를 들어, 어떤 전시는 예술 갤러리에서 개최되어 미디어와 지방의 관료들을 끌어들일 수도 있다. 마찬가지로, 어떤 전시는 노숙자 임시 보호소에서 개최되어 자원자들, 직원, 후원 기관을 대상으로 할 수 있다. 포토보이스 전시의 규모와 범위는 의도하는 관람객과 결과에 따라 좌우된다. 전시는 학술지 기사, 서적, 웹사이트(예를 들어, Sadler, 2016) 또는 다른 출판 형태로 이루어질 수도 있다. 다양하고 복합적인 보급 방식이 모든 프로젝트의 목표를 달성하기 위해 필요할 것이다(Wang, Burris, & Ping, 1996).

포토보이스는 소집한 사진 모음을 협업적으로 큐레이팅하고, 이 사진들을 사진사—참여자가 지정한 특정한 의미와 연계시키는 일을 수반한다. 포토보이스 연구자들은 사진을 수동적인 것이 아닌 능동적인 대상으로 간주해야 한다—사순 ^{Sassoon}(2004)이 기록물 보관 담당자가 사진을 어떻게 다루어야 할 것인지에 대해 제안했던 것과 같이. 포토보이스 과정 내에서 만들어지고, 글이 달린 사진의 이미지는 전반적인 프로젝트에서 매우 중요한 역할을 한다. 그것은 참여자의 생각과 소통방식을 형성하고 확장시킨다. 프로젝트 팀의 구성원들 사이에 일어나는 상호작용에 영향을 미친다(예를 들어, 인터뷰에서나 포커스그룹 교류에서). 그리고 그것은 포토보이스 전시의 어조와 취지에 가장 확실한 영향을 미친다. 왕, 부리스와 핑 $^{Wang, Burris, \& Ping}$(1996)은 "지역의 공공 장소에 진열된… 사진은… [대중으로 하여금 흔히 개별화된, 그러나 한편으론 진정으로 보편적인(public) 문제들을 목격하도록 한다"(p. 1392)고 말했다. 포토보이스는 "데이터 자료에 인간의 얼굴을 부여(현실적으로 느끼게 해 준다. 사람 냄새가 나게 한다)"한다(Wang et al., 1996, p. 1395).

다음은 이 전시들이 갖는 환기적(evocative; 생각나게 하는) 성격을 드러내는 예시이다.

> 제인—핀치(Jane-Finch) 지역사회에서 개최한 한 토론회에서 20대의 젊은 여성이 자신의 딸 앞에서 매춘 성행위를 하려는 나이 많은 남자가 접근했을 때 겪었던 공포스러운 경험을 이야기하며 감정에 요동쳤다.
>
> 윌슨과 플리커 $^{Wilson \& Flicker}$, 2015, pp. 80-81

우리는 전시 참석자들을 위해 어떤 점들을 미리 주의해야 할 것인가? 유해 경고물의 설치를 고려해야 할 것인가? 우리는 전시를 준비할 때 이 문제들(그리고 더 많은 문제)을 해결하려고 노력해야만 한다.

(1) 예술 교육을 이용하기(예술 교육으로부터 도출하기)

버턴Burton(2006)의 글은 포토보이스 전시의 기획과 준비에 있어 핵심적인 자료이다. 그는 K-12(유치원에서 고등학교까지) 예술 교육이라는 맥락에서 학생들의 예술품을 전시하기에 대해 글을 썼다. 학생들의 예술품을 전시하는 것이 학생들에게 동기를 부여할 수 있다고 주장하면서도, 그는 또 한편으로는 흔히 "학생들이 능동적으로 참여하지 않을 수 있으며, 예술 교사들이 모든 작업을 대신하곤 한다."(p. 1)라고 지적했다. 버턴의 연구는 비록 K-12 예술 교육에 초점을 두고 있지만, 포토보이스 프로젝트의 전시단계에도 적용될 수 있다. 앞의 발췌 글을 보면, 우리는 간단하게 학생의 역할에 참여자를 대입시키고 교사의 역할에 연구자를 대입시킬 수 있다. 학생들이 예술 전시에서 능동적인 역할을 수행할 때, 그들은 예술 창작 과정에 보다 깊게 참여할 수 있으며, 자신의 예술을 보다 확장된 관점에서 바라볼 수 있게 되고, 얼마나 다양한 관람객들이 전시 전반에 대해, 그리고 각 개별적인 구성요소에 대해 반응을 하고, 상호작용하며, 가치를 부여하는지 알 수 있게 된다. 이는 참여자들을 포토보이스 전시 과정에 참여시키는 것과 다르지 않다. 전형적으로 이 전시 과정은 정책결정자들의 주의를 끌고 포토보이스 프로젝트의 결과물에 반응하여 긍정적인 변화를 촉매시킬 수 있을 만한 여러 다른 사람의 주의를 끌기 위한 최고의 방법으로 간주되곤 한다. 버턴에 의하면, 전시에는 다섯 단계가 있다. (a) 테마 형성, (b) 디자인, (c) 설치, (d) 홍보, (e) 행사/평가(p. 2)가 그것이다.

전시를 위한 테마를 형성할 때, 버턴Burton(2006)은 여섯 가지 카테고리를 분류했다. (a) 서술적(생각이나 인식을 해석하기), (b) 교훈적(정보전달 또는 이야기 들려주기), (c) 은유적(상징관계 탐구하기), (d) 감정유발적(감정을 표현하기), (e) 찬양적(예술가에 대한 찬사), (f) 쟁점 지향적(의견 반영하기) (pp. 15-21)이 그것이다. 포토보이스 전시를 준비할 때, 이 카테고리들 중 어떤 것이든 선택할 수 있다—물론 몇 가지 예외가 있을 수는 있겠지만 찬양적 테마를 제외하곤 말이다. 포토보이스 과정의 관념화 단계는 전형적으로 프로젝트 전체의 테마나 결과로 이어진다. 테마를 형성하거나 결과를 찾는 과정은 이러한 프로젝트를 통해 생성된 방대한 양의 자료를 걸러내어 쉽게 이해되고 다룰 수 있는 주된 개념으로 전환할 수 있는 방법이다. 그리고 대개 이런 테마들은 전시를 구성할 때 사용할 수 있다. 다루어야 하는 자질구레한 세부사항들 때문에 참여자들이 관념화 단계에 관여하고 싶어 하지 않을 수도 있지만(그 정도는 사용되는 분석적 접근법의 종류에 달려 있다), 전시에 관한 한 프로젝트에 관여한 모든 사람이 테마 형성, 발전을 포함해 큐레이팅 팀의 일부로 포함되어야 할 것이다. 테마가 설정되고 나면, 전시에 포함될 사진과 글의 결합물들이 집단적 의사 결정 과정을 통해 선정된다. 참여자들에게 어떤 사진이 포함되었으면 하는지 묻고, 어떤 사진이 특정 테마를 가장 명확히 묘사하는지를 고려하는 것이 선정 과정에 포함되어야 한다.

전시를 디자인하는 것은 전시 참석자들에 대한 다음 질문들의 고려를 필요로 한다.

- 작품을 특정한 순서나 흐름 없이 서성이며 감상하여 스스로의 미적 연관성을 임의로 형성하도록 할 것인가?
- 명확한 시작, 중간, 끝과 함께 정해진 경로를 따라 가이드를 받으며 보도록 할 것인가?
- 사람들이 학교 복도를 지나듯이, 작품을 두 방향으로 지나가도록 할 것인가?
- 사람들이 예술을 수동적으로 보도록 할 것인가, 아니면 상호적으로 참여하도록 할 것인가?

버턴, 2006, p. 30

이 질문들을 생각해 보는 것이 디자인에 관계된 결정들을 도울 것이다. 버턴은 여섯 가지 설치 디자인을 제시했다. (a) 살롱 스타일(무수한 예술의 바다), (b) 선형(명확하고 직설적인), (c) 순차적인(연속적이고 혁신적인), (d) 상대적(대조와 연결을 하는 병렬/병치), (e) 개요적(유사성에 의한 분류), (f) 맥락적(무대/장면 설정하기)(pp. 33-38)이다. 예시를 위해서는 [그림 6-6]을 참조하라.

앞에 나타나 있듯이, 전시를 준비하는 데에는 여러 가지 결정을 내려야 하며, 이는 전시 지침서/개요서, 시간표, 체크리스트 등에 관해 구성될 수 있다(Burton, 2006, p. 39). 지침서는 "전시를 위한 명확한 행동계획을 구현"(Burton, 2006, p. 39)한다. 이 작업 문서는 전시를 위한 비전과 그 비전을 실현시키기 위해 필요한 단계들을 펼쳐놓는다. 거기에는 개인과 집단을 위한 과제들이 포함된다. 비록 이 문서가 유연성이 있지만, 이런 구성도구가 있다는 것은 간단한 전시에서도 매우 중요하다. 이런 문서에서는 과제, 자료원, 시간표, 그리고 최근 정보들이 기록될 수 있다. 이에 더해, 시간표와 체크리스트가 지침서를 보완해야 할 것이다. 시간표는 전시의 개막식에서부터 반대 방향으

[그림 6-6] 이 전시는 대학원 학생과 지역 커뮤니티 대학생들이 협업하여 포토보이스 프로젝트를 수행하고 그 결과물을 전시한 한 학기 과정의 프로젝트 결과이다. 교훈적 테마와 살롱 스타일의 디자인을 사용했다.

로 만들어져야 한다. 체크리스트는 무엇이 언제까지 달성되어야 하는지를 나타내야 한다. 이 세 기획 문서들을 동시에 이용하는 것은 포토보이스 전시를 준비함에 있어 매우 중요하다.

기획 및 준비 과정에서 몇 가지 중요한 요소에는 다음이 포함된다. 전시 공간 확보, 전시 홍보, 전시 공간 배열/배치, 안내책자 및 표지판 만들기, 전시 설치하기, 전시의 상호작용적 측면 형성하기, 자원봉사자 조직화하기와 역할 배분하기(예를 들어, 관람객을 맞이하는 접대자, 발표자, 생음악 연주자), 전자매체 조정하기(예를 들어, 음악, 영상, 소셜 미디어) 등이다. 이 요소들은 간단히 시간 표 및 체크리스트로 전환될 수 있으며, 그 예시는 부록 H에 제공된다.

4. 요약

이 장에서는 포토보이스 방법론의 제시(발표) 및 확인 단계가 자세히 설명되었다. 학문 연구자로서 우리는 우리가 프로젝트 동안 함께 작업하는 커뮤니티와 지식 생산자로서 뿌리를 두고 있는 학계 커뮤니티 모두에 대해 고려해야 한다. 과정의 최종단계에 어떻게 접근해야 할지를 고려할 때, 두 관객 모두가 마땅한 주목을 받아야 한다. 포토보이스 전시를 어떻게 실행에 옮길 것인지에 대해 실제적인 조언들을 제공했다. 나아가, 포토보이스 전시를 연구 현장으로서 위치 지우는 것이 여기에 포함되었다. 포토보이스 전시의 다양한 결과가 충분히 검토되지 못했으며, 이론화도 부족하기 때문에 이 분야에서의 지속적인 연구가 필요하다.

○ 참고

1. 탈리아 M. 멀비힐Thalia M. Mulvihill은 나의 박사학위 위원회의 의장을 맡았다. 나의 초기 포토보이스 작업의 대부분은 그녀의 지도 아래에 이루어졌다. 그녀는 내 논문 과정 동안 멘토이자 지도자로 역할을 했으며, 이제는 귀중한 동료이다. 이 장을 그녀와 함께 공동 저자로 쓸 수 있었던 것은 내 관점을 확장시키고 포토보이스 전시에 대한 이론화에 있어 매우 큰 도움이 되었기 때문이다.

>>> 참고문헌

Becker, H. S. (2007). *Telling about society*. Chicago, IL: University of Chicago Press.

Burton, D. (2006). *Exhibiting student art: The essential guide for teachers*. New York: Teachers College Press.

Charmaz, K. (2006). *Constructing grounded theory: A practical guide through qualitative analysis*. Thousand Oaks, CA: Sage.

Dey, I. (1993). *Qualitative data analysis: A user-friendly guide for social scientists*. San Diego, CA: Academic Press.

Edwards, E. (2002). Material beings: Objecthood and ethnographic photographs. *Visual Studies, 17*, 67-75.

Falk, J. H. (2009). *Identity and the museum visitor experience*. Walnut Creek, CA: Left Coast.

Falk, J. H., & Dierking, L. D. (2000). *Learning from museums: Visitor experiences and the making of meaning*. Lanham, MD: AltaMira.

Falk, J. H., & Dierking, L. D. (2011). *The museum experience*. Walnut Creek,

CA: Left Coast. (Original work published in 1992)

Falk, J. H., & Dierking, L. D. (2013). *The museum experience revisited*. Walnut Creek, CA: Left Coast.

Han, C. S., & Oliffe, J. L. (2016). Photovoice in mental illness research: A review and recommendations. *Health, 20*, 110-126. doi: 10.1177/1363459314567790

Harper, D. (2012). *Visual sociology*. New York: Routledge.

Kesby, M. (2000). Participatory diagramming: Deploying qualitative methods through an action research epistemology. *Royal Geographical Society (with the Institute of British Geographers), 32*, 423-435.

Lackey, L. M. (2008). What is exhibition for? Considering the purposes of art display in a Saturday art school context. *Art Education, 61*(4), 33-39.

Latz, A. O. (2011). *Understanding community college students' educational lives through photovoice* (unpublished doctoral dissertation). Muncie, IN: Ball State University.

Latz, A. O. (2012a). Toward a new conceptualization of photo voice: Blending the photographic as method and self-reflection. *Journal of Visual Literacy, 31*(2), 49-70.

Latz, A. O. (2012b). Understanding the educational lives of community college students: A photovoice project, a Bourdieusian interpretation, and habitus dissonance spark theory. *Current Issues in Education, 15*(2). Retrieved from http://cie.asu.edu/ojs/index. php/ cieatasu/article/ view/836/345

Latz, A. O. (2015). Understanding community college student persistence through photo voice: An emergent model. *Journal of College Student Retention: Research, Theory & Practice, 16*, 487-509. doi: 10.2190/CS.16.4.b

Lincoln, Y. S., & Guba, E. G. (1985). *Naturalistic inquiry*. Beverly Hills, CA: Sage.

McKim, R. H. (1980). *Experiences in visual thinking* (2nd ed). Belmont, CA: Wadsworth.

Mitchell, C. (2011). *Doing visual research.* Los Angeles, CA: Sage.

Reed, M. (2013). *Confessions of a community college administrator.* San Francisco, CA: Jossey-Bass.

Sadler, E. L. (2016). *Childhood cancer survivorship stories.* Retrieved from https:// survivorshipstories.com/

Sassoon, J. (2004). Photographic materiality in the age of digital reproduction. In E. Edwards & J. Hart (Eds.), *Photographs objects histories: On the materiality of images* (pp. 186-202). New York: Routledge.

Spradley, J. P. (1979). *The ethnographic interview.* London: Holt, Reinhart & Winston.

Sutton-Brown, C. A. (2014). Photovoice: A methodological guide. *Photography & Culture, 7,* 169-186. doi: 10.2752/175145214X13999922103165

Swaminathan, R., & Mulvihill, T. (2013) Photographic inquiry and educational technologies: Generating meaningful narratives. *Journal of Educational Technology, 9*(4), 1-7.

Taylor, E. W., Cranton, P., & Associates. (2012). *The handbook of transformative learning: Theory, research, and practice.* San Francisco, CA: Jossey-Bass.

Wang, C. C., & Burris, M. A. (1994). Empowerment through photo novella: Portraits of participation. *Health Education Quarterly, 21,* 171-186.

Wang, C. C., & Burris, M. A. (1997). Photovoice: Concept, methodology, and use for participatory needs assessment. *Health Eduaitioti and Behavior, 24,* 369-387.

Wang, C. C., Burris, M. A., & Ping, X. Y. (1996). Chinese village women as visual anthropologists: A participatory approach to reaching policymakers. *Social Science and Medicine, 42,* 1391-1400.

Whyte, W. F. (Ed.). (1991). *Participatory action research.* Newbury Park, CA: Sage.

Wilson, C., & Flicker, S. (2015). Picturing transactional $ex: Ethics, challenges, and possibilities. In A. Gubrium, K. Harper, & M. Otañez (Eds.), *Participatory visual and digital research in action* (pp. 73-86). Walnut Creek, CA: Left Coast Press.

07

포토보이스의 장단점과 미래
Photovoice Research in Education and Beyond

1. 비네트

포토보이스 연구와 같은 참여적 행동 연구는 의미 있는 결과를 얻고 긍정적 변화에 영향을 주기 위해서 가능하면 언제나 제자리에서(in situ; '원위치에' 있는 그대로의 상태) 수행되어야 한다. '외부에서' 또는 '외부자'의 눈으로 지역사회를 방문하는 연구자는 참여자에게나 참여자에 관해서가 아니라 참여자와 함께 연구를 수행해야 한다. 이 방향성은 결정적으로 중요하다. 또 그것은 그런 연구프로젝트와 관련된 제자리로의 방향성도 이끌어낸다. 그러나 이런 입장은 교육기관 내에서 표준적인 것은 아니다. 참여자가 그 프로젝트의 주인의식을 가지거나 가졌다고 느끼는 것이 중요하다. 뒤이은 과정의 맥락을 약간 알려 주기 위해서 나는 개인적 예를 제시할 것이다. 나의 박사학위 논문은 지역 커뮤니티 대학의 학생들이 자신의 학업생활을 구성하는 방식에 초점을 둔 포토보이스 연구프로젝트였다. 그 연구를 수행할 당시 나는 지역 커뮤니티 대학의 비전임 교원이었다. 내 접근방식은 사실상 제자리 연구였는데, 그것은 연구장소가 내가 근무하던 지역 커뮤니티 대학이었기 때문이다. 그리고 참여자는 나의 강의를 들었던 학생이었다. 그들은 자료수집 당시 여전히 그 대학에 등록되어 있었다. 나는 그 가운데 내 학위논문 연구에 참여했던 한 학생과 함께 보낸 결정적 순간을 기억하고 있다. 그녀는 우리가 서신을 주고받는 동안 한 번은 그 연구프로젝트를 가리키면서 '우리의 것'이라는 대명사를 사용했는데, 그것은 내게 상당히 큰 안도감을 주었다. 비록 그 특별한 참여자인 마리(필명)마저도 끝까지 연구에 참여하지는 않았지만, 그 단어는 나에게 의미 있는 어떤 것을 나타냈는데 그것은 주인의식(ownership)이었다. 나는 마리와 서신을 교환한 후에 다음과 같은 전자우편을 논문 감수 책임자에게 보냈다.

> 참여자 가운데 한 학생이 방금 [전자우편]을 보내서 자신의 카메라를 캠퍼스에 있는 저의 우편함에 떨어트렸다고 알려 왔습니다. 그녀는 이렇게 썼습니다. "우리 연구프로젝트의 첫 단계를 공식적으로 완수했음을 알려드립니다!" 저는 그녀가 '우리'라는 단어를 써서 너무너무 기뻤어요! 참여적 행동 연구가 저에게 이렇게 긍정적인 영향을 미칠 줄 누가 알았겠어요? 정말 놀랍군요! 단순하지만 중요한 이 순간을 기록으로 남겨야 할 듯해요.

이 전자우편을 받은 후 나의 조언자는 그 경험에 관해 기록해 놓으라는 답장을 보내면서 격려해 주었는데, 나는 그대로 행동했다.

> 한 참여자(마리)가 이 연구프로젝트를 자신과 나의 것으로 보고 있다는 사실은 진정 특별하다. 이것이야말로 진정한 참여적 행동 연구이다. 단지 한 차례의 사진 보내기로만 끝났지만 그녀가 이 연구프로젝트와 성공에 주인의식을 갖게 된 것이

분명하다. 이런 일이 어떻게 일어났는지 확실히 알 수 없지만 나는 정말 기쁘다! 마리와 나는 1학년 세미나 강의에서부터 좋은 관계를 유지해 왔다. 나는 그녀가 직업체험 장소를 정하는 데 도움을 줬고, 하루는 그녀가 헌혈 후 수업시간에 어지러움을 느낄 때 걱정해 준 적이 있었다. 그녀는 [포토보이스 연구프로젝트의] 첫 번째 만남에서 내가 자신의 직업체험을 도와준 사실을 특별히 언급했다. 그녀는 나에게서 도움을 받았다고 느꼈기 때문에 나를 돕길 원한다고 말했다. 나는 다른 학생들이 그 연구프로젝트에 주인의식을 느끼기 시작하는지 궁금했다. 시간이 지나면 이것이 어떻게 발전해 갈까? 이것이 전시회까지 어떻게 이어질까?

확실한 것은 이야기 활용 양상은 우리가 연구자로서 프로젝트에 관한 주인의식의 정도를 측정할 수 있는 많은 방법 가운데 한 가지이다. 그리고 주인의식의 정도는 연구프로젝트가 실제로 얼마나 참여적인지 알려 주는 실마리가 된다. 포토보이스 연구자는 참여자가 그 프로젝트의 중심에 이르도록 안내한다. 그러나 주인의식은 항상 선택사항이다. 어떤 참여자도 자신이 선호하는 것보다 더 많이 관여하도록 강요되어서는 안 된다. 그런 선택 행위는 어떤 일이 있더라도 고수되어야 한다. 핵심은 연구의 주안점, 연구방법, 자료 해석, 결과, 전시회 형태와 관련해서 주고받는 열린 대화를 통해서 참여자가 안내를 받고 그 작업에 참여하는 것이다. 이 방법론의 확실한 장점 가운데 한 가지는 이것이 참여자 중심의 연구방법이라는 점이다. 참여자가 기꺼이 프로젝트의 중심으로 열렬히 다가갈 때 그 참여적 연구가 제자리에 위치하게 되며 놀라운 일—현실의 삶에서 실제로 중요한—이 일어날 수 있다는 것을 우리는 알고 있다.

2. 장점과 단점

포토보이스 방법론의 장단점과 미래가 이 장에 개략적으로 설명되어 있다. 장점으로는 예를 들어 참여자의 삶을 향상시킬 수 있는 정책 변화(즉, 정책적 행동)에 관한 역량, 참여자 중심성, 사진의 강력한 힘이 있다. 단점으로는 사진촬영과 관련된 비용, 프로젝트를 완료하는 데 필요한 시간, 전반적인 경험의 복잡성이 있다. 그리고 포토보이스 방법론의 미래가 아직 확실치 않다는 것이다. 이 장이 다른 모든 장보다 더 짧은 것은 그 때문이다. 여기서 나는 몇 가지 견해를 소개하겠다. 이 글의 독자가 미래를 만들어 낼 수도 있을 것이다.

왕과 부리스Wang & Burris(1997)는 열 가지의 장점과 여섯 가지의 단점을 발견했다. 장점은 (a) 포토보이스 방법론이 참여자의 관점을 중시하는 점, (b) 강력한 의사소통 수단인 시각적 영상을 사용하는 점, (c) 상처받기 쉬운 사람들의 관점을 확증하는 점, (d) 다양한 환경에서 표본집단을 모으는 점, (e) 지역사회 참여가 지속되는 점, (f) 연구 목표의 융통성이 허용되는 점, (g) 참여자가 지역사회 내 다른 구성원의 이야기를 공유하도록 장려되는 점, (h) 참여자에게 구체적인 혜택(예를 들어, 사진촬영)이 주어지는 점, (i) 지역사회의 욕구와 자산이 표현되는 점, (j) 사회적 행동이 촉진되는 점이다(pp. 371-373). 단점은 (a) 참여자에게 잠재적 위험이 있는 점(예를 들어, 민감한 주제에 관한 조사), (b) 포스트모더니즘적 조사(예를 들어, 사진촬영자와 촬영목적이 문제시되는 것), (c) 자원의 통제(예를 들어, 연구자가 연구자금에 대한 통제권을 계속 보유함으로써 기존의 사회적 계층을 유지할 가능성이 있는 것), (d) 사진 분석의 어려움, (e) 재정, 교통, 통신의 한계, (f) 방법론적으로는 이상적인 과정이 실제로는 지켜질 수 없는 점(예를 들어, 참여자가 자신의 모습이 보여지길 원치 않을 수 있는 것)이다(pp. 374-375).

부스와 부스Booth & Booth(2003)의 연구에서 이 방법론과 관련된 잠재적 장점과 단점이 추가로 설명됐다. 장점은 (a) 공동체 형성, (b) 연대의식 형성, (c) 다양한 목소리와 공유의 경험, (d) 집단행동의 권장, (e) 다양한 표현 형태와 창의성의 공간 형성이다. 단점은 (a) 윤리적 딜레마 초래, (b) 참여자 간 마찰, (c) 시간적 강도(이 경우 1~2주 정도 걸릴 것이라고 생각되던 촬영과정이 6개월이나 소요됐다.), (d) 참여자가 사진의 예술성에 집착하는 점이다.

정책결정자의 관심을 이끌어 내는 데 핵심이 되는 것은 영상의 힘이다. 그러나 손태그Sontag(2003)와 버거Berger(1990)가 지적했듯이, 사진을 수용하는 데에는 역설이 존재하는데, 특히 눈에 띄는 사진이 그렇다. 그 경우 단일 영상으로 적나라한 반응이 초래될 수 있지만, 충격적 이미지에 반복적으로 노출되면 그 영상의 소비자는 그로부터 영향을 받지 않게 된다.

또 다른 주요 장점은 포토보이스 방법론에서 참여자가 읽거나 쓸 수 있을 것으로 추정되지 않는 점이다. 반면에 기본적으로 깔려 있는 추정은 참여자가 보여진다는 생각이다. 읽거나 쓸 수 없는 참여자도 여전히 사진과 대화를 통해서 의사를 교환할 수 있다(Wang, Burris, & Ping, 1996). 앞서 설명된 것처럼, 포괄성을 향한 발전이 이뤄지고 있지만 이 방법론의 시각중심적 성격은 문제로 남아 있다.

그렇다면 포토보이스 연구프로젝트에 참여하는 것의 또 다른 문제점과 비용은 어떤 것일까? 왕, 위, 토아와 카로바노Wang, Yi, Toa, & Carovano(1998)는 다음의 사항을 제시했다. 그것은 (a) 참여자가 실제로 정책을 결정할 기회를 얻지 못할 수 있는 점, (b) 프로젝트 참여에 시간이 많이 들고 일부 참여자에게 시간적 여유가 없을 수 있는 점[맥킴McKim (1980)은 "충분히 보려면 시간이 필요하다" (p. 67)라고 우리에게 상기시켰다.], (c) 사회적 변화가 느리고 어려운 점, (d) 연구조사 방법론으로서 포토보이스 프로젝트가 정책수립자나, 지역사회 구성원이나, 연구자(심지어 참여자)에게 합법적 접근방식이 아니라고 간주될 수 있는 점이다.

포토보이스 방법론은 다른 모든 연구조사 방식처럼 장점과 단점이 있다.

그러나 내 개인적 경험으로 볼 때, 나는 참여의 정서적 요소가 그토록 깊은 연구방식을 경험한 적이 결코 없다. 확실히 독자는 각각의 장마다 비네트를 읽고 나서 내가 이 연구방식으로부터 지속적으로 깊은 영향을 받았다고 말할 수 있을 것이다. 이 연구방식의 정서적 측면—자부심, 기대, 흥분, 아픔, 기쁨—은 내가 이 책을 쓰도록 만든 원동력의 대부분을 차지한다. 내 유일한 희망사항은 다른 사람들이 그 장단점을 나처럼 경험하는 것이다.

3. 포토보이스 방법론의 미래

사진기술이 발달하면서 포토보이스 연구프로젝트가 수행될 수 있는 방법도 변하고 있다. 기존의 문헌에 따르면, 이 분야는 아직 잘 조사되어 있지 않다. 나는 그 변화가 포토보이스 방법론의 미래 가능성에 던지는 의미와 그 연구자에게 의미하는 바를 곰곰이 생각해 본다.

1) 떠오르는 기술과 포토보이스 방법론

(1) 사진기술
이 분야의 기술적 진보 가운데 다른 무엇보다도 360도 사진기술의 도래는 현재와 미래의 포토보이스 연구자에게 점점 더 폭넓은 수단을 제공해 주는데, 포토보이스 연구자는 그것을 이용해서 참여자의 사진촬영 장비를 준비하고 그 활동을 격려할 수 있다. 오늘날 사진촬영의 용이함은 숨 막힐 정도로 발전했는데, 그 점에 관해서는 01장에 자세히 기술되어 있다.

(2) 증강현실
포켓몬이 애플리케이션을 휩쓸면서 언론의 뭇매질을 당할 때 나도 그 게임에 참여했다. 내가 그 새로운 증강현실 게임에 열광적으로 매달리는 듯한 수많은 대학생을 강의하고, 그들과 함께 연구하는 점을 고려하면 나도 그럴 필요가 있다고 생각했다. 일시적인 실험으로 시작된 일이 곧 진지한 장난으로 변했고, 그것과 포토보이스 방법론과의 관련성에 관한 생각이 발전했다. 포켓몬 게임을 해 보고 그것이 눈앞에서 널리 퍼지는 모습을 보고 난 후 나는 포토보이스 프로젝트의 참여자가 자신의 스마트폰으로 사진을 찍거나 스크린샷(화면을 그대로 촬영한 영상)을 얻어 주어진 프롬프트에 대답한다면 어떻게 될지 궁금해졌다. [그림 7-1]은 "공부하고 있어야 할 때 대개 무엇을 합니까?"라는 프롬프트에 대한 확실한 대답일 수 있다. 이런 종류의 영상은 '실제' 영상과는 무척 다른 정보를 전달한다.

[그림 7-1] 이것은 내 아이폰의 스크린샷이다. 나는 증강현실 환경 속에서 얼마나 쉽게 사진을 촬영할 수 있는지 보여 주기 위한 한 예로서 이것을 골랐다. 이 스크린샷을 얻을 때 나는 어느 커피숍에서 포켓몬 게임을 하고 있었다.

2) 소셜 미디어(사회적 매체)와 포토보이스 방법론

그와 관련해서 우리는 스냅챗(Snapchat)의 이용 가능성을 생각해 볼 수 있다. 특히, 사용자가 이 앱으로 셀피(스스로 촬영한 자기 사진)를 골라내고, 얼굴이 보여지는 방식을 바꾸고, 그림문자인 에모지(emoji)와 사진설명문을 사진에 추가할 수 있는 방법에 관해서 생각해 볼 수 있다([그림 7-2] 참조). 포켓몬은 내재된 사회적 상호작용이 결핍된 증강현실 게임인 반면, 스냅챗은 사적으로나 공적으로 일시적 영상이나 동영상을 사용하는 소셜 미디어 도구이다.

하퍼Harper(2012)는 다음과 같이 관찰했다.

> [21세기에 사진]은 도처에 널려 있다. 그것은 이상하리만큼 일시적인데, 우리는
> 그것의 사회적 영향을 예상할 수 없다… 사진뿐만 아니라 그것을 만드는 수단 또한
> 모든 곳에 존재한다… 또 [사진]은 끊임없이 거대한 구름 속을 떠다니면서 인터넷
> 을 따라 지구촌을 가로질러 널리 퍼진다.
>
> *p. 141*

에드워즈Edwards(2002)에 따르면, "물질성은 사회적 자서전(social biography)과 밀접한 관련이 있다"(p. 68). 바꿔 말하면, 대상(object)은 사회적 관계의 통합된 한 부분이다. 대상은 사회적 경험의 보조적 존재가 아니라 사회적 경험이라는 그물 속에 포획되어 있다. 인스타그램과 스냅챗 같은 사진 기반의 소셜 미디어 플랫폼이 사용될 경우에 그 점이 매우 뚜렷해지는데, 그것은 "우리가 사진으로 생각하고 사진으로 정보를 교환하기 때문이다"(Collier, 1967, p. 4). 인스타그램은 이 세상에서 가장 거대한 포토보이스 프로젝트일까? 단서: 공유 가능한 삶의 순간들과 가장 빛나는 순간들. 그 플랫폼을 이용한 시각적 삶의 서술은 일종의 수베일런스수베일런스(sousveillance; 역주—아래로부터의 감시 또는 행위 참여자의 관점에서 본 행위의 기록)일까(Dodge & Kitchin,

2007)? 수베일런스(예를 들어, 신체 부착형 카메라를 사용한 삶의 기록)는 자기감시의 한 형태이다. 포토보이스 방법론이 수베일런스의 한 형태일까 아니면 삶의 기록일까? 그럴 수 있을까? 그래야 할까? 참여자에게 소셜 미디어를 통해서 자기 자신의 삶이나 삶의 일부를 사진으로 감시하는 데 참여해 달라고 요청하면 어떤 일이 일어날까? 이런 질문은 집중력이 필요하지만 현재로선 관심을 기울인 흔적을 문헌에서 찾아볼 수 없다.

포토보이스 방법론은 불가피하게 소셜 미디어와 함께 사용되어야 한다. 그러나 그런 주제 역시 대부분의 포토보이스 문헌에서 찾을 수 없거나 이론화가 부족하다. 디지털 사진, 실시간 동영상, 사진 조작, 소셜 미디어가 다 함께 사회적 삶에 끊임없이 영향을 미치고 있다.

3) 포토보이스 방법론과 교육

포토보이스 방법론은 교육적 잠재력을 갖고 있다. 포토보이스 방법론은 주로 조사연구방법론이지만, 학자들은 그것의 교육적 활용 가능성을 연구해 왔다(Chio & Fandt, 2007; Latz, Phelps-Ward, Royer, & Peters, 2016; Lichty, 2013; Schell, Ferguson, Hamoline, Shea, & Thomas-Maclean, 2009). 기존의 문헌에 표현된 교육적 활용 분야에서는 학생들이 보통 프로젝트 조력자가 아닌 참여자의 역할을 맡았다. 다시 말해, 종종 학생들은 사진을 촬영한 후 (사진) 그 영상을 설명하는(의미와 해석을 지정하면서) 자리에 선다(음성)(예를 들어, Chio & Fandt, 2007; Cook & Quigley, 2013). 비록 그 방법론이 교육적이지만[특히, 키오와 팬트Chio & Fandt(2007)가 수행한 연구의 맥락처럼 다양성에 관한 학습이라는 맥락에서는], 학생이 프로젝트 조력자의 역할을 맡을 경우 어떤 방식으로 학습, 이해, 공감이 증진될 수 있을까? 이 질문에 관한 대답이 아직 충분히 나오지 않고 있다.

[그림 7-2] 스냅챗 앱에서 사진으로 어떤 것을 생성하는 것이 가능한지 보여 주고 있다. 나는 영상 위에 색온도, 사진설명문, 그림문자 레이어를 만들 수 있었다.

4) 포토보이스 방법론과 삶

우리가 알든 모르든 상관없이 포토보이스 연구 중에 촉발된 사고 과정과 행동은 정기적으로 많은 사람에게 펼쳐지는 삶의 방식과 너무나도 밀접하게 맞물려 있다. 사진을 찍는 일은 역사상 그 어느 때보다 더 간편해졌다. 세계 곳곳에서 많은 사람이 시각적 방식을 끌어들이는 삶의 경험을 일상적으로 이야기한다. 우리는 인터넷과 웹 2.0이 도래하면서 이 과정이 폭발적으로 증가하는 것을 목도해 왔다. 그 기술은 프로그래밍 지식이나 기술이 없는 사람들이 콘텐츠를 만들고, 그것을 온라인상에 올려서 지구상의 네티즌에게 공개할 수 있도록 만들어 준다. 그리고 실제로 그런 이야기는 정책에 영향을 줄 수 있으며, 그렇게 한 바 있다. 포토보이스 방법론이 미래에 어떤 것을 보여 주는지 지켜보는 것은 끝없이 흥미를 자아낼 것이다.

4. 요약

이 마지막 장에서 나는 포토보이스 방법론의 장단점과 그 미래에 관해서 개략적으로 소개했다. 이 장은 특히 내용이 빈약한데, 그것은 내가 이 책을 끝내면서 독자에게 과제를 남겨 두는 것이기 때문이다. 미래를 만들자! 포토보이스 방법론은 너무나 많은 가능성을 갖고 있다. 사회 정의를 고려하는 혁신적인 참여적 행동 연구자로서 기존에 수립된 한계를 밀고 나가는 일은 우리에게 달려 있다. 다른 연구자가 버리고 떠난 곳에서 시작해서 이 훌륭한 작업을 계속해 가자.

>>> 참고문헌

Berger, J. (1990). *Ways of seeing*. New York: Penguin. (Original work published in 1972)

Booth, T., & Booth, W. (2003). In the frame: Photovoice and mothers with learning difficulties. *Disability & Society, 18*, 431-442.

Chio, V. C. M., & Fandt, P. M. (2007). Photovoice in the diversity classroom: Engagement, voice, and the "eye/I" of the camera. *Journal of Management Education, 31*, 484-504.

Collier, J. (1967). *Visual anthropology: Photography as research method*. New York: Holt, Rinehart and Winston.

Cook, K., & Quigley, C. (2013). Connecting to our community: Utilizing photovoice as a pedagogical tool to connect students to science. *International Journal of Environmental and Science Education, 8*, 339-357. doi: 10.12973/ijese.2013.205a

Dodge, M., & Kitchin, R. (2007). "Outlines of a world coming into existence": Pervasive computing and the ethics of forgetting. *Environment and Planning B: Planning and Design, 34*, 431-445. doi: 10.1068/b32041t

Edwards, E. (2002). Material beings: Objecthood and ethnographic photographs. *Visual Studies, 17*, 67-75.

Harper, D. (2012). *Visual sociology.* New York: Routledge.

Latz, A. O., Phelps-Ward, R. J., Royer, D. W., & Peters, T. M. (2016). Photovoice as methodology, pedagogy, and community building tool: A graduate and community college student collaboration. *Journal of Public Scholarship in Higher Education, 6*, 124-142. Retrieved from https://jpshe. missouristate.edu/assets/missouricompact/ Photovoice.pdf

Lichty, L. F. (2013). Photovoice as a pedagogical tool in the community psychology classroom. *Journal of Prevention Intervention Community, 41*, 89-96. doi: 10.1080/ 10852352.2013.757984

Mckim, R. H. (1980). Experience in visual thinking (2nd ed.). Belmont, CA: Wadsworth.

Schell, K., Ferguson, A., Hamoline, R., Shea, J., & Thomas-Maclean, R. (2009). Photovoice as a teaching tool: Learning by doing with visual methods. *International Journal of Teaching and Learning in Higher Education, 21*, 340-352.

Sontag, S. (2003). Regarding the pain of others. New York: Farrar, Straus and Giroux.

Wang, C. C., & Burris, M. A. (1997). Photovoice: Concept, methodology, and use for participatory needs assessment. *Health Education and Behavior, 24*, 369-387.

Wang, C. C., & Burris, M. A. (1997). Photovoice: Concept, methodology, and use for participatory needs assessment. Health Education and Behavior, 24, 369-387

Wang, C., Burris, M. A., & Ping, X. Y. (1996). Chinese village women as visual anthropologists: A participatory approach to reaching policymakers. *Social Science & Medicine, 42*, 1391-1400.

Wang, C. C., Yi, W. K., Tao, Z. W., & Carovano, K. (1998). Photovoice as a participatory health promotion strategy. *Health Promotion International, 13*, 75-86.

부록
Photovoice Research In Education and Beyond

부록에 관한 주(note)

다음의 문서(부록) 가운데 많은 것은 나의 (발표되지 않은) 박사논문의 내용을 고쳐 쓴 것이다. 일부는 논문 발표 이후에 끝난 연구프로젝트의 내용을 고쳐 쓴 것이다. 이 양식을 자신의 고유한 용도에 맞게 자유롭게 고쳐 써도 된다. 단지 칭찬받을 만한 구석이 보이면 칭찬해 주기만 하면 된다.

부록A

참여자를 위한 고지된 동의서의 예

이 양식 또는 이와 유사한 양식에 서명함으로써 참여자는 이 연구에 참여하는 데 동의하게 된다. 참여자는 자기가 생성하는 자료(이미지와 이야기)가 다양한 곳(예를 들어, 전시회, 이해관계자 모임, 학술회의 발표문, 학술지 논문, 서적)에 공개될 수 있다는 사실을 알고 있어야 한다. 이 양식의 모든 내용은 참여자에게 설명되어야 한다. 그 내용이 글자 그대로 읽혀져야 할 필요는 없다. 비록 이 동의서의 예가 유용한 지침이긴 하지만, 많은 기관의 기관연구윤리심의위원회(IRBs)가 온라인상에서 내려 받을 수 있는 공통적인 동의서 양식을 갖고 있다. 항상 현지의 양식과 함께 그것에서부터 시작하고 필요할 경우 고쳐 써라.

고지된 동의서

연구 제목
포토보이스 방법론을 통한 지역 커뮤니티 대학 학생들의 학업생활의 이해

연구 목적 및 근거
이 연구의 목적은 지역 커뮤니티 대학 학생들이 자신의 학업생활을 어떻게 구성하는지 이해하는 것이다. 이 연구는 정책수립자가 학생의 욕구를 이해하고 관련 정보를 얻는 데 도움이 될 것이다. 그리고 그것은 정책 결정과 프로그

램 계획과 자원 활용 과정에 도움이 될 것이다. 이 연구는 지역 커뮤니티 대학 학생과 관련해서 연구문헌이 부족한 현실을 부분적으로 해결해 줄 것이다.

포함 기준/배제 기준

2008년 가을학기부터 2010년 봄학기까지 연구책임자가 강의한 문화인류학 또는 1학년 세미나에 등록한 학생이 모집단에 포함될 것이다. 이 연구에 참여할 자격을 갖춘 학생이 2010년 가을학기 동안 중서부 지역 커뮤니티 대학[필명]에 등록되면 그때 자료수집이 시작될 것이다. 모든 참여자는 18세 이상의 연령에 속할 것이다. 참여자는 이전에 책임연구자(PI)의 강의를 받은 자로서 학점이 이미 제출된 학생일 것이라는 점을 특히 지적하는 바이다.

참여 절차와 참여 기간

이 연구에서 사용될 방법론은 참여적 행동 연구의 한 종류인 포토보이스 방법론이다. 이 연구에서 여러분은 자신의 학업생활과 관련된 프롬프트에 사진(제공된 일회용 카메라에 촬영된)으로 대답하라는 요청을 받게 될 것이다. 그 후 여러분은 그 사진에 관해서 논의한 다음 책임연구자와 면담하게 될 것이다. 여러분의 참가활동에는 모두 3회에 걸친 책임연구자와의 면대면 면담이 포함될 것이다. 그것은 (1) 책임연구자가 이 조사연구에 관해서 여러분과 논의한 후 첫 번째 프롬프트와 카메라를 주고, (2) 촬영된 사진에 관해서 논의한 후 여러분과 면담하면서 두 번째 프롬프트와 카메라를 주고, (3) 두 번째 촬영된 사진에 관해서 논의한 후 여러분과 면담하기 위해서이다. 면담장소는 중서부 지역 커뮤니티 대학이나 여러분에게 편한 곳 가운데 합의된 장소가 될 것이다. 여러분은 첫 번째 만남에서 고지된 동의서(이런 양식의) 2부에 서명하라는 요청을 받을 것이다. 그 중 한 부는 여러분이 보관하게 될 것이다. 여러분은 첫 번째 면담 도중에 사진공개 동의서를 작성하라는 요청도 받게 될 것이다. 어떤 사진도 여러분의 허락 없이 이 연구에 사용되거나 달리 발표되지 않을 것이다. 또 여러분이 사진촬영을 완료하기 위한 시간표가 정해질 것이다. 그리고 사용된 일회용 카메라를 책임연구자에게 전달하기 위한 계획이 수립될 것이다.

오디오 파일 또는 비디오 파일

정확성을 기하기 위해서 여러분의 허락 아래 면담내용이 녹음될 것이다. 녹음 중에 사용된 성명은 모두 필명으로 바뀌거나 면담 내용이 글로 옮겨질 때 함께 생략될 것이다. 녹음 파일은 책임연구자의 연구실에 있는 잠긴 문서용 캐비닛 속의 플래시 드라이브[역주—플래시 메모리(전기적으로 데이터를 지우고 다시 기록할 수 있는 비휘발성 컴퓨터 기억장치인)를 이용하는 드라이브]에 3년간 저장된 후 삭제될 것이다.

자료 기밀성 또는 익명성

모든 자료(data)는 기밀자료로 보관될 것이고, 어떤 식별 정보(예를 들어, 성명)도 그 자료의 출판물이나 발표문에 공개되지 않을 것이다. 그러나 여러분은 사진을 통해서 신원이 밝혀질 수도 있다. 여러분이 셀프사진을 촬영하지 않더라도 개인정보가 노출될 수 있다(예를 들어, 여러분의 집이나 차가 촬영된 사진). 그러나 그 가능성은 적을 것이다. 또 여러분은 사적인 공간(예를 들어, 주택이나, 자동차나, 병실 안)에서 사진이 촬영된 모든 사람에게서 동의를 구해야 한다. 만약 사적인 공간에서 미성년자의 사진을 찍으려면 그 미성년자의 법적 후견인(예를 들어, 부모)으로부터 동의를 받을 필요가 있다. 여러분은 그런 경우를 대비해서 그 동의서의 사본을 받게 될 것이다.

자료 보관

유형의 물리적 자료(종이, 사진)는 책임연구자의 잠긴 문서용 캐비닛 속에 영구히 보관될 것이다. 면담 및 논의는 글로 옮겨져 Microsoft Word 속에 입력된 후 비밀번호로 보호되는 책임연구자의 노트북에 영구히 보관될 것이다. 면담의 오디오 파일도 비밀번호로 보호되는 책임연구자의 개인용 노트북에 3년간 보관된 후 삭제될 것이다. 그리고 디지털 다기능 디스크(DVDs)나, 플래시 드라이브나, 외장 하드 드라이브에 저장된 면담의 오디오 파일 또는 녹취록의 백업 파일은 책임연구자의 자택 서재에 있는 잠긴 문서용 캐비닛에 3년간 안전하게 보관된 후 삭제될 것이다. 오직 이 연구의 연구원들만 원자료에 접근할 것이다.

사진촬영

이 연구의 한 과정으로서, 여러분은 사진으로 프롬프트에 대답하라는 요청을 받게 될 것이다. 여러분이 이 프로젝트를 위해서 촬영한 사진은 공공의 품위 기준에 합당해야 한다. 중서부 지역 커뮤니티 대학 학생들에게 적합하리라 생각되는 품행에 관해서는 학생안내서(Student Handbook)의 학생행동강령을 참고하라. 촬영된 사진은 외설스럽지 않아야 하고 불법적인 활동을 담은 것이 아니어야 한다. 사진을 촬영하는 동안 자신이나 타인을 침해하거나 일부러 위험에 빠트려서는 안 된다.

사진

여러분은 직접 촬영한 사진의 사본을 받게 될 것이다. 책임연구자가 그것을 줄 것이다. 여러분이 받은 어떤 사진도 소셜 미디어 사이트(예를 들어, 페이스북, 트위터)에 올려지거나 달리 온라인상에 또는 기타 다른 방식으로 공개되지 않을 것이다.

위험 또는 불편사항

이 연구와 관련된 잠재적 위험이나 불편사항은 아주 적으며, 일상생활에서 마주치는 위험 수준을 넘지 않는다. 그러나 여러분은 포토보이스 방법론과 카메라의 적절한 사용에 관해서 충분히 설명을 듣게 될 것이다. 사적인 곳이라고 간주되는 공간(예를 들어, 주택, 병실 안)에서는 사람들의 동의 없이 사진을 촬영해서는 안 된다.

혜택

이 연구에 참여하는 데에서 오는 혜택은 없을 것으로 생각된다.

자발적 참여

여러분의 참여는 완전히 자발적이기 때문에 언제든지 어떤 이유에서라도 책임연구자에게서 처벌이나 비난을 받지 않고 참여 의사를 자유롭게 철회할 수 있다. 이 동의서에 서명하기 전이나 이 연구에 참여하는 동안 언제라도 책임연구자에게 어떤 내용이든 자유롭게 질문하라.

기관연구윤리심의위원회 연락처

연구 참여자로서 권리를 지키기 위해서 여러분은 다음의 연락처로 연락할 수 있다[연구자가 속한 기관이나 연구소의 기관연구윤리심의위원회의 연락처를 기입할 것].

동의서

나, _____[성명을 기입할 것]는 '포토보이스 방법론을 통한 지역 커뮤니티 대학 학생들의 학업생활의 이해'라는 제목의 이 연구프로젝트에 참가하는 데 동의한다. 나는 이 연구에 관한 설명을 들었고 의문스러운 점에 관해서 만족할 만한 대답을 들었다. 나는 이 연구프로젝트에 관해서 기술된 내용을 읽었으며 참가하는 데 동의한다. 나는 미래에 참조하기 위해서 이 고지된 동의서의 사본 한 부를 받아 보관하게 될 것이라는 점을 이해한다.

내가 아는 한 나는 이 연구에 참여하기 위한 포함 기준(또는 배제 기준) (앞 장에서 설명된)을 충족시킨다.

_____   _____
참여자 서명   서명 일자

면담 내용의 녹음허락 여부

('∨' 표시를 할 것) _____예   _____아니오

_____   _____
참여자 서명   서명 일자

연구자 연락처

책임연구자: 연구원:

[연락처를 이곳에 기입할 것]   [연락처를 이곳에 기입할 것]

부록B

사진촬영 동의서의 예

이 동의서에 서명함으로써 참여자가 촬영할 사진 속의 등장인물은 자신의 사진이 촬영되는 데 동의한다. 이 동의서의 사본이 참여자에게 제공되어야 한다. 사적인 공간에서 참여자가 사진 속에 담길 원하는 사람에게 이 동의서 2부

에 서명해 줄 것을 부탁하는 일은 그(또는 그녀)에게 달려 있다. 서명된 사본 한 부는 책임연구자에게 제출된 후 보관되어야 하고, 나머지 한 부는 촬영된 당사자에게 전달되어야 한다. 나는 이 동의서를 색상이 있는 종이 위에 인쇄한 후 참여자마다 20부씩 나눠 줬다. 연구자가 사진촬영 동의서를 특정 사진과 연결할 수 있다는 것이 중요하기 때문에 참여자가 그런 목적을 위해서 이 동의서를 작성하는 것은 매우 중요하다.

사진촬영 동의서

연구 제목

포토보이스 방법론을 통한 지역 커뮤니티 대학 학생들의 학업생활의 이해

연구 목적 및 근거

이 연구의 목적은 지역 커뮤니티 대학 학생들이 자신의 학업생활을 어떻게 구성하는지 이해하는 것이다. 이 연구는 정책수립자가 학생의 욕구를 이해하고 관련 정보를 얻는 데 도움이 될 것이다. 그리고 그것은 정책 결정과 프로그램 계획과 자원 활용 과정에 도움이 될 것이다. 이 연구는 지역 커뮤니티 대학 학생과 관련해서 연구문헌이 부족한 현실을 부분적으로 해결해 줄 것이다.

사진촬영

이 연구의 참여자는 주어진 프롬프트에 대해서 사진으로 대답하라는 요청을 받았다. 여러분이 이 동의서를 작성하게 된 이유는 한 참여자가 프롬프트에 대한 답변으로서 여러분이 포함된 사진을 촬영하길 원하기 때문이다.

자료 기밀성 또는 익명성

모든 사진은 기밀자료로 보관될 것이고, 어떤 식별 정보(예를 들어, 성명)도 그 사진이 포함된 출판물이나 발표문에 공개되지 않을 것이다. 그러나 여러분은 사진을 통해서 신원이 밝혀질 수도 있다.

자료 보관

유형의 물리적 자료(종이, 사진)는 책임연구자의 잠긴 문서용 캐비닛 속에 영구히 보관될 것이다. 면담 및 논의는 글로 옮겨져 Microsoft Word 속에 입력된 후 비밀번호로 보호되는 책임연구자의 노트북에 영구히 보관될 것이다. 면담의 오디오 파일도 비밀번호로 보호되는 책임연구자의 개인용 노트북에 3년간 보관된 후 삭제될 것이다. 그리고 디지털 다기능 디스크(DVDs)나, 플래시 드라이브나, 외장 하드 드라이브에 저장된 면담의 오디오 파일 또는 녹취록의 백업 파일은 책임연구자의 자택 서재에 있는 잠긴 문서용 캐비닛에 3년간 안전하게 보관된 후 삭제될 것이다. 오직 이 연구의 연구원들만 원자료에 접근할 것이다.

위험 또는 불편사항

여러분의 모습이 사진에 촬영되더라도 그와 관련해서 예상되는 위험은 없다.

혜택

여러분이 등장하는 사진의 추가 사본 한 장이 인쇄되어 참여자(촬영자)에게 전달될 것이다. 참여자(촬영자)는 여러분이 등장하는 사진의 사본 한 장을 여러분에게 전달하라는 요청을 받을 것이다. 여러분이 받은 어떤 사진도 소셜미디어 사이트(예를 들어, 페이스북, 트위터)에 올려지거나 달리 온라인상에 또는 기타 다른 방식으로 공개되지 않을 것이다.

자발적 참여

이 연구를 위해서 자신의 모습이 촬영되는 것을 허락하는 것은 완전히 자발적인 선택사항이다. 이 사진촬영 동의서와 사진공개 동의서에 서명하기 전이나 이 연구가 수행되는 동안 언제라도 연구자에게 어떤 내용이든 자유롭게 질문하라.

연구자 연락처

여러분은 이 연구에 관한 추가 정보를 얻기 위해서 책임연구자에게 연락할 수 있다[연구자의 연락처를 이곳에 기입할 것].

기관연구윤리심의위원회 연락처

여러분은 다음의 연락처에 직접 문의할 수도 있다[연구자가 속한 기관이나 연구소의 기관연구윤리심의위원회의 연락처를 이곳에 기입할 것].

연구 제목

포토보이스 방법론을 통한 지역 커뮤니티 대학 학생들의 학업생활의 이해

사진촬영 동의서

나, _____[성명을 기입할 것]는 '포토보이스 방법론을 통한 지역 커뮤니티 대학 학생들의 학업생활의 이해'라는 제목의 이 연구프로젝트 참여자가 내 모습을 촬영하는 것을 허락한다. 나는 이 연구에 관한 설명을 들었고 의문스러운 점에 관해서 만족할 만한 대답을 들었다. 나는 이 연구프로젝트에 관해서 기술된 내용을 읽었으며 내 모습이 촬영되는 것을 허락한다. 나는

미래에 참조하기 위해서 이 고지된 동의서의 사본 한 부를 받아 보관하게 될 것이라는 점을 이해한다.

<table>
<tr><td>_____</td><td>_____</td></tr>
<tr><td>촬영되는 사람의 서명</td><td>서명 일자</td></tr>
</table>

참여자(촬영자) 기입용:

이 서명자가 등장하는 사진의 수:

연구자 연락처

책임연구자: 연구원:

[연락처를 이곳에 기입할 것]   [연락처를 이곳에 기입할 것]

부록C

부모(또는 법적 후견인) 및 미성년자를 위한 사진촬영 동의서의 예

만약 참여자가 사적인 공간에서 미성년자(만18세 미만의)를 촬영하길 원한다면, 그 미성년자의 법적 후견인에게서 허락을 받아야 한다. 이 동의서의 사본이 참여자에게 제공되어야 한다. 참여자가 사적인 공간에서 촬영하길 원하는 미성년자의 법적 후견인에게 이 동의서 2부에 서명해 달라고 요청하는 것은 그(또는 그녀)에게 달려 있다. 서명된 사본 한 부는 참여자가 챙긴 후 책임연구자에게 전달되어야 하고, 나머지 한 부는 그 미성년자의 법적 후견인에게 전달되어야 한다. 나는 이 동의서를 색상(부록B의 동의서와 다른)이 있는 종이 위에 인쇄한 후 참여자마다 20부씩 나눠 줬다. 연구자가 사진촬영 동의서를 특정 사진과 연결할 수 있다는 것이 중요하기 때문에 참여자가 그런 목적을 위해서 이 동의서를 작성하는 것은 매우 중요하다.

부모(또는 법적 후견인) 및 미성년자를 위한 사진촬영 동의서

연구 제목
포토보이스 방법론을 통한 지역 커뮤니티 대학 학생들의 학업생활의 이해

연구 목적그 근거
이 연구의 목적은 지역 커뮤니티 대학 학생들이 자신의 학업생활을 어떻게 구성하는지 이해하는 것이다. 이 연구는 정책수립자가 학생의 욕구를 이해하고 관련 정보를 얻는 데 도움이 될 것이다. 그리고 그것은 정책 결정과 프로그램 계획과 자원 활용 과정에 도움이 될 것이다. 이 연구는 지역 커뮤니티 대학 학생과 관련해서 연구문헌이 부족한 현실을 부분적으로 해결해 줄 것이다.

사진촬영
이 연구의 참여자는 주어진 프롬프트에 대해서 사진으로 대답하라는 요청을 받았다. 여러분이 이 동의서를 작성하게 된 이유는 한 참여자가 프롬프트에 대한 답변으로서 여러분의 자녀 및 피후견인이 포함된 사진을 촬영하길 원하기 때문이다.

자료 기밀성 또는 익명성
모든 사진은 기밀자료로 보관될 것이고, 어떤 식별 정보(예를 들어, 성명)도 그 사진이 포함된 출판물이나 발표문에 공개되지 않을 것이다. 그러나 여러

분의 자녀 및 피후견인은 사진을 통해서 신원이 밝혀질 수도 있다.

자료 보관

유형의 물리적 자료(종이, 사진)는 책임연구자의 잠긴 문서용 캐비닛 속에 영구히 보관될 것이다. 면담 및 논의는 글로 옮겨져 Microsoft Word 속에 입력된 후 비밀번호로 보호되는 책임연구자의 노트북에 영구히 보관될 것이다. 면담의 오디오 파일도 비밀번호로 보호되는 책임연구자의 개인용 노트북에 3년간 보관된 후 삭제될 것이다. 그리고 디지털 다기능 디스크(DVDs)나, 플래시 드라이브나, 외장 하드 드라이브에 저장된 면담의 오디오 파일 또는 녹취록의 백업 파일은 책임연구자의 자택 서재에 있는 잠긴 문서용 캐비닛에 3년간 안전하게 보관된 후 삭제될 것이다. 오직 이 연구의 연구원들만 원자료에 접근할 것이다.

위험 또는 불편사항

자녀 및 피후견인의 모습이 사진에 촬영되더라도 그와 관련해서 예상되는 위험은 없다.

혜택

여러분의 자녀 및 피후견인이 등장하는 사진의 추가 사본 한 장이 인쇄되어 참여자(촬영자)에게 전달될 것이다. 참여자(촬영자)는 여러분의 자녀 및 피후견인이 등장하는 사진의 사본 한 장을 여러분에게 전달하라는 요청을 받을 것이다.

자발적 참여

이 연구를 위해서 여러분의 자녀나 피후견인의 모습이 촬영되는 것을 허락하는 것은 완전히 자발적인 선택사항이다. 이 부모(또는 법적 후견인) 및 미성년자를 위한 사진촬영 동의서에 서명하기 전이나 이 연구가 수행되는 동안 언제라도 연구자에게 어떤 내용이든 자유롭게 질문하라.

연구자 연락처

여러분은 이 연구에 관한 추가 정보를 얻기 위해서 책임연구자에게 연락할 수 있다[연구자의 연락처를 이곳에 기입할 것].

기관연구윤리심의위원회 연락처

여러분은 다음의 연락처에 직접 문의할 수도 있다[연구자가 속한 기관이나 연구소의 기관연구윤리심의위원회의 연락처를 이곳에 기입할 것].

연구 제목

포토보이스 방법론을 통한 지역 커뮤니티 대학 학생들의 학업생활의 이해

법적 후견인을 위한 사진촬영 동의서

나, _____[성명을 기입할 것]는 '포토보이스 방법론을 통한 지역 커뮤니티 대학 학생들의 학업생활의 이해'라는 제목의 이 연구프로젝트 참여자가 자녀 및 피후견인의 모습을 촬영하는 것을 허락한다. 나는 이 연구에 관한 설명을 들었고 의문스러운 점에 관해서 만족할 만한 대답을 들었다. 나는 이 연구프로젝트에 관해서 기술된 내용을 읽었으며 자녀 및 피후견인의 모습이 촬영되는 것을 허락한다. 나는 미래에 참조하기 위해서 이 고지된 동의서의 사본 한 부를 받아 보관하게 될 것이라는 점을 이해한다.

_____   _____

법적 후견인의 서명   서명 일자

미성년자를 위한 사진촬영 동의서

나는 이 연구프로젝트에 관해서 설명을 들었고 질문할 기회가 있었다. 나는 이 연구의 목적을 위해서 내 모습이 촬영되는 데 동의한다.

_____   _____

미성년자의 서명   서명 일자

참여자(촬영자) 기입용:

이 미성년자가 등장하는 사진의 수:

연구자 연락처

책임연구자: 연구원:

[연락처를 이곳에 기입할 것]   [연락처를 이곳에 기입할 것]

부록D

사진 속 등장인물을 위한 사진공개 동의서의 예

사적인 공간에서 자신의 모습이 촬영되는 데 동의한 사람이나 자신의 자녀 및 피후견인이 촬영되는 데 동의한 미성년자의 법적 후견인에게 이 사진공개 동의서에 서명을 요청해야 한다. 이 동의서 2부에 서명이 완료되면 책임연구자는 해당하는 등장인물의 사진을 공개하는 것이 허용된다. 서명된 사본 한 부는 참여자가 챙긴 후 책임연구자에게 전달되어야 하고, 나머지 한 부는 촬

영된 사람이나 촬영된 미성년자의 법적 후견인에게 전달되어야 한다. 나는 이 동의서를 색상(부록B 및 부록C의 동의서와 다른)이 있는 종이 위에 인쇄한 후 참여자마다 40부씩 나눠 줬다. 참여자는 사적인 공간에서 촬영된 개개의 사람마다 사진촬영 동의서와 사진공개 동의서에 서명을 받아야 한다.

사진공개 동의서

사진 공개

여러분이 등장하는 사진은 여러분의 동의 없이 촬영되거나, 제공되거나, 전시되거나, 달리 공개되지 않을 것이다.

사진

여러분은 자신이 등장하는 사진의 사본 1장을 받게 될 것이다. 책임연구자가 그것을 줄 것이다. 여러분이 받은 어떤 사진도 소셜 미디어 사이트(예, 페이스북, 트위터)에 올려지거나 달리 온라인상에 또는 기타 다른 방식으로 공개되지 않을 것이다.

사진공개 선언서

아래의 서명자인 나는 이 연구의 책임연구자인 [책임연구자의 성명]에게 [그 또는 그녀]가 적절하다고 간주하는 어떤 목적을 위해서 내 모습(또는 피후견인의 모습)이 촬영된 사진을 영구히 사용할 취소불능의 권리를 부여한다. 나는 이 사진이 학술지 논문이나 학술회의 발표문과 같이 다양한 출판물에 등장할 수 있다는 점을 이해한다.

나는 연구와 관련해서 공개된 사진에 실명이 제시되지 않을 것이라는 점을 이해한다. 그러나 나는 내 신원(또는 피후견인의 신원)이 그 사진을 통해서 드러날 수 있는 점도 이해한다.

나는 내 모습(또는 피후견인의 모습)이 사진 속에 등장하는 것과 관련해서 또는 그것 때문에 발생하는 개인정보 침해, 명예훼손, 또는 기타 다른 모든 소송 원인으로 인해 초래되거나 초래될 수 있는 청구에 대해서 찬성 및 반대의 의사를 표시하기 위해서 [책임연구자의 성명, 이 연구와 관련된 기관 및 연구소의 명칭]과 그 대리인, 피신탁인, 관리자, 피고용인, 피면허인, 양도인 및 양수인을 분명히 공개한다.

나는 참여자(촬영자)에게서 받게 될 내가 등장하는 사진이 소셜 미디어 사이트(예를 들어, 페이스북, 트위터)에 올려지거나 달리 온라인상이나 또는 기타 다른 방식으로 공개되지 않을 것이라는 점을 확신한다.

_____   _____
서명 일자   사진 속 등장인물의 성명(인쇄할 것)

                         _____
                         사진 속 등장인물의 서명

                         _____
                         법적 후견인의 서명(등장인물이 미성년자일 경우)

참여자(촬영자) 기입용:

나는 제삼자(촬영된)의 서명을 목격했으며 그 적법성을 책임진다. 나는 법적 후견인의 서명도 해당되는 경우에 목격했으며 그 적법성을 책임진다.

_____   _____
서명 일자   참여자(촬영자) 서명

이 등장인물이 포함된 사진의 수:

연구자 연락처

책임연구자: 연구원:

[연락처를 이곳에 기입할 것]   [연락처를 이곳에 기입할 것]

부록E

프로젝트 안내서의 예

이 안내서의 사본 여러 장이 참여자에게 배포되어야 한다. 참여자는 사진을 촬영하는 동안, 질문을 받게 될 때 관심을 보이는 당사자에게 이 안내서를 나눠 줄 수 있다. 이 안내서를 소지하면 참여자가 설명해야 할 부담이 경감된다. 나는 이 안내서를 백색 종이 위에 인쇄한 후 참여자마다 20장씩 나눠 줬다.

프로젝트 안내서

포토보이스 방법론을 통한 지역 커뮤니티 대학 학생들의 학업생활의 이해

이 연구의 목적은 지역 커뮤니티 대학 학생들이 자신의 학업생활을 어떻게 구성하는지 이해하는 것이다. 소규모로 구성된 지역 커뮤니티 대학 학생들이 이 연구에 참가하기로 결심했다. 그들은 책임연구자가 제시한 프롬프트에 대해서 사진으로 대답할 것이다. 이런 연구방식은 포토보이스 방법론이라고 불린다. 포토보이스 방법론의 개발 작업은 캐럴라인 왕^{Caroline C. Wang}과 메리 앤 부리스^{Mary Ann Burris}의 업적이다. 포토보이스 방법론의 세 가지 주요 목표는 (1) 참여자가 자신만의 목소리로 자기 자신의 삶을 기록하는 것, (2) 참여자 간의 비판적 의식을 함양하는 것, (3) 전체 연구프로젝트와 사진으로 정책결정자의 긍정적 변화를 이끌어 내는 것이다.

이 연구프로젝트는 책임연구자인 [여러분의 성명을 이곳에 기입할 것]이 수행하고 있다. 이 연구프로젝트의 참여자는 [참여자에 관한 정보를 이곳에 기입할 것]이다.

각각의 참여자는 촬영을 위한 프롬프트에 대한 대답으로서 사진을 촬영할 것이다. 책임연구자는 참여자와 만나 촬영된 사진에 관해서 면담할 것이다.

이 연구의 결과는 학술지 논문과 학술회의 발표문과 책에 소개될 것이다. 포토보이스 방법론의 한 가지 목적은 정책결정자에게 영향을 미치는 것이다. 그것을 위해서 이 조사연구와 사진의 전시회가 연구의 결론 부분에서 계획될 것이다.

만약 여러분이 이 프로젝트에 관해서 질문이 있으면, 전화나 전자우편으로 책임연구자에게 연락할 수 있다[책임연구자의 성명과 연락처를 이곳에 기입할 것].

또, 여러분은 연구기관에 직접 문의할 수도 있다[연구자가 소속된 기관이나 연구소의 기관연구윤리심의위원회의 연락처를 이곳에 기입할 것].

이 연구프로젝트에 관심을 가져준 데 감사드린다!

부록F

포토보이스 방법론에 관한 참여자용 안내서(참여자용 책자의 첨부문서)의 예

이 전향적 연구의 일부 참여자는 첫 만남이 매우 부담스러울 수 있다. 특히, 사적인 공간에서 사람들의 모습을 촬영하는 것이 허용되고 셀 수 없이 많은 문서가 제공될 때 그러하다. 그래서 첨부문서 형태의 안내서를 동봉하는 것이 도움이 될 수 있다.

친애하는 참여자 여러분!

'포토보이스 방법론을 통한 지역 커뮤니티 대학 학생들의 학업생활의 이해'라는 제목의 이 연구에 기꺼이 참가해 주셔서 대단히 감사합니다. 이 연구의 한 과정으로서 여러분은 주어진 프롬프트에 대해 사진으로 대답하라는 요청을 받았습니다. 이 연구에 참가하는 동안, 여러분은 일회용 카메라로 27장의 사진을 촬영하게 됩니다. 각각의 사진촬영이 끝나면, 여러분은 일회용 카메라를 책임연구자에게 반환할 것입니다. 그리고 그 사진이 인쇄되면 책임연구자를 만나 약 60분 동안 사진에 관해서 논의할 것입니다. 첫 면담(논의)시간에 여러분은 자신이 촬영한 사진의 사본 1장을 받게 될 것입니다. 또 여러분은 사진공개 동의서에 서명하라는 요청도 받을 것입니다. 그 사진은 여러분의 허락 없이 어떤 방식으로든 공개되지 않을 것입니다. 이 과정은 한 번 더 반복해서 수행될 것입니다. 이 프로젝트가 끝날 때 이 조사연구와 사진에 관한 공공 전시회가 열릴 것입니다. 여러분은 그 전시회에 관여하고 참여하는 것이 권장됩니다. 그러나 그것은 전적으로 여러분의 선택에 달려 있습니다.

여러분이 이 연구에 참여하는 것은 완전히 자발적이라는 점을 아시기 바랍니다. 여러분은 언제라도 참가 의사를 철회할 수 있습니다.

여러분이 공공장소(예를 들어, 공원, 길가의 보행로)에서 다른 사람의 동의 없이 그들의 모습을 촬영하는 것은 가능합니다. 그러나 사적인 공간(예를 들어, 주택, 교실, 차, 병실 안)에서는 미리 사진 속 등장인물의 동의를 구해야 합니다.

만약 여러분이 18세를 초과한 사람의 사진을 사적인 공간에서 촬영한다면, 여러분은 그들에게서 사진촬영 동의서와 사진공개 동의서를 받아야 합니다. 여러분이 받은 참여자용 책자의 첨부문서에 두 양식의 사본이 20장씩 들어 있습니다. 사진에 등장하는 사람에게 각각의 동의서마다 2부씩 서명해 달라고 요청하시기 바랍니다.

만약 여러분이 사적인 공간에서 미성년자(18세 미만의)의 사진을 촬영하려고 한다면, 여러분은 그 미성년자와 그의 법적 후견인(즉, 부모)에게서 동의서를 받아야 합니다. 여러분에게 제공된 이 참여자용 책자 속에 각각의 동의서가 20장씩 들어 있습니다. 사진에 등장하는 미성년자와 그 법적 후견인에게 각각의 동의서마다 2부씩 서명해 달라고 요청하시기 바랍니다. 그 미성년자의 법적 후견인은 동의서 1부를 보관하게 될 것입니다.

사진촬영에 나설 때에는 이 서류양식과 펜[이 책자(packet) 속에 들어 있는]을 가지고 다니는 것을 잊지 마십시오. 또 사진을 촬영하기 전에 동의를 구해야 하는 점도 잊지 마십시오. 사진 속의 등장인물이 이 연구에 관해서 문의할 경우에는 동봉된 프로젝트 안내서를 교부하십시오.

사진을 촬영할 때 기억해야 할 중요 사항

- 야외에서는 햇빛을 등에 지고 촬영하십시오.
- 실내에서 촬영할 때에는 플래시 기능(사진 앞부분의 버튼을 누른 후 적색 불빛이 들어올 때까지 기다릴 것)을 사용하십시오.
- 카메라의 뷰파인더(보기창)를 훑어보면서 여러분이 원하는 장면을 완전히 포착하는 것을 잊지 마십시오.
- 자유롭게 카메라를 수직으로 세우거나 수평으로 눕혀 촬영하십시오.
- 원하는 만큼 창의성을 발휘하십시오. 사진촬영에는 어떤 '규칙'도 없습니다. 단지 여러분이 원하는 방식으로 사진을 촬영해서 주어진 프롬프트에 대답하면 됩니다.
- 외설적인 사진이나 불법 활동이 담긴 사진을 촬영하지 마십시오.
- 사진을 촬영할 때 자신을 위험한 상황이나 위법한 상황에 빠트리지 마십시오.
- 만약 사진을 촬영하는 이유에 관해서 질문을 받게 되면, 프로젝트 안내서를 자유롭게 나눠 주십시오.
- 사진을 촬영할 때 필요한 문서를 모두 가지고 다니는 것을 잊지 마십시오.

만약 이 조사연구 프로젝트가 수행되는 동안, 질문사항이 있으면 책임연구자인 저에게 언제든지 연락하십시오. 저는 전화나 전자우편으로 연락이 가능합니다.

기꺼이 참여해 주셔서 대단히 감사합니다!

[책임연구자의 성명과 연락처를 이곳에 기입할 것]

부록G

사진공개 동의서의 예

이 동의서는 사진-유도 면담(photo-elicitation interview) 도중에 또는 그 전후에 사용될 수 있다. 참여자는 자신의 사진을 보고 난 후 모든 사진이 발표되거나 달리 공개되는 데 동의하는 것을 원치 않을 수 있다. 참여자는 이 동의서를 작성하면서 공개될 사진과 사적으로 보관될 사진을 구별할 기회를 얻게 된다. 나는 이 동의서를 첫 번째 면담에서 사용했다. 사진의 수가 갱신된 또 다른 버전이 두 번째 면담에서 사용됐다.

사진공개 동의서

연구 제목
포토보이스 방법론을 통한 지역 커뮤니티 대학 학생들의 학업생활의 이해

참여 절차와 참여 기간
이 연구에 사용될 방법론은 참여적 행동 연구의 한 종류인 포토보이스 방법론이다. 이 연구에서 여러분은 자신의 학업생활과 관련된 프롬프트에 사진(제공된 일회용 카메라에 촬영된)으로 대답하라는 요청을 받게 될 것이다. 그 후여러분은 그 사진에 관해서 논의한 다음 책임연구자와 면담하게 될 것이다. 여러분의 참가활동에는 모두 3회에 걸친 책임연구자와의 면대면 면담이 포

함될 것이다. 그것은 (1) 책임연구자가 이 조사연구에 관해서 여러분과 논의한 후 첫 번째 프롬프트와 카메라를 주고, (2) 촬영된 사진에 관해서 논의한 후 여러분과 면담하면서 두 번째 프롬프트와 카메라를 주고, (3) 두 번째 촬영된 사진에 관해서 논의한 후 여러분과 면담하기 위해서이다. 면담장소는 중서부 지역 커뮤니티 대학이나 여러분에게 편한 곳 가운데 합의된 장소가 될 것이다. 여러분은 첫 번째 만남에서 고지된 동의서(이런 양식의) 2부에 서명하라는 요청을 받을 것이다. 그 중 한 부는 여러분이 보관하게 될 것이다. 또 여러분이 사진촬영을 완료하기 위한 시간표가 정해질 것이다. 사용된 일회용 카메라를 책임연구자에게 전달하기 위한 계획이 수립될 것이다.

사진 공개

이 연구에 참가함으로써 여러분은 모두 54장의 사진을 촬영하게 될 것이다. 여러분은 27장짜리 일회용 카메라를 사용해서 촬영한 사진으로 프롬프트에 대답하는 일을 2회 수행할 것이다.

촬영된 사진은 여러분의 허락 없이 제시되거나, 전시되거나, 달리 발표되지 않을 것이다. 그것이 발표될 경우, 그 사진의 공로는 여러분이 선택한 필명과 함께 여러분에게 돌려질 것이다.

사진

여러분은 직접 촬영한 사진의 사본을 받게 될 것이다. 책임연구자가 그것을 줄 것이다. 여러분이 받은 어떤 사진도 소셜 미디어 사이트(예를 들어, 페이스북, 트위터)에 올려지거나 달리 온라인상에 또는 기타 다른 방식으로 공개되지 않을 것이다.

사진공개 선언서

아래의 서명자인 나는 이 연구의 책임연구자인 [책임연구자의 성명]에게 [그 또는 그녀]가 적절하다고 간주하는 어떤 목적을 위해서 내 모습(또는 피후견인의 모습)이 촬영된 사진을 영구히 사용할 취소불능의 권리를 부여한다. 나는 이 사진이 학술지 논문이나 학술회의 발표문과 같이 다양한 출판물에 등장할 수 있다는 점을 이해한다.

나는 연구와 관련해서 공개된 사진에 실명이 제시되지 않을 것이라는 점을 이해한다. 그러나 나는 내 신원(또는 피후견인의 신원)이 그 사진을 통해서 드러날 수 있는 점도 이해한다.

나는 내 모습(또는 피후견인의 모습)이 사진 속에 등장하는 것과 관련해서 또는 그것 때문에 발생하는 개인정보 침해, 명예훼손, 또는 기타 다른 모든 소송 원인으로 인해 초래되거나 초래될 수 있는 청구에 대해서 찬성 및 반대의 의사를 표시하기 위해서 [책임연구자의 성명, 이 연구와 관련된 기관 및 연구소의 명칭과 그 대리인, 피신탁인, 관리자, 피고용인, 피면허인, 양도인 및 양수인을 분명히 공개한다.

나는 참여자(촬영자)에게서 받게 될 내가 등장하는 사진이 소셜 미디어 사이트(예를 들어, 페이스북, 트위터)에 올려지거나 달리 온라인상이나 또는 기타 다른 방식으로 공개되지 않을 것이라는 점을 확신한다.

사진 발표를 허락하기 위해서 다음의 빈칸에 'x' 표시를 하시오.

_____모든 사진(1번째부터 27번째까지)

____1	____6	____11	____16	____21	____26
____2	____7	____12	____17	____22	____27
____3	____8	____13	____18	____23	
____4	____9	____14	____19	____24	
____5	____10	____15	____20	____25	

_____

날짜   서명

                      _____

                      이름

부록 H

포토보이스 프로젝트의 전시회를 위한 점검목록 및 시간표의 예

이 점검목록과 시간표는 연구진이 포토보이스 프로젝트의 전시회를 준비하는 데 사용될 수 있다. 포함된 과제는 프로젝트에 따라서 달라질 수 있다.

포토보이스 프로젝트의 전시회를 위한 점검목록 및 시간표

과제	담당자	마감 일자	완료 여부
전시회 장소 확보하기	_____	_____	_____
공간 디자인 결정하기	_____	_____	_____
포함될 사진 결정하기	_____	_____	_____
전시회 제목 생성하기	_____	_____	_____
홍보물 작성하기	_____	_____	_____
홍보물 인쇄하기	_____	_____	_____
보도자료 작성하기	_____	_____	_____
지역 언론매체 접촉하기	_____	_____	_____
참여자와 연락하기	_____	_____	_____
자원봉사자 모집하고 조직하기	_____	_____	_____
웹페이지 만들기	_____	_____	_____
소셜 미디어 활동하기	_____	_____	_____
후원자 확보하기	_____	_____	_____
다과 준비하기	_____	_____	_____
사진 인쇄하고 설치하기	_____	_____	_____
현수막 디자인하고 인쇄하기	_____	_____	_____
전시회 안내서 디자인하고 인쇄하기	_____	_____	_____
초대자 명단 생성하고 관리하기	_____	_____	_____
특별 손님에게 초대장 보내기	_____	_____	_____
광고 전단을 특정 장소에 전달하기	_____	_____	_____
오디오 및 시각보조장치를 예약한 후 들고 오기	_____	_____	_____
전시회의 배경막을 주문하고 가져오기	_____	_____	_____

방명록 생성하기 _____ _____ _____

방문객 출구설문조사 계획하기 _____ _____ _____

꽃과 풍선 주문하기 _____ _____ _____

사전 모임 구성하기 및 활성화하기 _____ _____ _____

초대손님에게 막바지 안내장 보내기 _____ _____ _____

공개 동의서의 서명 확인하기 _____ _____ _____

전시시설의 방침을 따르는지 확인하기 _____ _____ _____

문서(예를 들어, 사진) 전시하기 _____ _____ _____

전시공간 청소하기 _____ _____ _____

행사 후 감사서신 보내기 _____ _____ _____

설문결과 해석하기 _____ _____ _____

이후의 전시회를 위해서 지적 사항 작성하기

_____ _____ _____

찾아보기

저자 소개

아만다 O. 라츠 Amanda O. Latz

미국 볼 주립대학교의 교육학부, 성인, 고등, 커뮤니티학과의 부교수로 재직 중이다.

역자 소개

김동렬 Kim Dongryeul

현재 대구교육대학교 과학교육과 교수로 재직 중이다. 10년간 중등학교 과학교사로 근무하였고, 이러한 교직 경험을 바탕으로 집필한 저서로는 『차별화된 과학수업 전략』(신정, 2016) 『쉽게 접근하는 과학교육연구의 시작에서 완성까지』(신정, 2015) 『과학교육 교수·학습의 실제』(교육과학사, 2010)가 있다. 역서로는 『질적연구에서 아동·청소년 면담 조사방법』(학지사, 2017) 『알기 쉬운 혼합연구방법』(학지사, 2017) 『과학을 가르치기 위한 창의적인 방법들』(창지사, 2015) 『초등교사를 위한 과학교육』(북스힐, 2014) 등을 출간하였다. 또한 다양한 연구방법을 적용한 과학교육연구 논문들을 발표하였으며(KSI, SSCI, SCOPUS 저널), 미국 애리조나대학에서 연구학자로 지내면서 양적·질적·혼합 연구방법을 적용한 과학교육연구에 참여하였다.

포토보이스 연구방법
-참여적 행동 연구-

Photovoice Research In Education and Beyond
-A Practical Guide from Theory to Exhibition-

2018년 5월 30일 1판 1쇄 발행
2023년 6월 20일 1판 3쇄 발행

지은이 • Amanda O. Latz
옮긴이 • 김 동 렬
펴낸이 • 김 진 환
펴낸곳 • (주)**학지사**

04031 서울특별시 마포구 양화로 15길 20 마인드월드빌딩 5층
대표전화 • 02) 330-5114   팩스 • 02) 324-2345
등록번호 • 제313-2006-000265호
홈페이지 • http://www.hakjisa.co.kr
페이스북 • https://www.facebook.com/hakjisabook

ISBN 978-89-997-1556-3 93370

정가 17,000원

출판미디어기업 **학지사**

간호보건의학출판 **학지사메디컬** www.hakjisamd.co.kr
심리검사연구소 **인싸이트** www.inpsyt.co.kr
학술논문서비스 **뉴논문** www.newnonmun.com
원격교육연수원 **카운피아** www.counpia.com